Christa Luft

TREUHAND

Werden, wachsen und

Vergehen einer deutschen Behörde

REPORT

AUFBAU

VERLAG

Aufbau Sachbuch

Christa Luft

TREU

Werden

HAND

Wachsen

REP

und

ORT

Vergehen einer deutschen Behörde

AUFBAU
VERLAG

Erste Auflage Oktober 1992

Schutzumschlag (und Innentiteltypographie)
Juergen Seuss, Niddatal bei Frankfurt am Main
Satz Dörlemann-Satz, Lemförde
Druck und Bindearbeit Clausen & Bosse, Leck
Printed in Germany 1992
ISBN 3-351-02403-7

Wo keine Liebe, ist keine Treue

13.12.92

Erwartung

»Einen Treuhandreport sollst du schreiben? Da ist der Rahm doch längst abgeschöpft, und was übrigbleibt, ist nichts als Sprengstoff. Warum willst du dir daran die Finger verbrennen?« mahnten Freunde.

Das waren schon ernst zu nehmende Bedenken. In der Tat hatte das Treuhandsujet seit längerem in den Medien Hochkonjunktur. Bücher waren erschienen, in Fachzeitschriften und anderen Journalen boomte das Thema. Protestaktionen von Treuhandpraktiken betroffener oder bedrohter Arbeiter und Angestellter häuften sich. Nachrichten von Verkäufen für eine symbolische Mark machten die Runde. Von Korruption und Vetternwirtschaft war die Rede.

Manchem von der Anstalt als Unternehmensberater oder Wirtschaftsprüfer bestelltem Wessi wurde Goldgräbermentalität oder gar Scharlatanerie nachgesagt. Neu eingesetzte Geschäftsführer nutzten die ihnen anvertrauten Firmen nicht selten als Selbstbedienungsladen für üppige Gehälter und Pensionsansprüche. Frühere Betriebsdirektoren waren oft mit dem bloßen Hinweis auf »alte Seilschaften« geschaßt worden. Die Treuhand kam nicht aus den Schlagzeilen.

Sie selbst beeilte sich mit Siegesmeldungen über die Zahl der verkauften Betriebe, über gesicherte Arbeitsplätze und zugesagte Investitionen. Erinnerungen an Mittagsche Erfolgsberichte drängten sich auf.

Die Bundesregierung zollte der Behörde öffentlich Respekt und bekannte sich zu ihrem Schutzpatronat. Gelegentliche Vorstöße einzelner Parteien oder Interessengruppen, den ihr gesetzten Auftrag zu verändern, zerschellten an der parlamentarischen Mehrheit.

Die Anstalt hatte viele Beinamen erhalten: größte Holding der Welt; Superministerium; wichtigste Institution zur Restrukturierung der ostdeutschen Wirtschaft; Zwitter aus staatlicher Behörde und unternehmerisch handelnder Agentur, Pool wirtschaftlicher und politischer Macht; Plattmacherin; Watschenmann der Nation; Ramschhand; Sterbehelferin. Stefan Heym nannte sie gar die neben der Gauck-Behörde am meisten verhaßte Institution in Ostdeutschland. Die Treuhand ihrerseits sah sich am liebsten als Dienstleisterin. Sie wählte für ihren Service das vielversprechende, vertrauenerheischende Motto: »*Miteinander.* Arbeiten für die Soziale Marktwirtschaft«.

Welchen Akzent sollte ich favorisieren? Wie meinen Weg durch dieses dornige Gestrüpp finden? Warum sich überhaupt an die umstrittene Materie wagen? Lange schwankte ich zwischen dem prickelnden Reiz eines solchen Projekts und vorzuziehender Abstinenz. Oberhand gewann am Ende die Neugier auszuloten, was ein solches Thema außer dem bereits geschriebenen und gesprochenen Wort wohl noch zu bieten hätte, ob sich aus einem anderen Blickwinkel neue Einsichten böten.

Waren entweder euphorische Befürwortung, Glorifizierung der Treuhand – oder ihre pauschale Kritik die einzigen Möglichkeiten, sich diesem Gegenstand zu nähern? Mußte es bei dem abgegriffenen Links-Rechts-Klischee bleiben? War die Treuhand tatsächlich – wie die einen meinten – das Reich des Bösen oder – wie in den Augen anderer – eine hehre Truppe, die aufopferungsvoll und aus reinstem Patriotismus die »Trümmer 40jähriger sozialistischer Mißwirtschaft« wegräumte? Oder war sie vielleicht eine Behörde wie jede andere, in der es Menschen mit Kompetenz, lauteren Absichten und Lernfähigkeit ebenso gab wie inkompetente, bestechliche, selbstgerechte und arrogante?

Geriet sie nicht allein durch ihren Auftrag zwischen Baum und Borke, befand sie sich nicht im Spannungsfeld von fiskalischen Vorgaben, Konkurrenzinteressen, vor allem westdeutscher Investoren, und Kahlschlagsängsten ostdeutscher Arbeitnehmer?

Kamen wirklich nur sachliche, nüchterne Analyse des Treuhandmechanismus und seiner praktischen Wirkungen – oder emotionsgeladenes Schildern spektakulärer und zwielichtiger Aktivitäten in Weißbuch-Form in Frage? Bleibt man nicht zwangsläufig an der Oberfläche, wenn man sich nur an »Fällen« festhält, und seien sie noch so aufsehenerregend?

Ist es nicht zu eng, die Treuhanddebatte fast ausschließlich mit ostdeutschem Bezug zu führen? Muß nicht alles, was in einem seiner Teile geschieht, zwangsläufig Rückwirkungen auf das gesamte

Deutschland haben? Hätte es eine andere als die Treuhandlösung gegeben, um das Volkseigentum auf marktwirtschaftliche Eigentumsstrukturen zu überführen; mit welchen Problemen und Konflikten wäre sie verbunden gewesen?

Fragen über Fragen!

Wie keine andere Bundesbehörde greift die Treuhand in den Alltag, in den Lebenslauf von Millionen ostdeutscher Arbeitnehmer und ihrer Familienangehörigen ein. Für viele von ihnen sind deindustrialisierte Regionen, Firmenpleiten, Massenarbeitslosigkeit, soziale Kälte die übergreifenden Erfahrungen mit der Marktwirtschaft. Würden eines Tages Treuhänder dafür einstehen müssen, wenn die verheißene und gepriesene neue Wirtschaftsordnung sich in den Augen der neuen Bundesbürger diskreditierte? Was konnte mich bewegen, auf solch schmalem Grat zu wandern?

Wider alle eigene Lebensplanung war ich zwischen Herbst 1989 und Herbst 1990 plötzlich unter die politischen Akteure geraten. Als Mitglied der Modrow-Regierung gehöre ich zu den Geburtszeugen der Treuhand und werde bis heute nicht selten daraufhin angesprochen. Manchmal schwingt bei den Fragestellern als Unterton mit, ob unsere Mannschaft da – wenn auch ungewollt – kurz vor ihrer Abwahl den DDR-Bürgern nicht vielleicht doch noch ein Kuckucksei ins Nest gelegt hätte. Mitunter ist gar die Rede davon, wir hätten im Grunde denen die Steigbügel gehalten, die später die Ostdeutschen enteigneten und das Volksvermögen verscherbelten.

Wer will mir verübeln, daß ich solchen aus politischem Kalkül oder oberflächlichem Herangehen in Umlauf gebrachten Legenden entgegentrete?

Als Oppositionsabgeordnete der am 18. März 1990 frei gewählten Volkskammer habe ich aus der Nähe erlebt, wie die Regierung de Maizière Hals über Kopf die DDR mit ihrem Hab und Gut, die Hypotheken eingeschlossen, verpfändete. Der DM-Rausch in weiten Teilen der Bevölkerung, vorauseilender Gehorsam einiger und Inkompetenz anderer Kabinettsmitglieder sowie das Drängen des Einheitskanzlers waren dafür die Stimulanzien. Werden diese Vorgänge nicht häufig übersehen, wenn Mißerfolge und Fehlleistungen der Treuhand beim Umbau der ostdeutschen Wirtschaft am Pranger stehen? Wäre die Behörde in einem anderen Licht erschienen, wenn der Aufschwung Ost Konturen angenommen hätte?

Ich habe also das Werden und Wachsen der Treuhand nicht nur vor den Kulissen verfolgt. Ein gut Stück unmittelbar dabeigewesen zu sein erlaubt es mir, Hintergründe zu erhellen und manches Detail beizusteuern. Auch will ich den von seiner Natur eher spröden Stoff mit persönlichen Erlebnissen, Impressionen, Gefühlen, Befürchtungen und Hoffnungen im Vor- und Umfeld der Anstaltsgründung sowie ihrer Umgestaltung auflockern. Versucht werden soll, das Thema möglichst zu entemotionalisieren. In meinen Reflexionen als politisch Beteiligte sehe ich gewissermaßen Mosaiksteine für ein Gesamtbild der damaligen Geschehnisse, das vorurteilsfrei zu zeichnen noch aussteht, eine Art Zeitdokument gesamtdeutscher Geschichte.

Auch für die Wissenschaftlerin ist das Treuhandsujet in mehrerlei Hinsicht herausfordernd. Es erschließt sich einem nicht, wenn man es von vornherein oder überhaupt einengt auf die in der Öffentlichkeit überwiegend verpönte Institution, auf deren Struktur, Arbeitsregime, Personalbestand usw. Sie ist vielmehr Sinnbild und Instrument einer Politik, die mehr auf Anpassung und nachholende Entwicklung Ostdeutschlands denn auf einen ökonomischen und ökologischen Neuansatz zielt.

Mit ihrem Auftrag, die Eigentumsverhältnisse in den neuen Bundesländern kurzfristig denen in den alten anzugleichen, ist die Treuhand eine Schaltstelle für die marktwirtschaftliche Transformation in Ostdeutschland. In ihrer Tätigkeit spiegeln sich Gelingen oder Nichtgelingen, Fortschritte, Hemmnisse, Friktionen und Sensibilitäten des Vereinigungsprozesses, konzeptionelle Defizite, Fehlkalkulationen, Illusionen und auch Lernvorgänge. Sie birgt in sich den deutschen Ost-West-Konflikt, auch wenn die aus allen Bundesländern stammenden gemischten Treuhänder-Teams ihn im Umgang miteinander wohl weitgehend gelöst zu haben scheinen.

Der vorliegende Report versteht sich nicht als Chronik. Er verzichtet auf minutiöse Wiedergabe des gesamten die Treuhand betreffenden Regelwerks und strebt nicht nach Vollständigkeit. Vielmehr will er einem breiten Kreis von Interessenten allgemeinverständlich Informationen zu einem der sensibelsten Themen in der deutschen Nachkriegsgeschichte geben. Durch unvoreingenommene Darstellung von Fakten, Hintergründen und Zusammenhängen soll das Urteilsvermögen des Lesers gestärkt werden. Dem Fachmann wird zu Schlüsselproblemen der Treuhandtätigkeit ein weiteres Diskussionsangebot unterbreitet.

Wer nach Skandalfällen blättert, wird enttäuscht sein. Nicht nur, weil das ein Feld für Journalisten und Kriminalisten ist, habe ich mich zurückgehalten. Ich weiß vielmehr, wie es in den Überlebenskampf von Unternehmen eingreift, wenn ihre Probleme auf dem Markt ausgetragen werden. Mir kam es darauf an, vorliegende Privatisierungserfahrungen zu verdichten, ein Resümee der bisherigen Treuhandpraxis zu ziehen.

Außer einem politischen und einem wissenschaftlichen habe ich noch einen weiteren Bezug zum Thema. Wie Millionen andere Ostdeutsche wurde ich von Arbeitsplatzverlust betroffen. Nicht durch Treuhandentscheid, sondern laut Abwicklungsbeschluß der für Wissenschaft und Forschung zuständigen Behörde des Berliner Senats. Ich kann also nachempfinden, was es bedeutet, plötzlich überzählig, ja gar ausgegrenzt zu sein. Aus eigenem Erleben aber weiß ich auch, wie wichtig es ist, der Resignation zu wehren, Selbstachtung zu bewahren und einen neuen Anfang zu wagen.

Mit einem weiteren sehr persönlich gehaltenen Buch will ich an einige Gedanken aus meinem 1991 erschienenen Erinnerungsband »Zwischen WEnde und Ende« anknüpfen und sie entsprechend inzwischen gewonnenen Erfahrungen und Einsichten vertiefen.

Obwohl vieles so eintraf, wie auch von mir vorausgesagt, und manches gar schlimmer kam, obwohl selbst oft der Schwarzmalerei und der Bedenkenträgerei bezichtigt, kann ich Schadenfreude nicht empfinden. Ich fühle mich aber in meinem Werben um sachliches, realitätsnahes Herangehen an gesellschaftliche und wirtschaftliche Umbruchprozesse, in meinem Widerwillen gegen egoistisches Parteiengezänk bestätigt. Und so setze ich für alle mit einer ähnlichen Biographie wie der meinen darauf, daß Vernunft Berührungsängste besiegt und das Land unserer Väter auch uns Heimat wird.

G E N E S I S

Sturzgeburt

Wer A sagt . . .

Die Gründung der Anstalt zur treuhänderischen Verwaltung des Volkseigentums am 1. März 1990 war eine Sturzgeburt und – um im Bilde zu bleiben – ein Frühchen obendrein. Zu verstehen ist dieser Vorgang nur aus den damaligen Umständen.

Knapp vier Monate zuvor, am 9. November 1989, war in Berlin die Mauer gefallen. Der Eiserne Vorhang zwischen Ost und West ging an seiner bis dahin undurchdringlichsten Stelle zu Bruch. Ein untrügliches Zeichen für den endgültigen Zerfall des System- und Blockdualismus der Nachkriegszeit, ein welthistorisches Ereignis. Die eine Großmacht hatte ihren damaligen Präsidenten Reagan mehrfach medienwirksam das »Niederreißen des Walls« fordern lassen. In der Umgebung Gorbatschows, des obersten Repräsentanten der UdSSR, und offensichtlich durch ihn inspiriert, kam seit 1986 immer öfter die Rede auf die Widernatürlichkeit der Teilung Deutschlands. Der Bau des europäischen Hauses vertrüge sich mit deutscher Zweistaatlichkeit nicht. Das selbstgerechte, sterile SED-Politbüro unter Generalsekretär Honecker sah keinen Anlaß, solche erstmals gleichlautenden Signale aus den beiden Machtpolen für eine eigene, die Bürger mobilisierende Zukunftsvision aufzugreifen.

Dabei gab es doch keinen Zweifel: Das Schicksal der DDR als selbständiger Staat hing von der Rolle ab, die ihr im Kalkül sowjetischer Politik zugedacht war. Zur Zeit des kalten Krieges als Pufferzone, Rammbock, auch Faustpfand von der Besatzungsmacht gezeugt, würde sie mit dem Abflauen der Systemkonfrontation ihre Existenzgrundlagen verlieren. Gorbatschows Ambitionen vom europäischen Haus verstärkten im SED-Olymp Argwohn und Mißtrauen gegenüber allen Tendenzen politischen, wirtschaftlichen und geistig-kulturellen Wandels. »Abweichler in der DDR« – so Honekker in einem Gespräch mit dem Kreml-Chef – »können sich das sehr schnell zu Nutzen machen.«[1]

Auch die Regierung unter Ministerpräsident Stoph, die Volkskammer sowie die Leitungen der Blockparteien CDU, LDPD, NDPD und DBD fielen als Schrittmacher aus. Anstatt konstruktiv Öffnungsstrategien für die DDR zu entwickeln, eine durchgreifende Wirtschaftsreform und eine Demokratisierung aller Bereiche des gesellschaftlichen Lebens einzuleiten, wurden Jahre mit sinnloser Polemik und selbstgefälliger Rhetorik vertan. 100 Jahre noch wollten die Mächtigen sich hinter der Mauer einrichten. Für sich und ihren Familienclan praktizierten sie ganz selbstverständlich Freizügigkeit.

Die Masse der DDR-Bürger im arbeitsfähigen Alter jedoch war bei einem etwaigen Antrag auf eine private Reise ins »nichtsozialistische Ausland« der Behördenwillkür ausgesetzt. Selbst bis in den Herbst 1989 hinein wurde mit Winkelzügen und Realitätsferne an einem Reisegesetz laboriert. Zu jener Zeit hatten es viele Menschen einfach satt, daß ihre Bewegungsmöglichkeit ab Oder ostwärts beschränkt war und nach Westen an der Elbe endete. Sie wollten nicht mehr Bittsteller bei einem allmächtigen Staat sein.

Nun, am 9. November, war es endlich soweit.

Egon Krenz, seit 18. Oktober 1989 anstelle des abgelösten Erich Honecker Generalsekretär der SED, und Günter Schabowski, Berliner SED-Chef und Mitglied des Politbüros seiner Partei, machten sich später gern gegenseitig das Hauptverdienst an der Maueröffnung streitig. Nach meinem Empfinden ist solche Eiferei nicht nur kleingeistig, sondern auch widersinnig. Sie bleibt verlorene Liebesmüh. Schabowski verkündete vor laufender Fernsehkamera mit der sofortigen freien Ausreisemöglichkeit nur, was seit der Kappung des Grenzzaunes zwischen Ungarn und Österreich Ausreisewillige bereits wochenlang in Anspruch nahmen. Und Krenz war ohnehin nie Herr der Lage gewesen.

Wie sonst hätte er zulassen können, daß das längst Überfällige schließlich so chaotisch geschah? Weder konzeptionell noch organisatorisch war irgend etwas für diesen Vorgang vorbereitet. Als Sensation, als großzügige politische Geste versuchten und versuchen beide zu vermarkten, was letztlich nur das Eingeständnis der Kopflosigkeit und Unfähigkeit, ja Ausdruck der Borniertheit, Korruptheit und Verlogenheit des Machtklüngels war, den auch sie so lange inbrünstig repräsentiert hatten. Das Rettenwollen der eigenen Haut war diesen Herrschaften wichtiger als das Schicksal von 16 Millionen Menschen.

Erst am 31. Oktober hatte dem SED-Politbüro eine von Krenz veranlaßte »Analyse der ökonomischen Lage der DDR mit Schlußfolgerungen« vorgelegen. In dieser Geheimen Verschlußsache (ZK 02–47/89 -666–), die mir im Sommer 1992 durch einen Zufall in die Hände fiel, werden nach den »bedeutenden Erfolgen der DDR beim Aufbau der entwickelten sozialistischen Gesellschaft« akkurat alle ihre Schwachstellen, Handicaps und gar lebensbedrohlichen Zustände aufgelistet. Den Kern bildeten die kumulierten Auslandsschulden. Resümierend enthält das Papier eine ganze Reihe für notwendig erachteter Maßnahmen und gipfelt in folgender Aussage:

»Auch wenn alle diese Maßnahmen in hoher Dringlichkeit und Qualität durchgeführt werden, ist der dargelegte, für die Zahlungsfähigkeit der DDR erforderliche NSW-Exportüberschuß nicht sicherbar. 1985 wäre das noch mit großen Anstrengungen möglich gewesen. Heute besteht diese Chance nicht mehr. Allein ein Stoppen der Verschuldung würde im Jahre 1990 eine Senkung des Lebensstandards um 25–30 Prozent erfordern und die DDR unregierbar machen. Selbst wenn das der Bevölkerung zugemutet würde, ist das erforderliche exportfähige Endprodukt in dieser Größenordnung nicht aufzubringen. Aus diesem Grunde wird über die vorgenannten Schlußfolgerungen hinaus folgendes vorgeschlagen:

Es ist ein konstruktives Konzept der Zusammenarbeit mit der BRD und mit anderen kapitalistischen Ländern wie Frankreich, Österreich, Japan, die an einer Stärkung der DDR als politisches Gegengewicht zur BRD interessiert sind, auszuarbeiten und zu verhandeln. . . .

Dabei schließt die DDR jede Idee von Wiedervereinigung mit der BRD oder der Schaffung einer Konföderation aus.

Wir sehen in unseren Vorschlägen jedoch einen Weg in Richtung des zu schaffenden europäischen Hauses entsprechend der Idee Michail Sergejewitsch Gorbatschows, in dem beide deutsche Staaten als gute Nachbarn Platz finden können. . . Als Zeichen der Hoffnung und der Perspektive ist die DDR bereit, 1995 zu prüfen, ob sich die Hauptstand der DDR und Berlin(West) um die gemeinsame Durchführung der Olympischen Spiele im Jahre 2004 bewerben sollten.«

Das war also die Zukunftsvision, die die beiden »Umstürzler« Krenz und Schabowski ihren Landsleuten gönnerhaft anbieten wollten.

Am 7. November trat das Stoph-Kabinett zurück, das ebenfalls den ganzen Sommer über sprachlos und handlungsunfähig gewesen war. Die Volkskammer wählte daraufhin am 13. November Hans Modrow, den SED-Bezirkssekretär von Dresden, zum Ministerpräsidenten.

Wie ich in seine Regierungsmannschaft geriet, habe ich in dem schon erwähnten Erinnerungsband beschrieben. Den Ausschlag hatte gegeben, daß mein Name im Zusammenhang mit wissenschaftlichen Arbeiten an Wirtschaftsreformkonzepten bekannt geworden war. Ich stand zur damaligen Zeit gerade ein Jahr der Hochschule für Ökonomie in Berlin-Karlshorst vor. Als einst größte wirtschaftswissenschaftliche Lehr- und Forschungseinrichtung der DDR ist auch sie inzwischen abgewickelt worden. Damit wurde ein geistiges Potential auseinanderdividiert und lahmgelegt, das sich bei der wissenschaftlichen Begleitung und sachkunden Beförderung des Umbruchs in Wirtschaft und Gesellschaft in der Pflicht gesehen hätte.

Die Modrow-Regierung kam am 18. November 1989 ins Amt. Sie war eine Koalition, bestehend aus 28 Mitgliedern der fünf sogenannten etablierten oder »Alt«-Parteien. Die SED stellte 17 Minister, die LDPD vier. Die CDU war mit drei, die NDPD und die DBD mit je zwei Ressorts vertreten. Der Kabinettschef hatte drei Stellvertreter: für Kirchenfragen Lothar de Maizière, zugleich Vorsitzender der CDU; für örtliche Staatsorgane Dr. Peter Moreth, LDPD. Die Dritte im Bunde und für Wirtschaft zuständig war ich. Mein Auftrag und mein persönliches Anliegen waren die Vorlage und schrittweise Realisierung eines Wirtschaftsreformkonzepts.

Dafür sah der Strukturplan des Ministerrates eine mir unterstellte Arbeitsgruppe »Wirtschaftsreform« vor. Als deren Leiter wurde mir bei meinem Amtsantritt Wolfram Krause empfohlen. Er war durch Personalstraffungen in der Berliner Bezirksleitung der SED zum sofortigen Einsatz verfügbar. Ich war vorher zweimal kurz mit ihm in seiner Eigenschaft als persönlicher Referent von Schabowski zusammengetroffen. In den turbulenten Oktobertagen rief er mich im Dienst an und bat kurzfristig um meinen Rat zu einer Rede, die er für Schabwoskis Auftritt auf der 10. Tagung des Zentralkomitees der SED auszuarbeiten hatte. Zuvor kannte ich ihn nur dem Namen nach. Und vor wenigen Tagen war er mir unter den Autoren von Pressebeiträgen zur Wirtschaftsreform aufgefallen. Aus seinen Publikationen wußte ich, daß Wolfram Krause Reformpositionen vertrat, die den meinen sehr nahe kamen. Daher akzeptierte ich den Vorschlag, ihm Aufbau und Leitung der genannten Arbeitsgruppe anzuvertrauen.

Als ich mein Amt in der Regierung antrat, tat ich das mit dem geistigen Rüstzeug, das ich aus der eigenen Forschungstätigkeit, vielen Auslandsaufenthalten und jahrelanger Zusammenarbeit mit Kollegen in Ost und West mitbrachte. Eine Hauptquelle, aus der ich schöpfte, waren jüngst an der HfÖ erarbeitete Studien, deren Leitgedanken wir im Oktober und November bereits auf mehreren Karlshorster Foren zur Wirtschaftsreform vorgestellt hatten.

Dort fochten meine Kollegen und ich für einen Bruch mit den Kommandostrukturen und einen entschiedenen Zuwachs an Flexibilität und Bewegungsspielraum der Betriebe. Wir sprachen uns dafür aus, die Produktion auf die wirkliche Nachfrage auszurichten, Marktgesetze nicht mehr länger zu mißachten, den Gewinn als hauptsächlichen Effektivitätsmaßstab anzuerkennen und das Leistungsprinzip konsequent durchzusetzen. Ökologische Erfordernisse und Folgen sollten bei allen ökonomischen Entscheidungen beachtet werden. Demokratie und Rechtsstaatlichkeit gehörten zu den Merkmalen eines von uns angestrebten Systems. Wir forderten die weltweite Öffnung der Volkswirtschaft und die Nutzung unterschiedlicher Formen der internationalen Arbeitsteilung als Produktivitätsfaktor.

Uns schwebte ein konsequenter Wandel, nicht aber ein radikaler Wechsel der Eigentumsordnung vor, d. h. wir plädierten für ein gleichberechtigtes Miteinander vielfältiger Eigentumsformen. Neben dem öffentlichen Sektor, speziell in der Energiewirtschaft, der Schwerindustrie und im Verkehrswesen, sowie dem genossenschaftlichen Bereich sollte sich wieder privates Eigentum an den Produktionsmitteln entfalten können. Ausländisches Eigentum auf dem Territorium der DDR galt nicht mehr als tabu.

Auf diese Weise sollten die Anonymität des Eigentums überwunden, Passivität, Gleichgültigkeit und nicht selten auch Verantwortungslosigkeit gegenüber dem sogenannten Volkseigentum zurückgedrängt werden. Uns ging es um effizienzfördernden Wettbewerb zwischen den Eigentumsformen. Zu unserer Maxime gehörte auch, durch den Verkauf von Grundstücken und Immobilien aus Staatsbesitz Eigentümerbewußtsein und -verhalten bei den Bürgern zu entwickeln und damit ihre Bodenständigkeit zu fördern.

All diese Gedanken fanden Eingang in das Reformkonzept, das im Dezember und Januar durch ein großes Team von Wissenschaftlern, Wirtschaftspraktikern und Regierungsvertretern erarbeitet wurde.

Die Lust am Eigentum

Wiederholt hatte ich mich in dieser Zeit gerade zur mobilisierenden Kraft des Eigentums öffentlich geäußert. Im In- und Ausland wurde das mit Interesse verfolgt. Ein subtiles Zeugnis dafür ist die Kolumne der Sonntagsausgabe der »Neuen Zürcher Zeitung« vom 24. Februar 1990. Sie trug den Titel »Die Lust am Eigentum« und wählte ein Zitat aus einer meiner Reden am Runden Tisch als Aufhänger. »Wir müssen im Interesse der Effektivität der Wirtschaft ein Eigentümerbewußtsein und -verhalten in der Bevölkerung entwickeln.«

Klaus Bartels, den Schweizer Autor der Kolumne, hatte ich zu einer Rückblende zu den alten Griechen inspiriert: »Es ist ja mit Worten gar nicht auszudrücken, wieviel es für die Lebensfreude ausmacht, etwas als sein Eigentum zu betrachten«, gibt er Aristoteles aus dessen »Politischen Schriften« wieder. Die Lust am Eigentum sei, wie die Liebe zu sich selbst, etwas Naturgegebenes, etwas allgemein Menschliches; verwerflich sei nur das Übermaß: »Jedermann liebt ja doch jedes einzelne Stück, das derart sein persönliches Eigentum ist.«

Aristoteles setze sich hier – so der Autor – mit der Plantonschen Staatsutopie auseinander, die alles »Eigene«, jegliches »Mein« und

»Dein«, aus der Gesellschaft verbannen wolle, um die Vielheit der Bürger so zur Einheit des Staates zusammenzuführen. »Dazu hat die Gesellschaftsordnung, von der wir hier sprechen, noch eine weitere Schwäche: Denn das geringste Engagement wird den Dingen zuteil, die den meisten Eigentümern gemeinsam gehören. Denn um das Eigene kümmern wir uns am meisten, um das Gemeinsame weniger, oder doch nur eben so weit, als es einen jeden angeht; denn was das Übrige betrifft, so neigen wir eher dazu, es zu vernachlässigen, in der Annahme, es werde sich schon irgendein anderer darum kümmern – wie ja auch bei den Dienstleistungen innerhalb des Hauses eine große Zahl von Bediensteten manchmal weniger leistet als eine geringere.«

Danach der verblüffende Schluß des Schweizers: »Karl Marx konnte sehr gut griechisch; aber er hatte wohl mehr Platon als Aristoteles gelesen.«

Bartels schickte mir seinen Beitrag, auf den er – wie er schrieb – ein reiches Echo bekommen habe, am 11. März 1990 mit den Zeilen: »Ich will Ihnen diese kleine Schützenhilfe aus dem alten Athen doch nicht vorenthalten. Ihnen und Ihrem, unserem Land – ich bin auch Deutscher, wenn auch seit langem in Zürich tätig – wünsche ich in diesen entscheidungsträchtigen Tagen von Herzen einen guten und vor allem einen würdigen Fortgang der Dinge.«

Welche Zufälle es doch gibt, dachte ich beim Lesen des Briefes. Ein gutes halbes Jahr gerade lag mein erster Aufenthalt in der Heimat von Platon und Aristoteles zurück. Ich hatte Gelegenheit gehabt, vom 28. August bis zum 1. September 1989 am IX. Weltkongreß der Ökonomen in Athen teilzunehmen. Das war die Zeit, als Tausende von jungen DDR-Bürgern in den diplomatischen Vertretungen der BRD in Ost-Berlin, Budapest, Prag und Warschau das ihnen immer noch verwehrte Recht auf Freizügigkeit erzwingen wollten und schließlich auch erzwangen. Sie stimmten mit den Füßen über das starre, verkrustete Honecker-Regime ab.

Natürlich waren die Kongreßvorträge und die Podiumsdiskussionen spannend. Natürlich verfehlten die Akropolis und andere Bauwerke der Antike auf mich nicht ihren Reiz. Dennoch: Meine Gedanken waren wie die der anderen Teilnehmer aus der DDR mehr bei den Ereignissen zu Hause. Die Sprachlosigkeit der SED-Führung angesichts der unzähligen Ausreisewilligen, ihre Untätigkeit beim Angehen und Voranbringen dringend notwendiger Reformen, ihre Handlungsunfähigkeit beim Abstecken einer Zukunftsvision gerade für junge Menschen waren unerträglich. In unseren Unterhaltungen am Rande des Kongresses gerieten wir regelmäßig in Harnisch. Selbst die Vorsichtigeren verbargen nicht ihren Zorn. Sie setzten aber mehr auf einen baldigen Generationswechsel in der Partei- und Staatsführung denn auf prinzipielle Neuansätze in Politik und Wirtschaft. So wie ich von meiner Einrichtung, wußten auch andere aus ihren Institutionen von Vorschlägen zur Lösung dringender gesellschaftlicher Probleme. Warum nur stellte sich die Obrigkeit zu Hause dafür taub?

In Athen übrigens war es auf einem Panel um die von Platon und Aristoteles repräsentierten beiden grundsätzlichen Menschenbilder, gesellschaftlichen Wertesysteme und die ihnen entsprechenden Eigentumskonzeptionen gegangen. Gleichheit und Gemeinwohl aller Mitglieder der Gesellschaft – dem Ideal des »homo sociologicus« entsprechend – ist bei ersterem, Wohlfahrt und Freiheit des Individiums – dem Typ des »homo oeconomicus« adäquat – bei letzterem die zentrale Idee. Wer erinnert sich, wenn heute vulgär von »Gemein-« und »Eigennutz« die Rede ist, schon an die beiden alten Griechen als deren geistige Urheber?

Laut Geschichtsbüchern aus meiner Schulzeit erschien Platon vielen als »Urvater des modernen Sozialismus«. Ihm war Karl Marx offensichtlich besonders zugetan gewesen. Seine Eigentumstheorie gipfelt in der noch stark vom mechanischen Materialismus beeinflußten Auffassung, die kapitalistische Akkumulation würde an einem bestimmten Punkt zu einer neuen Qualität, dem »Sozialismus« (bzw. »Kommunismus«), führen. Marx schreibt: »Die Stunde des kapitalistischen Privateigentums schlägt. Die Expropriateurs werden expropriiert ... Diese stellt nicht das Privateigentum wieder her, wohl aber das individuelle Eigentum auf der Grundlage der Errungenschaft der kapitalistischen Ära: der Kooperation und des Gemeinbesitzes der Erde und der durch die Arbeit selbst produzierten Produktionsmittel«.[2]

Die von Marx formulierte historische Tendenz der kapitalistischen Akkumulation war gewissermaßen der Höhepunkt eines im Gleichheitsanspruch der Menschen wurzelnden Gerechtigkeitsdenkens. Ihm hatten sich – nicht zuletzt von Platon beeinflußt – das Urchristentum, Thomas Müntzer, Thomas Morus, Tommaso Campanella, die Taboriten, die Leveller (Gleichmacher) und ihre sagenumwobenen Vorgänger, die Likedeeler um Klaus Störtebecker, Vertreter der französischen Aufklärung wie Jean Jacques Rousseau, die utopischen Sozialisten und Kommunisten Saint-Simon, Fourier, Owen und Weitling verpflichtet gefühlt.

Aber es gab in der Menschheitsgeschichte eben immer auch eine andere Denkrichtung. Sie knüpfte vor allem an die Unterschiedlichkeit der Menschen an. Deren erster prominenter Vertreter bei den alten Griechen war Aristoteles. Und diese Traditionslinie zieht sich über das römische Recht zu den salischen Gesetzen (Lex Salica), die am Ende des 5. Jahrhunderts im Frankenreich die Auflösung der fränkischen Dorfgemeinschaft widerspiegelten.

Es war dann Thomas von Aquino, der die »heidnische« ökonomische Lehre des Aristoteles mit den kirchlichen Dogmen von der unterschiedlichen »Gottwohlgefälligkeit« der einzelnen Arbeiten vereinigte, und zwar mehr oder weniger im Gegensatz zum urchristlichen Gleichheitsgebot. Diese Linie ökonomischen Denkens führt zu den Monetaristen und Merkantilisten mit ihrem leidenschaftlichen Bekenntnis zum Privateigentum. Dabei war einer der Theoretiker des englischen Merkantilismus, Josiah Child, zugleich engagierter Gegner des Wuchers und Vater des englischen Privatbankiertums sowie der Börsenspekulation.

Weitere Repräsentanten dieser Denkrichtung waren die französischen Physiokraten um Quesnay und Turgot sowie der Engländer David Hume und schließlich der Klassiker Adam Smith. Zugleich vertrat Smith die Forderung der Physiokraten nach einem »laissez-faire – laissez-aller« im Sinne der natürlichen Rechte des Individuums, frei von staatlicher Einmischung. Das war letztlich ein Plädoyer für die unsichtbare Hand des freien Marktes und seine Selbstheilungskräfte.

Auf dem Weltkongreß wurden zu den verschiedenen Wertesystemen auch mathematische Modelle präsentiert. Mal galten darin individuelle Wohlfahrt und Freiheit, mal Gemeinwohl und Gleichheit als anzustrebende Ziele. Die Quintessenz war: Wird Maximierung des persönlichen Wohlstandes und damit Polarisierung des Reichtums zum Bewegungsgesetz der Gesellschaft, dann geht das auf Kosten der sozialen Gerechtigkeit. Ist umgekehrt soziale Gleichheit oberstes Ziel, kommt es zwar zu keinen markanten Wohlstandsdifferenzierungen, aber auch zu geringen Kreativitätsanreizen.

In der Diskussion kamen Vereinfachungen und Verknappungen zur Sprache, mit denen Modelle immer zu tun haben. Die zentrale Frage aber war, ob individuelle Wohlfahrt und Gerechtigkeit zwei im Grunde unvereinbare Pole sein müssen oder ob und unter welchen Bedingungen sie sich aufeinander zubewegen können.

Die deutschsprachigen Vertreter der neoliberalen Schule gaben sich überzeugt, letzteres sei bereits das Erfolgsrezept der sozialen Marktwirtschaft. Deren Ziel bestünde darin, die soziale Wohlfahrt zu sichern und wo möglich zu mehren. Dazu verbände sie zwei Aspekte, den der ökonomischen Effizienz (oder der »Kuchengröße«) und den der Verteilungsgerechtigkeit (oder der »Größe der Kuchenstücke«). Ob der Markt das Effizienzziel erreiche, so hieß es in der Diskussion, könne natürlich erst beurteilt werden, wenn dieses Ziel klar umrissen sei.

Ins Spiel gebracht wurde das Pareto-Optimum. Benannt nach dem italienischen Soziologen und Ökonomen Vilfredo Pareto, gilt als pareto-optimal oder ökonomisch effizient eine solche Aufteilung (Allokation) der volkswirtschaftlichen Ressourcen auf Konsumenten, Produzenten, Investoren und Nutzungsperioden, bei der es nicht mehr möglich ist, die Wohlfahrt wenigstens eines Mitglieds der Gemeinschaft noch zu verbessern, ohne die Wohlfahrt anderer zu verschlechtern. Laut Pareto ist allein diese Form einer sozialen Wohlfahrtssteigerung konfliktfrei.

Die Repräsentanten der rauhen US-amerikanischen Wettbewerbsphilosophie hielten demgegenüber auf dem Panel eine starke Wohlstandsdifferenzierung für den ausschlaggebenden Leistungsantrieb.

Schwer hatten es Anhänger der marxistischen Denkrichtung in diesem Disput. Der Versuch, im realen Sozialismus, auf Basis des

Gemeineigentums, wachsenden Wohlstand für alle, soziale Gerechtigkeit und Gleichheit zu verbinden, war nirgends überzeugend gelungen. Gleichheit bestand mehr in bezug auf den Verteilungsanspruch denn auf den Leistungsbeitrag.

Die Frage nach dem im Zusammenleben zu favorisierenden »Ich« oder »Wir«, »Mein« oder »Unser« hatte die Menschen bereits über Jahrhunderte und nicht erst seit der russischen Oktoberrevolution bewegt. Sollte sie sich mit dem Versagen des 1917 auf die Weltbühne getretenen sozialistischen Systems für immer von selbst erledigt haben?

Damals ahnte ich nicht, wie rasch dieser akademische Streit für mich zur praktischen Herausforderung werden sollte.

Beim erneuten Lesen dessen, was da vor knapp zweieinhalb Jahrtausenden schon Anlaß zum Disput gegeben hatte, kam mir nochmals schmerzlich die Einseitigkeit, Enge, ja die Armut der bis vor kurzem im Sozialismus gängigen Eigentumsauffassung und der darauf beruhenden Praxis zum Bewußtsein. Es herrschte eine Art Eigentumsnihilismus. Meditiert wurde über den Unterschied zwischen »Eigentum« und »Besitz«. Politökonomen schwadronierten über das Beziehungsgefüge zwischen Eigentums- und Produktionsverhältnissen.

Privates Eigentum an Produktionsmitteln galt als »Stachel im Fleisch der sozialistischen Gesellschaftsordnung«. Und so waren in der DDR 1972 auch die restlichen privaten und halbstaatlichen Betriebe enteignet und zumeist den auf Weisung von Politbüromitglied Mittag gebildeten Kombinaten zugeordnet worden. Dem Mittelstand wurde die Basis entzogen und der Effektivität der Wirtschaft schwerer Schaden zugefügt. Diskussionen über Gruppeneigentum – oder gar seine Einführung wie im damaligen Jugoslawien – wurden als revisionistisch abgestempelt. Lautes Nachdenken über Joint-ventures war in der DDR noch bis in den Herbst 1989 tabuisiert.

Die vielfachen Versuche, auf der Grundlage des Volkseigentums eine tatsächlich leistungsgerechte Vergütung vorzunehmen, verliefen letztlich im Sande. Die kreativitätslähmende Tendenz der Einkommensnivellierung behielt die Oberhand über eine motivierende Differenzierung. Einige Mitglieder der Gesellschaft profitierten unverdient vom Volkseigentum, andere opferten sich im Interesse der Allgemeinheit auf.

Wie man privates in öffentliches Eigentum umwandelt, war geübt und bekannt. Für den umgekehrten Vorgang gab es in den sozialistischen Ländern kein Know-how und kein Vorbild. Mit diesem eigentumstheoretischen Defizit war die Modrow-Regierung bei der Konzipierung ihrer Wirtschaftsreform konfrontiert.

Es fiel mir und meiner Arbeitsgruppe nicht schwer einzusehen, daß der Übergang zur Marktwirtschaft mit monolithischen staatlichen Eigentumsstrukturen ausgeschlossen, Privatisierung als Instrument wirtschaftlicher Belebung unverzichtbar ist. Aber zum Selbstzweck sollte die Veränderung der Eigentumsordnung nicht werden. Auch die neuen Verhältnisse mußten sich nach unserer Überzeugung daran messen lassen, ob sie drängende Gegenwarts- und Zukunftsaufgaben lösen halfen. Und die waren – und sind! – in höchstem Maße sozialer, insbesondere beschäftigungspolitischer und ökologischer Natur.

Solche gesamtwirtschaftlichen Erfordernisse – das war unsere Sorge – blieben leicht auf der Strecke, wenn der Ressourceneinsatz in der Volkswirtschaft allein nach unternehmerischem, also betriebswirtschaftlichem Kalkül oder – was dasselbe ist – nach Profitgesichtspunkten erfolgt. Nach unserem Konzept war die Privatisierung eine wichtige, aber nur *eine* Grundtendenz der zu verändernden Eigentumsverhältnisse beim Übergang der DDR zur sozialen und ökologisch orientierten Marktwirtschaft. Nicht jedoch war sie als dominierende und schließlich einzige Richtung gedacht. Auch für die von uns angestrebte Vertragsgemeinschaft und die spätere Konföderation mit der BRD schien es uns vordringlicher zu sein, die Strukturen der Zentralverwaltungswirtschaft abzubauen, ihren Geist auszumerzen und den Wettbewerb aller Teilnehmer am Wirtschaftsleben zu fördern, als die über Jahrzehnte und unter anderen Bedingungen gewachsene Eigentumsordnung des künftigen Partners zu kopieren.

Mit ideologischer Borniertheit oder rein politischem Kalkül – wie so oft behauptet – hatte das nichts zu tun. Gerade als nüchtern denkender Ökonom konnte man zu einem anderen Ergebnis nicht kommen. Davon zeugt auch eine mit »Wirtschaftsgemeinschaft DDR – BRD« überschriebene Skizze vom 13. Januar 1990, die der frühere Bundeswirtschaftsminister, Prof. Karl Schiller, der DDR-Regierung nach Gesprächen mit Hans Modrow und mir übersandte. Dort heißt es: »Die Wirtschaftsgemeinschaft als Ganze müßte eine marktwirtschaftliche Ordnung haben. Daß der Anteil von Unternehmen im öffentlichen Eigentum in der DDR sehr viel höher wäre als in der BRD, wäre kein Hindernis. Wesentlich ist, daß die Unternehmen in den freien Wettbewerb gestellt werden.«

Die Wirtschaftsunion ließe nach Meinung des renommierten Ökonomen die Zweistaatlichkeit unberührt. Sie wäre gegenüber bloßen fallweisen oder punktuellen Hilfsmaßnahmen seitens der BRD an die DDR »ein großer Sprung nach vorne, der die Transformation der beiden Volkswirtschaften aufeinander zu bedeuten würde«. Auch hier also keine Rede von einer bloßen Kopie der einen durch die andere Seite.

Abgesehen von einer solchen Betrachtungsweise Außenstehender, enthielt unser eigenes Konzept folgende Schwerpunkte bei der Gestaltung der Eigentumsverhältnisse und damit zur Ankurbelung der Wirtschaft:

- Reprivatisierung der zu Unrecht verstaatlichten Betriebe,
- Gründung privater Betriebe (die dafür notwendigte Gewerbefreiheit war ebenfalls erst durch unsere Regierung herbeigeführt worden),
- Schaffung mittelständischer Unternehmen – darunter solcher in privater Hand – aus den zu entflechtenden örtlich geleiteten Kombinaten,
- Zulassung von Joint-ventures.

Ideen gab es von Berliner und Jenenser Wissenschaftlern sowie von Mitgliedern der Arbeitsgruppe »Wirtschaftsreform«, Dachorganisationen zur Verwaltung volkseigener Betriebe zu bilden. Sie sollten vorerst als Staatsunternehmen weitergeführt werden. Die Möglichkeit von Anteilsverkäufen, wie sie auch in anderen Ländern für Firmen in öffentlicher Hand gelten, war angedacht. Vor allem die österreichische Praxis, wie der Bund sein Anteilsrecht an verstaatlichten Unternehmungen ausübt, war analysiert worden.

Da eine Privatisierung im großen Rahmen nicht zu unseren Zielen gehörte, hatte es auch einer speziellen Behörde dafür nicht bedurft. Die vorgenannten Projekte wären in Regie der zuständigen Ministerien realisierbar gewesen. Mit der Verwaltung des Vermögens der Staatsunternehmen wäre ein Schatzamt beauftragt worden. Eine Anstalt zur treuhänderischen Verwaltung des Volkseigentums zu schaffen war in der Regierung und der von ihr beauftragten Arbeitsgruppe »Wirtschaftsreform«, ebenfalls in der Volkskammer oder am Runden Tisch daher lange überhaupt kein Thema.

Peter Christ und Ralf Neubauer irren, wenn sie in ihrem Buch »Kolonie im eigenen Land« von der Annahme ausgehen, in dem vom Runden Tisch akzeptierten Regierungskonzept zur Reformierung der DDR-Wirtschaft sei schon eine Institution wie die Treuhand enthalten gewesen.[3] Die Beilage zur Wirtschaftsreform in der am 1. Februar 1990 nach Zwangsunterbrechung wieder erschienenen Wochenzeitung »Die Wirtschaft« legt hier ein gegenteiliges Zeugnis ab. Auch ein Blick in die vorliegenden Stellungnahmen der Arbeitsgruppe Wirtschaft des Runden Tisches zum Reformpapier bestätigt die obengenannte Aussage nicht.

In der schon erwähnten Ausgabe des Wirtschaftsjournals findet sich ein Beitrag von Wolfram Krause, dem späteren Vorstandsmitglied der in Rede stehenden Behörde, zu Anliegen und Inhalt des Konzepts. Dort würde der Leser ebenfalls vergeblich nach einer offen oder auch nur verdeckt vorgetragenen Treuhandidee suchen. In der letzten Februardekade, als mit Hochdruck an allen die Eigentumsproblematik betreffenden Fragen gearbeitet wurde, äußerte Krause – inzwischen zum Staatssekretär avanciert – in Gesprächen wiederholt, der Treuhandgedanke hätte an den Anfang unserer Reformüberlegungen und nicht an ihr Ende gehört. Aber das war bei ihm eine erst im Fluß der Ereignisse gewachsene Ansicht, nicht eine lange unterdrückte Erkenntnis.

Zwei Anlässe bedingten gewissermaßen über Nacht eine neue Sicht auf die Dinge: Der erste war die Ende Januar 1990 getroffene Übereinkunft des Ministerpräsidenten mit dem Runden Tisch, im Interesse der politischen Stabilität eine Regierung der nationalen Verantwortung zu bilden. Acht Parteien bzw. Bürgerbewegungen nahmen das Angebot an, je einen Repräsentanten als Minister ohne Ressort in das Kabinett zu entsenden: die SPD, der Demokratische Aufbruch, Demokratie Jetzt, der Unabhängige Frauenverband, die Initiative Frieden und Menschenrechte, die Grüne Partei, die Grüne Liga und das Neue Forum. Zugleich wurde verabredet, die Volkskammerwahlen vom 5. Mai auf den 18. März vorzuziehen.

Damals deutete sich unmißverständlich an, daß nach den Wahlen eine andere Regierung die Amtsgeschäfte übernehmen und sich ein politisches Zusammengehen mit der BRD beschleunigen würde. Deshalb wurde es dringlich, über das Schicksal des Volkseigentums im ganzen nachzudenken, da diesen Rechtstitel Bürgerliches und Handelsgesetzbuch nicht kennen. Insbesondere ging es um die zentralgeleiteten volkseigenen Kombinate in Industrie, Transport- und Bauwesen.

Der zweite Anlaß, die Zukunft des Volkseigentums rasch zu klären, ergab sich aus dem offiziellen Besuch einer DDR-Regierungsdelegation am 13. und 14. Februar 1990 in Bonn. Als Beteiligte erkannte ich an Ort und Stelle, daß es nicht mehr um ein Zusammenwachsen beider deutscher Staaten über eine Vertragsgemeinschaft und eine Konföderation ging. Nur ob Anschluß oder Beitritt der DDR zur BRD, darüber waren die Würfel noch nicht gefallen.

Auch mit Abstand zu diesem makabren Erlebnis – zeitweise unterschritt der Umgang der Gastgeber mit uns die Schwelle des Zumutbaren – bin ich von der Richtigkeit unseres damaligen Reiseentschlusses und unseres Verhaltens während des Besuchs überzeugt. Nicht Bittstellerei oder gar plumpe Forderungsmentalität trieben uns, wie mancher Politiker und Journalist das Vorhaben verunglimpfte, die Bonner Regierung zu einem Solidarbeitrag von 10 bis 15 Milliarden DM für die DDR zu bewegen. Auch Prestigegründe kamen nicht in Frage, etwa das Auskosten des Gefühls, vor den Fernsehzuschauern in Ost und West per Hubschrauber des

Bundesgrenzschutzes im Garten des Kanzleramtes zu landen und mit dem Hausherrn auf einem Gruppenfoto zu erscheinen. Das mögen Motive des geltungssüchtigen Honecker gewesen sein, der im Herbst 1987 an gleicher Stelle für ein Medienspektakel gesorgt hatte. Ihm, dem obersten Repräsentanten des »Mauerstaates«, bot man damals nicht nur einen Empfang mit allen protokollarischen Ehren. Respekt wurde ihm entgegengebracht. Gar eine gewisse Herzlichkeit kam auf. Schließlich kannte man sich ja schon und hatte wohl auch keinen Zweifel daran, daß man noch lange miteinander würde auskommen müssen. Honecker sprach von »Feuer und Wasser«, das man nicht vereinigen könne.

Mit Hans Modrow stand an der Spitze unserer Delegation nun ein Mann, der sich ein paar Tage zuvor in einer Erklärung öffentlich zu »Deutschland, einig Vaterland« bekannt hatte. Für eine Wiedervereinigung in geordneten Bahnen die Weichen mit zu stellen, Nacht-und-Nebel-Aktionen mit vielen Unwägbarkeiten und Ungewißheiten für die DDR-Bürger einzudämmen – das waren die Absichten, die der Visite zugrunde lagen. Der Versuch war nicht erfolgreich. Dennoch hat er seinen Platz in der deutsch-deutschen Geschichte.

In Bonn verabredeten die beiden Regierungschefs, sofort eine bilaterale Expertenkommission zu bilden. Sie sollte sich mit den Modalitäten für eine Währungsunion als ersten Schritt auf dem Wege zur Einheit Deutschlands befassen. Im Zusammenhang damit wurde das Eigentumsproblem schlagartig zum sensibelsten Bereich im Bewußtsein der DDR-Bürger und natürlich der Regierung.

Ehemalige, jetzt westlich der Elbe lebende Fabrik- und Gutsbesitzer »spitzten« sich bereits auf ihre früheren, nun in Volks- oder Staatshand befindlichen Betriebe und Ländereien. Bauern bangten um das ihnen durch die Bodenreform übergebene Land. Bürger, die in Treu und Glauben nach dem zweiten Weltkrieg Grundstücke und Häuser erworben hatten, gerieten wegen schnell aufkommender und brutal vorgetragener Restitutionsansprüche in Sorge. Zudem erhielten wir fast täglich Briefe, in denen uns mitgeteilt wurde, wie sich Generaldirektoren volkseigener Betriebe und andere Vertreter der Leitungsetagen persönlich bedienten, mit Strohmännern Optionsverträge vereinbarten u. ä. Der Gefahr, daß sich die DDR in einen Selbstbedienungsladen auflöste, mußte Einhalt geboten werden.

Um begangenes Unrecht wiedergutzumachen, sollten bereits vor dem Wahltermin möglichst viele Reprivatisierungen erfolgen. Notwendig war es natürlich auch, die volkseigenen Kombinate in neue, in marktwirtschaftliche Rechtsformen zu überführen. In dieser Situation gab es in mehrerlei Hinsicht Handlungsbedarf.

Zum einen sollte die sowjetische Führung bewogen werden, öffentlich die Unantastbarkeit der nach Besatzungsrecht erfolgten Enteignung der Nazi- und Kriegsverbrecher sowie der Großgrundbesitzer zu erklären. Ein entsprechendes vom 1. März 1990 datiertes Ersuchen des Ministerpräsidenten an den sowjetischen Staatschef Gorbatschow wurde von den Regierungsmitgliedern einmütig unterstützt.

Zum anderen mußte darüber befunden werden, wie bei Verwaltung des volkseigenen Vermögens im Interesse der Allgemeinheit seine marktwirtschaftskonforme Reorganisation zu bewerkstelligen sei.

Von diesen Umständen ausgehend, war es Wolfgang Ullmann von Demokratie Jetzt, der als erster prominenter Politiker am 12. Februar 1990 am Runden Tisch mit dem Vorschlag an die Öffentlichkeit trat, eine »Treuhänderische Behörde zur Betreuung des Volksvermögens« zu schaffen. Sein Gedanke und der seiner in- und ausländischen Berater war es, nicht zuzulassen, daß dieses Eigentum in die Hände des westdeutschen Kapitals fiele. Es sollte vielmehr mittels Vergabe von Anteilscheinen für eine breite Vermögensbeteiligung der Bürger genutzt werden. Ähnliche Projekte gab es bei der SPD. Auch ich erhielt Briefe mit solchen Vorstellungen.

Bis zu den Wahlen war nun also Eile geboten, eine das weitere Schicksal des Volkseigentums betreffende Regelung zu finden.

Mein, dein, unser?

Auf die Frage, was das denn sei: »Volkseigentum«, antwortete einst eine Textilarbeiterin den Mitgliedern einer ausländischen Delegation beim Betriebsrundgang: »Das Volkseigentum gehört uns allen, aber nehmen darf sich keiner was davon.« An diesen bündigen Satz habe ich mich oft erinnern müssen. Er brachte das eigenartige, unwiederholbare Spannungsfeld auf den Punkt, in dem sich wohl die meisten DDR-Bürger befanden: Selbstverständliches, fast routinehaftes Bekenntnis zum »Eigentum in Volkes Hand« und eine unbewußte Gleichgültigkeit, ja zuweilen offene Distanz zu ihm seiner Anonymität wegen. Im Laufe der Zeit gewann die zweite Tendenz an Boden.

Woraus ergab sich dieses Wechselbad der Gefühle?

Der Grundstein für die Transformation der Eigentumsstruktur und die Entstehung von »Volkseigentum« im östlichen Teil Deutschlands wurde im Ergebnis des zweiten Weltkrieges durch die Besatzungsmächte gelegt. Im Potsdamer Abkommen hatten die Alliierten die »Ausrottung des deutschen Militarismus und Nazismus« als Ziel der Politik bezeichnet. Unter anderem sollte »die bestehende übermäßige Konzentration der Wirtschaftskraft« beseitigt werden. In der Sowjetischen Besatzungszone (SBZ) wurden 1945 viele Betriebe, vornehmlich Konzerne der ehemaligen deutschen Rüstungsindustrie, zunächst von der Besatzungsmacht beschlagnahmt und zur Befriedigung ihrer Reparationsansprüche als sowjetisches Staatseigentum in Form »Sowjetischer Aktiengesellschaften« (SAG) weitergeführt.

Das Schicksal anderer Großunternehmen wurde am 30. Juni 1946 durch den Volksentscheid in Sachsen über die Enteignung von Nazi- und Kriegsverbrechern besiegelt. Das war als Vergeltung für das Unheil gedacht, das die für den Krieg Mitverantwortlichen über Millionen Menschen in Deutschland und aller Welt gebracht hatten. Unter Berufung auf das eindeutige Votum in Sachsen beschlossen die anderen Landesregierungen in der SBZ analoge Gesetze. Fast 9300 gewerbliche Unternehmen, darunter 3843 Industriebetriebe mit einem rund vierzigprozentigem Anteil an der Produktion, »gingen in die Hand des Volkes über«.

»Volkseigentum« sollte sich von »Privateigentum« am Produktivvermögen dadurch unterscheiden, daß die Erträge aus seiner Bewirtschaftung nicht Einzelpersonen (denen, die die Kapitalgüter bereitstellen) zuflossen, sondern dem Staat. Die Regierung hatte dann über die Verteilung des Einkommens auf Konsumtion und Akkumulation zu entscheiden; d. h. ihr fiel die Aufgabe zu festzulegen, was den Bürgern zukommen sollte und was für zusätzliche Ressourcenbildung gedacht war.

In den Jahren 1952 und 1953 kamen die zum Teil gegen Entgelt zurückgegebenen SAG-Betriebe zum volkseigenen Sektor hinzu. 1956 belief sich sein Anteil in der DDR-Industrie, an den Beschäftigten gemessen, bereits auf knapp 82 Prozent und, bezogen auf das Nettoprodukt (Nationaleinkommen), auf rund 84 Prozent.

Seit dieser Zeit war die harte, oft aufopferungsvolle Tätigkeit von Millionen Arbeitern, Angestellten, Wissenschaftlern und Technikern der DDR die Hauptquelle für die Mehrung des Volkseigentums.

Allein von 1955 bis 1970 erhöhte sich die Investitionssumme in der gesamten Wirtschaft der DDR auf das Vierfache. Der Grundmittelbestand hatte sich mehr als verdoppelt. Das traf ebenfalls auf die Industrie zu.

Anfang der fünfziger Jahre gab es Versuche, auch über Strafverfahren gegen Privatunternehmen wegen Steuerhinterziehung – nicht selten nur vorgeschoben – den volkseigenen Sektor weiter zu vergrößern. Das war juristisch ebenso zweifelhaft wie das seinerzeitige Gesetz zum Schutze des Volkseigentums, das schon für Bagatelldelikte bis zu 5 Jahren Freiheitsentzug vorsah. Die Juni-Ereignisse 1953 führten hier zu einem vorübergehenden Einlenken. 1956 wurde privaten Betrieben die staatliche Beteiligung in der Rechtsform der Kommanditgesellschaft offeriert. Aus Privateigentümern wurden Komplementäre, ihre Unternehmen landläufig »halbstaatliche Betriebe« genannt, weil die Kapitalbeteiligung des Staates mindestens 51 Prozent betrug.

Ihnen und den weiter existierenden Privatbetrieben wurde eine sichere Perspektive vorausgesagt, was auch in der Verfassung von 1968 seinen Niederschlag fand. Dennoch kam es 1972 nach dem Machtantritt von Honecker zu ihrer gesetzwidrigen Enteignung, indem sie durch den Staat aufgekauft wurden. Noch einmal wurde der volkseigene Sektor von außen »aufgestockt«. Für die Wettbewerbsfähigkeit der Wirtschaft erwies sich das als verhängnisvoll.

Außer in der Industrie dominierte Volkseigentum im Bank-, Versicherungs-, Verkehrs-, Post- und Fernmeldewesen. Privateigentum an Produktionsmitteln in nennenswertem Umfang gab es nur noch im Handwerk. Im Interesse einer besseren und vielfältigeren Versorgung wurde seit 1976 auch im Handel und im Gaststättenbereich Privatinitiative wieder begrenzt gefördert.

In der Landwirtschaft nahm die Veränderung der Eigentumsverhältnisse durch die im September 1945 begonnene Bodenreform ihren Anfang. Ca. 14 000 Betriebe, denen rund ein Drittel der gesamten landwirtschaftlichen Nutzfläche in der SBZ gehört hatte, wurden entschädigungslos enteignet. Nutznießer waren vor allem Flüchtlinge, ehemalige Landarbeiter und Kleinbauern. Ein Teil der enteigneten Ländereien wurde als Staatsgüter fortgeführt.

1952 kam es zur Propagierung des genossenschaftlichen Eigentums. Die im April 1960 abgeschlossene Kollektivierung der Landwirtschaft war vielfach gegen den Widerstand der Einzelbauern durchgesetzt worden. In den siebziger und achtziger Jahren wollte dann zwar der weitaus größte Teil der Bauernschaft die genossenschaftliche Wirtschaftsweise nicht mehr missen. Dennoch hätte eine aufmerksame Regierung das Signal erkennen müssen und die natürliche »Lust am Eigentum« nicht so rigoros unterdrücken dürfen. Daran änderte auch kaum etwas, daß der in die Landwirtschaftlichen Produktionsgenossenschaften eingebrachte Grund und Boden formal Privateigentum der Bauern blieb. Er durfte nicht veräußert werden, trug den Besitzern allerdings Bodenanteile ein und war vererbbar.

Produktionsgenossenschaften hatten sich ebenfalls im Handwerk und der Bauwirtschaft entwickelt. Im Handel gab es seit 1945 wieder die schon Ende des vergangenen Jahrhunderts entstandenen Konsumgenossenschaften als Verbraucherorganisationen. So war in der DDR der genossenschaftliche Sektor relativ umfangreich und vielgestaltig.

Ende 1989, zu Beginn unserer Regierungszeit, belief sich der

Beitrag des volkseigenen Sektors zum produzierten Nationaleinkommen der DDR auf etwa 85 Prozent. Nach einzelnen Bereichen sahen die Anteile wie folgt aus:[4]

Industrie und produzierendes Handwerk	96,0 Prozent*
Bauwirtschaft	75,0 Prozent
Verkehr, Post- und Fernmeldewesen	98,3 Prozent
Binnenhandel	73,6 Prozent
Land- und Forstwirtschaft	23,1 Prozent
Sonstige produzierende Bereiche	91,3 Prozent

Laut Verfassung der DDR war das Volkseigentum neben dem genossenschaftlichen und dem Eigentum gesellschaftlicher Organisationen eine und zugleich die dominierende Form, in der Gemeineigentum an wichtigen Produktionsmitteln existierte.

Artikel 12 schrieb vor:

»Die Bodenschätze, die Bergwerke, Kraftwerke, Talsperren und großen Gewässer, die Naturreichtümer des Festlandsockels, Industriebetriebe, Banken und Versicherungseinrichtungen, die volkseigenen Güter, die Verkehrswege, die Transportmittel der Eisenbahn, der Seeschiffahrt sowie der Luftfahrt, die Post- und Fernmeldeanlagen sind Volkseigentum. Privateigentum daran ist unzulässig.«

(Die letzten vier Worte dieses Artikels waren in der Volkskammertagung am 12. 1. 1990 bereits gestrichen worden. Den Antrag dafür hatte ich begründet.)

Je nach Subjekt gliederte sich das Volkseigentum in staatliches und kommunales Eigentum. Die häufige Gleichsetzung von Volks- und Staatseigentum war also schon immer eine unzulässige Verknappung.

Im Gegensatz zum Privateigentum war Volkseigentum das Synonym für Aneignung und Verfügungsgewalt über die Mittel und die Ergebnisse des Produktionsprozesses durch die Gesellschaft. Die

* Geschätzt wegen fehlenden getrennten Ausweises nach Volkseigentum und genossenschaftlichem Eigentum.

Trennung von Produzent und Eigentümer und damit die Ausbeutung des Menschen durch den Menschen galten gemäß Staatsdoktrin als überwunden. Infolge staatsbürokratischer Strukturen und eingeschränkter Demokratie ist es allerdings nie zur tatsächlichen Vergesellschaftung des Volkseigentums gekommen.

Die volkseigenen Betriebe (VEB) waren juristische Personen. Im Gegensatz zu Haushaltsorganisationen führten sie eine Gewinn- und Verlustrechnung durch. Sie hatten aber – und das war ihr größtes Handicap – de facto nur eine wirtschaftlich-operative Selbständigkeit. Ein eigenständiger wirtschaftsstrategischer Spielraum wurde ihnen nicht zugestanden. Damit unterschieden sie sich von Unternehmungen in öffentlicher Hand, wie sie in westeuropäischen Ländern existieren. Erst mit dem Antritt der Modrow-Regierung wurden die VEB der Gängelei enthoben.

Volkseigentum bedeutete – wie schon kurz vermerkt –, daß auch die hergestellten Erzeugnisse und Gewinne der Betriebe dem Staat zur Verwendung im Interesse der Allgemeinheit zufielen. Damit wurden die Gewinne anstelle von Steuern zur Nummer 1 unter den Einnahmen des Staatshaushalts. Dort wurden sie umverteilt und u.a. zur Subventionierung unrentabler Betriebe und von Waren des Bevölkerungsbedarfs genutzt. Zum Teil flossen sie über Kredite für Investitionen und Umlaufmittel in die Produktion zurück.

Da der Staat auch das wirtschaftliche Risiko trug, konnte ein volkseigener Betrieb nicht bankrott gehen. Ebenso war es unmöglich, daß ein VEB auf Kosten eines anderen VEB Gewinn erzielte. Der Verlust eines Betriebes war immer ein Verlust für die Volkswirtschaft und umgekehrt. Der Staat minimierte für die Beschäftigten das Risiko bei den Wechselfällen des Lebens. Er gewährleistete, wenngleich oft verschwenderisch, das Recht auf Arbeit als Erwerbstätigkeit, was dem einzelnen das Gefühl der Unabhängigkeit und sozialen Sicherheit gab.

Das war es wohl, was letztlich immer wieder zur eher stillschweigenden Akzeptanz des Volkseigentums führte. Doch überdeckte sie auf Dauer nicht die fortschreitende Entfremdung der – wie wir damals sagten – Werktätigen von »ihrem Eigentum«. Weder in der DDR noch in anderen sozialistischen Ländern waren Formen gefunden worden, um das durch den Staat repräsentierte Eigentum für den einzelnen als »Besitz« und »Nutzen« erlebbar zu machen. Es blieb für ihn anonym, weil er selbst darüber nicht verfügen konnte. Die vielgepriesene Identität von Produzent und Eigentümer war im gesellschaftlichen Rahmen gegeben, für das Individuum jedoch schwer einsichtig.

Staatlich organisiertes Volkseigentum erforderte und ermöglichte es a priori, die Wirtschaft zu verwalten und zu steuern. Es schloß damit die Eigenverantwortung und Eigeninitiative der Unternehmen sowie einzelner Beschäftigter weitgehend aus. Ständige Mangelerscheinungen ließen Zentralismus, Bürokratie und Bevormundung eskalieren. Ein Engagement, als Eigentümer denken und handeln zu wollen, prallte an den starren und oft realitätsfernen staatlichen Planvorgaben ab. Es wurde selten belohnt, sondern galt als störend.

Einen überzeugenden Ersatz für die mit dem Privateigentum und seinen Vergesellschaftungsformen verbundenen Leistungsantriebe hat das Volkseigentum nicht hervorgebracht. Wenn die meisten Menschen in den VEB diszipliniert und gewissenhaft arbeiteten, dann entsprang das weniger einem ausgeprägten Eigentümer- als einem ganz normalen Pflichtbewußtsein.

Auch die Tatsache, daß über Jahrzehnte das Realeinkommen höher war als das Nominaleinkommen, wofür das Volkseigentum die Grundlage bildete, verfehlte die beabsichtigte Identifikationswirkung. Die »zweite Lohntüte« in Form subventionierter Waren und Leistungen wurde mehr und mehr als selbstverständlich hingenommen. Selbst jemand, der wenig oder gar nicht an der Erwirtschaftung des Volkseigentums teilnahm, partizipierte daran.

In den achtziger Jahren hatten die Subventionen dann einen Umfang angenommen, daß sie nicht mehr allein aus Gewinnen der VEB finanzierbar waren. Sie bedeuteten im Grunde genommen bereits Verzehr von Eigentumssubstanz. Investitionsnullwachstum in manchen Bereichen und das Wirtschaften auf Kosten der Umwelt sind dafür fatale Beispiele. Aus vielerlei Ursachen war die Reproduktionsfähigkeit des Volkseigentums beschädigt. Sogar Amortisationen verblieben oft nicht im Betrieb. Sie wurden zur Nettogewinnabführung an den Staat herangezogen, wenn der erzielte Gewinn geringer ausfiel als der beauflagte.

Mit der Umwandlung dieses eigenartigen Zwitterwesens »Volkseigentum« – weder ganz Staats- noch annähernd Privatbesitz, aber Existenzgrundlage des DDR-Wirtschaftsmechanismus und Quelle für ein wenn auch bescheidenes, so doch weitgehend sicheres Lebensniveau der Menschen – hatten wir es in der Regierung nun zu tun. Wir mußten es einerseits in marktwirtschaftskonforme juristische Strukturen überführen, was z. B. das Haftungsprinzip, die Konkursmöglichkeit einschloß. Andererseits war es so gut wie nur möglich für die soziale Sicherung unserer Landsleute zu handhaben, die schon bald dem eiskalten Wind der internationalen Konkurrenz ausgesetzt sein würden.

Zu treuen Händen

In der Regierung wurde Wolfgang Ullmanns Grundidee aufgegriffen. Sie schien uns eine Chance, zu gewährleisten, daß das Volksvermögen auch bei Änderung seiner Rechtsform nicht der Bevölkerung entzogen würde. Außerdem ist die treuhänderische Verwaltung von Eigentum im bürgerlichen Recht, mit dessen baldiger Übernahme nach den Wahlen zu rechnen war, nichts Ungewöhnliches, selbst wenn Dimensionen, wie sie hier bevorstanden, historisch einmalig sein dürften.

Auch in der DDR hatte es eine »Treuhandschaft« gegeben. Staatlich angeordnet, diente sie zur Verwaltung des Vermögens (Grundstücke, Betriebe, Wohnungen usw.) von Personen, die das Land nach dem 10. Juni 1953 – wie es hieß – illegal verlassen hatten. Treuhänderisch verwaltet wurde ebenfalls das am 8. Mai 1945 auf dem Territorium der späteren DDR vorhandene Vermögen von Ausländern und ausländischen Staaten.

In der Fachsprache bedeutet ein Treuhandverhältnis, daß ein Treugeber eine bisher auch rechtlich zu seinem Vermögen gehörende Sache (das Treugut) einem anderen (dem Treuhänder oder Treunehmer) »zu treuen Händen« gibt. Diese Sache wird dem Treuhänder mit der Bestimmung anvertraut, die damit verbundenen Rechte zwar im eigenen Namen auszuüben, sie jedoch nicht zum eigenen Vorteil zu gebrauchen. Im allgemeinen tritt der Treuhänder nach außen entweder als Eigentümer oder als Verwalter der ihm vom Treugeber übertragenen Rechte auf. Die Rechtsbeziehung zwischen Treuhänder und Treugeber wird in einem Treuhandvertrag geregelt.

Auf die Ausarbeitung eines solchen Vertrages kam es nun also an. Wolfram Krause und sein Team machten sich – unterstützt von Rechtsexperten – ab Mitte Februar 1990 an die praktische Umsetzung und inbesondere die juristische Ausgestaltung.

Es ging den Beteiligten damals nicht um eine eilige Privatisierung im Sinne von flächendeckendem Verkauf. Hauptziel war die Reorganisation des Volkseigentums, die Ordnung der Besitzverhältnisse. Dies hätte nach unserem damaligen Verständnis auch Fälle direkter Privatisierung eingeschlossen. Die Privatisierung sollte in erster Linie und unverzüglich die mittelständische Industrie, das Bau- und Transportwesen, Handel, Dienstleistungen und Tourismus erfassen, wo die früheren Eigentümer oder deren Nachkommen noch lebten und Interesse an der Übernahme ihrer 1972 an den Staat zwangsweise verkauften Betriebe zeigten. Ein entsprechendes Gesetz nahm die Volkskammer auf Antrag des Ministerrates am 6. März 1990 an.

Anders sahen wir die Situation solcher Großunternehmen, die als Betriebe von Nazi- und Kriegsverbrechern durch den Volksentscheid vom 30. Juni 1946 in Sachsen enteignet oder als ehemalige SAG-Betriebe Anfang der fünfziger Jahre von der UdSSR an die DDR übergeben worden waren. Sie waren oft schon vor ihrer Verstaatlichung nicht mehr Privateigentum im klassischen Sinne als Familienbesitz, sondern fungierten als große Kapitalgesellschaften. In den vergangenen Jahrzehnten war ihr ursprüngliches Anlagevermögen zumeist bereits mehrmals abgeschrieben. Das jetzige repräsentierte nicht nur bei direkten Neugründungen wie dem Eisenhüttenkombinat Ost, dem Petrolchemischen Kombinat Schwedt, den Automobilwerken Ludwigsfelde u.a., sondern auch in den übernommenen Betrieben vor allem Neuinvestitionen. Deren Quelle war vornehmlich der dort erwirtschaftete Gewinn und damit das Arbeitsergebnis der Beschäftigten.

Nur in Ausnahmen existierte der Wert des alten Kapitals fort. Die Situation war vergleichbar mit einer Person, die ihr ganzes Besitztum dadurch aufzehrt, daß sie Schulden aufnimmt, die seinem Wert gleichkommen. Auch dann repräsentiert der ganze Besitz eben nur die Gesamtsumme der Schulden.

Am 1. März 1990 wurde nun nach vorangegangener Beratung der Referentenentwürfe durch den Ministerrat der schon erwähnte Beschluß zur Gründung der Treuhandanstalt gefaßt und trat mit gleichem Datum in Kraft.[5]

Der Beschluß bestimmte die »Wahrung des Volkseigentums« zum Hauptauftrag der Behörde. Bis zur Annahme einer neuen Verfassung sollte sie der Regierung unterstellt und der Volkskammer rechenschaftspflichtig sein. Damit war fürs erste die Rechts- und Fachaufsicht fixiert, möglicher Willkür von Institutionen oder Einzelpersonen beim Umgang mit dem treuhänderisch verwalteten Volkseigentum vorgebaut. Gleichzeitig war angezeigt, daß über die künftige Unterstellung der Anstalt eine neue Verfassung zu befinden haben würde. Das hätte auch eine Aktualisierung ihres Auftrages einschließen können. (Am Entwurf einer Konstitution, die den in der DDR entstandenen gesellschaftlichen Realitäten und Zielen Rechnung trug, arbeitete der Runde Tisch. Dem am 18. März 1990 zu wählenden Parlament hatte er bereits vorgeschlagen, für den 17. Juni desselben Jahres einen Volksentscheid über die Verfassung und ein Ländereinrichtungsgesetz auszuschreiben.)

Laut Beschluß übernahm die als Anstalt öffentlichen Rechts tätige und territorial gegliederte Behörde mit Wirkung vom 1. März die Treuhandschaft über jenes volkseigene Vermögen, das sich in Rechtsträgerschaft von Betrieben, Einrichtungen, Kombinaten sowie wirtschaftsleitenden Organen und sonstigen im Register der volkseigenen Wirtschaft eingetragenen Wirtschaftseinheiten befand.

Diese Vermögenswerte waren mit dem Stand vom 31. Dezember 1989 pro Inhaber festzustellen. Betraut wurde damit die Staatliche Zentralverwaltung für Statistik. Dies war die Institution, bei der eine geschlossene Übersicht über alle in Frage kommenden Körperschaften vorhanden sein mußte. Sie sollte die genannte Aufgabe in Zusammenarbeit mit dem Ministerium der Finanzen und Preise lösen und auf Bezirks- und Kreisebene mit den jeweiligen Finanzabteilungen kooperieren.

Der Verantwortungsbereich der Treuhandanstalt umfaßte nicht das Vermögen, das sich in Rechtsträgerschaft kommunaler Betriebe befand. Das waren die den Städten und Gemeinden unterstellten volkseigenen Betriebe. Das gleiche traf auf das Vermögen der Staatsunternehmen zu. Dazu gehörten die Deutsche Post, die Deutsche Reichsbahn, die Verwaltung der Wasserstraßen und die Verwaltung des öffentlichen Straßennetzes. Dieses Eigentum wurde als Sondervermögen behandelt.

Von der Treuhandschaft ausgenommen war auch der volkseigene Grund und Boden. Er galt laut Verfassung als unteilbar und unveräußerlich.

Ebenfalls am 1. März 1990 beschloß der Ministerrat eine Verordnung zur Umwandlung von volkseigenen Kombinaten, Betrieben und Einrichtungen in marktwirtschaftsgerechte Unternehmensstrukturen – in Kapitalgesellschaften. Als deren wichtigste Formen waren GmbH und Aktiengesellschaften nach dem Vorbild des deutschen Handelsrechts vorgesehen. Danach besitzen diese Gesellschaften eine eigene Rechtspersönlichkeit, sind also eine juristische Person. Die Teilhaberschaft an einer solchen Gesellschaft beruht auf der Kapitalbeteiligung der einzelnen Gesellschafter. Deren Stellung bestimmt sich nach den Kapitalanteilen. Das unterscheidet die Kapital- von der Personengesellschaft, bei der die persönliche Bindung der Teilhaber zur Gesellschaft zumeist sehr eng ist. Die Kapitalgesellschaft haftet nur mit dem Gesellschaftsvermögen für ihre Schulden. Der einzelne Gesellschafter trägt ausschließlich das Risiko, seine Kapitaleinlage zu verlieren.

In dem uns hier interessierenden Fall der durch Umwandlung volkseigener Kombinate und Betriebe gebildeten Kapitalgesellschaften übernahm die Treuhand das Gesamtpaket der Geschäftsanteile bzw. Aktien. Sie übte also die Gesellschafterrechte aus. Die Verkaufsmöglichkeit ihrer Beteiligungen war vorgesehen, aber an eine noch ausstehende spezielle gesetzliche Regelung gebunden.

Geleitet werden Kapitalgesellschaften durch angestellte Manager, die oft Nichtgesellschafter sind. Die Treuhand war durch Verordnung autorisiert, juristische oder natürliche Personen zu beauftragen, als Gesellschafter zu fungieren bzw. die sich aus Beteiligungen ergebenden Rechte und Pflichten wahrzunehmen.

Um das Mitspracherecht der Beschäftigten bei der Umwandlung ihrer Betriebe in Kapitalgesellschaften bzw. bei der Veränderung von Beteiligungsverhältnissen zu garantieren, schrieb unsere Verordnung eine Stellungnahme ihrer Vertreter dazu vor. In den sich aus den volkseigenen Betrieben und Kombinaten bildenden GmbH und Aktiengesellschaften war innerhalb von 3 Monaten nach Umwandlung ein Aufsichtsrat zu bestellen. In ihm sollten durch die Belegschaft zu entsendende Mitglieder gebührend vertreten sein.

Die beschriebene Verordnung war übrigens in der Arbeitsgruppe »Wirtschaftsreform« bereits seit Anfang Februar 1990 vorbereitet worden. Das war einerseits die Reaktion der Regierung auf Vorschläge einzelner Generaldirektoren, ihre Kombinate in marktwirtschaftskonforme Strukturen umzuwandeln. Andererseits war es das Stop-Signal für jedweden Wildwuchs.

Es widerspricht also den Fakten, wenn von Vertretern der Bürgerbewegungen bis heute behauptet wird, die Modrow-Regierung habe Verschleuderungspraktiken tatenlos zugesehen oder sie stillschweigend geduldet. Schon bevor die Treuhandidee geboren wurde, arbeiteten wir an einem rechtlichen Rahmen für die Umwandlung von volkseigenen Kombinaten und Betrieben in marktwirtschaftliche Unternehmen. Das war die logische Konsequenz aus der im Januar verabschiedeten Joint-venture-Verordnung. Anhand von acht zum Teil differenziert gelagerten Pilotprojekten sollten grundsätzliche Erfahrungen gesammelt werden, bevor daraus allgemeine Praxis wurde.

Ein solches Projekt (mit Datum vom 12. Februar 1990) betraf z. B. die Überführung des Kombinates NAGEMA Dresden in eine Kapitalgesellschaft in Form einer Stiftung. Das Reifenkombinat Fürstenwalde beantragte (ebenfalls am 12. Februar 1990) seine Umwandlung in eine »Pneumant-Reifen-Aktiengesellschaft« mit der Möglichkeit des Kaufs von 50 Prozent der Aktien durch ein westeuropäisches Unternehmen. Das Kombinat Elektronische Baulemente Teltow plante seine Umgestaltung in die »Elektronische Bauelemente GmbH«. Fast alle Projekte sahen die entgeltliche oder unentgeltliche Vergabe eines Teils der Aktien an die Belegschaft vor.

Wenn die Verordnung nicht unverzüglich, sondern erst am 1. März in Kraft gesetzt wurde, dann lag das am massiven Protest vor allem der SPD-Vertreter, aber auch der Repräsentanten von Demokratie Jetzt am Runden Tisch und in der Regierung. Ihr Einwand richtete sich nicht gegen die Umwandlung volkseigener Betriebe in Kapitalgesellschaften an sich. Sie verlangten vielmehr vor deren Bildung eine unentgeltliche Eigentumsübertragung durch das Parlament auf die Bevölkerung, also eine Privatisierung über die Ausgabe von Anteilscheinen am Volkseigentum.

Es lag jedoch auf der Hand: Ein solches Herangehen hätte der vorherigen Bewertung des Volksvermögens, der Bemessung des anteiligen Anspruchs der Bürger, der Regelung der Erlösrechte aus dem Eigentumsanteil und anderer umfänglicher und zeitaufwendiger Vorarbeiten bedurft. Die Umwandlung der volkseigenen Betriebe und Kombinate in marktwirtschaftskonforme Unternehmen wäre unverantwortlich verzögert, ihre Bewegungsmöglichkeit am Markt behindert worden.

Wolfgang Ullmann beharrte nach einigen Vorgesprächen während der Ministerratstagung am 1. März nicht auf der ursprünglich eingeforderten zeitlichen Reihenfolge von Eigentumsübertragung an die Bürger und Bildung von Kapitalgesellschaften. Auf einer am selben Tag gemeinsam mit Wolfram Krause durchgeführten Pressekonferenz unterstrich er nochmals die Notwendigkeit einer Beteiligung der DDR-Bürger am Volkseigentum. Er sah dies aber nicht mehr als Vorbedingung für zu bildende Kapitalgesellschaften und durch besagte Verordnung nicht als ausgeschlossen an. Die parallele Beschlußfassung über die zu gründende Treuhand und die Umwandlungsverordnung hatte seine Bedenken zerstreut.

Mit der SPD hingegen konnten verschiedene Mißverständnisse nicht ausgeräumt werden. Sie beruhten erstens auf der nicht zutreffenden Annahme, mit der Umwandlung von volkseigenen Kombinaten und Betrieben in Kapitalgesellschaften fänden Eigentumsveränderungen statt. Gerade das aber sollte mit der Verordnung ausgeschlossen werden. Die Geschäftsanteile bzw. Aktien der Gesellschaften verblieben komplett bei der Treuhand. Ihr Verkauf war – wie bereits betont – verboten bis zur Annahme entsprechender Gesetze durch das Parlament.

Zu dem Dissens trug zweitens bei, daß die vorgesehene Möglichkeit der Anstalt, Gesellschafterfunktionen auch auf natürliche Personen zu übertragen, in der SPD als Kanal zur Übertragung von Eigentumsrechten ausgelegt wurde. Ullmann teilte in diesem Punkte die SPD-Auffassung nicht.

Somit blieb eine ursprünglich von SPD und Demokratie Jetzt am Runden Tisch beabsichtigte gemeinsame Empfehlung an die Regierung eine Initiative allein der SPD. Beantragt wurde, auf Grundlage der Umwandlungsverordnung »bisher vorgenommene Eigentumsveränderungen festzuhalten, bevor sie endgültig Rechtskraft erhalten. Bis zur Arbeitsfähigkeit einer neuen Regierung sind weitere Eigentumsveränderungen nicht gültig.«

Die SPD rechnete für den 18. März mit einem Wahlsieg und sah sich bereits in der Regierungsverantwortung. Selbst der sonst eher vorsichtige Walter Romberg gab sich wenige Tage vor der Wahl zuversichtlich. Hans Modrow hatte am 15. März die Mitglieder des Kabinetts zu einem gemeinsamen Mittagessen eingeladen. Es war die letzte Zusammenkunft in dieser Runde. Nach einer kurzen Abschiedsrede des Ministerpräsidenten erhob sich Romberg spontan und deutete mit freundlichen Worten – wenn auch mit Blick auf die anstehenden Probleme nicht ganz unbekümmert – für die SPD gewissermaßen bereits den Stabwechsel an.

Seine Partei hatte also in Eigentumsfragen noch einmal Flagge zeigen wollen. Am 14. März 1990 meldete die Deutsche Presseagentur:

»Die DDR-SPD will bei einem Wahlsieg am Sonntag in der DDR an jeden Bürger, vom Säugling bis zum Rentner, Anteilscheine im Nennwert von 40000 DDR-Mark an Investmentgesellschaften vergeben. Wie die wirtschaftspolitischen Sprecher der Partei am Mittwoch in Ost-Berlin vor Journalisten erläuterten, soll damit ein breitgestreutes Eigentum erreicht werden. Ferner soll verhindert werden, daß sich die bisherigen SED-Funktionäre im Wirtschaftsbereich bei einer künftigen Umwandlung volkseigener Betriebe über Sonderrechte bereicherten. Es wäre eine ›Perversion‹ wenn jetzt damit angefangen werde, zu verkaufen, was eigentlich den Bürgern gehöre. Die Vergabe von Anteilscheinen sei auch eine Entschädigung für ›29 Jahre Mauer-Haft‹, so die SPD-Sprecher.

Pro Anteilschein soll monatlich eine Rendite von etwa drei Prozent als Ausgleich für die zu erwartenden Preissteigerungen – nach Wegfall der Subventionen – bei Grundnahrungsmitteln und Wohnraum gezahlt werden. Die Anteilscheine der Bürger, die erst nach drei bis fünf Jahren handelbar sein dürften, würden treuhänderisch von den Investmentgesellschaften – mit einer Treuhandbank an der Spitze – verwaltet, erklärte SPD-Wirtschaftsexperte Horst Schneider. Die Bank organisiere die Verteilung des Kapitals in Aktiengesellschaften, Immobilien- und Investmentfonds. Ein Verband der Anteilseigner könnte die Vertretung der vielen Eigentümer übernehmen. Das Parlament müsse umgehend ein Gesetz über Kapitalgesellschaften verabschieden – so ein Aktien- und GmbH-Gesetz. Vorgesehen sei aber auch, Anteilscheine zu beleihen, so die SPD. Damit wäre Kapital frei für die Gründung von Kleinbetrieben oder die Schaffung von Wohneigentum. Neben Eigentum an Kapitalgesellschaften soll es genossenschaftliches ebenso wie unmittelbar persönliches Eigentum geben. Dem neuen Staat soll nur das Verfügungsrecht über Eigentum bleiben, das gesellschaftlichen oder kommunalen Zwekken dient.«

Trotz eines solchen, eigentlich breite Zustimmung erheischenden Engagements blieb das Wählervotum für die SPD enttäuschend: Mit knapp 22 Prozent erreichte sie nur wenig mehr als die Hälfte der für die frühere Blockpartei CDU gezählten Stimmen. Die wahlberechtigten Bürger hatten sich nicht vorrangig am neuen Parteiensystem der DDR, sondern vielmehr sofort am Parteiengefüge der BRD orientiert. Sie gaben im Grunde der CDU von Bundeskanzler Kohl ihr Vertrauen. Frustriert vom Wahlausgang waren auch die Bürgerbewegungen. Sie kamen zusammen auf nicht ganz 5 Prozent der abgegebenen Voten.

Unter normalen Umständen hätten solche prinzipiellen Vorgänge wie die Überführung des Volkseigentums in treuhänderische Verwaltung und die Umwandlung von volkseigenen Kombinaten, Betrieben und Einrichtungen in Kapitalgesellschaften per Gesetz beschlossen werden müssen. Dieses Anliegen aber in das Parlament einzubringen blieb keine Zeit mehr. Den dafür üblichen Modalitäten – Debatten in den Volkskammerausschüssen und Abstimmungen zwischen ihnen – war in wenigen Tagen nicht zu entsprechen, denn am 7. März 1990 fand die abschließende Parlamentstagung vor den Wahlen statt.

Legende vom Verrat

Bis auf den heutigen Tag wird der Treuhandbeschluß der Modrow-Regierung gern falsch oder tendenziös interpretiert, und es kommt zu unbegründeten Schuldzuweisungen. Selbst wenn man eine Regierung, der auch frühere SED-Mitglieder angehörten, aus politischen Gründen nicht mag, heiligt der Zweck doch nicht alle Mittel. Wahrheit sollte Wahrheit bleiben.

Was ich unter den zahlreichen Anschuldigungen persönlich als am schmerzhaftesten empfinde, ist der von Vertretern der Bürgerbewegungen erhobene Vorwurf, unsere Regierung hätte den Eigentumsanspruch der DDR-Bürger verraten und so letztlich deren Enteignung zu verantworten. Sie habe den Kern des Ullmannschen Treuhandvorschlags nicht aufgegriffen, Anteilscheine am Volkseigentum auszugeben und die Bürger so für ihren jahrzehntelang geübten Lohn- und Gehaltsverzicht zu entschädigen.

In der Tat findet sich eine solche Formulierung expressis verbis im Treuhandbeschluß nicht. Das war aber weder ein Versehen noch gar der Absicht entsprungen, den Eigentumsanspruch der Bürger zu leugnen, geringzuschätzen oder verantwortungslos unter den Teppich zu kehren.

In welcher Zwickmühle befanden wir uns?

Der begeistertste Befürworter der Anteilscheinoption, unser Ministerkollege Ullmann, konnte zur Praktikabilität seiner faszinierenden Idee wenig beitragen. Auch die damit verbundenen ökonomischen Konsequenzen waren sein Thema nicht. Ebenfalls nebulös blieben die Auskünfte seiner Berater Dr. Matthias Artzt und Dr. Gerd Gebhardt vom »Freien Forschungskollegium ›Selbstorganisation‹«. In späteren Publikationen und Interviews gestand Wolfgang Ullmann unumwunden, die Idee der Privatisierung durch Aufteilung des Gesamtvermögens eines Landes sei nicht bei ihm gereift, sondern die Kreation eines reinen Zufalls gewesen. Am Runden Tisch seien ihm zwei als Wirtschaftsberater tätige Herren aus Genf begegnet: Daryl Gay von Inheritance International und Gunter Breitling vom Institute of Common Sense. Sie hätten entsprechende Gedanken angedeutet, die bei ihm spontan auf fruchtbaren Boden fielen. Er habe historische Vorbilder für die Vermögensaufteilung in Praktiken der Tang-Dynastie in China (618–917) und des Byzantinischen Reichs unter Kaiser Herakleios (617–711) erkannt.

Die Tang führten zu Beginn ihrer Herrschaft eine Agrarreform durch. Nach Erfassung der gesamten Fläche wandten sie ein System der gleichmäßigen Bodenverteilung an, das den Bauern eine feste Existenzgrundlage sicherte.

Kaiser Herakleios teilte, um das Besoldungsproblem seiner Soldaten, insbesondere der Kriegsveteranen, zu lösen, Landstücke unter sie auf.

Das Ullmann-Konzept beruhte also darauf, das Gesamtvermögen der DDR zu erfassen, zu bewerten und dann aufzugliedern. Ein Teil sollte in Form von Besitztiteln (auch »Urpfandbriefe« oder »Bürgeranteile« genannt) den Bürgern übergeben werden, der andere Teil in Staatshand verbleiben oder in Länder- sowie kommunales Eigentum überführt bzw. durch Verkauf privatisiert werden. Schließlich war an eine Umweltstiftung gedacht.

Der springende Punkt war, daß vor der Distribution des volkseigenen Vermögens seine Bewertung stehen mußte. In einem politisch und ökonomisch selbständigen Staat mag ein solches Projekt über einen etliche Jahre umfassenden Zeitraum hinweg gelingen. Mit erlaubter nationaler und internationaler Handelbarkeit von Grund und Boden, Immobilien, Kapitalgütern, Wohnungen usw. bilden sich Marktwerte heraus. Erst sie umreißen letztlich das Quantum des Verteilbaren, über das auch verfügt werden kann. Zu dem Zeitpunkt aber, als wir den Treuhandbeschluß verabschiedeten, wäre die Angabe von Marktwerten ein Hasardspiel gewesen. Auch die von Wolfgang Ullmann eingeholten Wirtschaftsgutachten konnten nicht hilfreich sein. Sie gaben z. B. als Pro-Kopf-Summe, die jedem DDR-Bürger in Form von Anteilscheinen übertragen werden sollte, Größen zwischen 25 000 und 120 000 DM an. Setzt man nur den niedrigen Wert an, ergibt sich bei 16 Millionen Bürgern der stattliche Betrag von 400 Milliarden DM. Er verringerte sich etwas, wenn für Kinder mit einem gewissen Abschlag operiert wird.

Das Problem bestand gar nicht so sehr darin, ob diese Anteilscheine von Anfang an hätten handelbar sein sollen oder nicht, um Spekulationen auszuschließen. Die Gefahr lag eher darin, daß man in die Nähe eines Lotteriespiels gekommen wäre, das hohe Gewinnchancen verspricht, bei dem man am Ende jedoch nur Nieten zieht. Im Wahlkampf und für Talkrunden im Fernsehen machten sich solche Vorschläge gut. Und Albrecht Graf Matuschka z. B. errang als eifriger Propagandist des Anteilschein-Konzepts ihm sehr willkommene Zuschauererfolge zu einer Zeit, als das Renommee seiner Firma arg angekratzt war. Eine Regierung aber konnte ihren Beschluß auf so tönerne Füße nicht stellen.

Persönlich lernte ich den Vorsitzenden der über 390 Mitarbeiter zählenden Matuschka-Gruppe, einer in München angesiedelten Treuhandvermögensverwaltungs-GmbH, am 19. März 1990 – also einen Tag nach der Volkskammerwahl – im schweizerischen Basel kennen. In internationaler Besetzung wurde im Kongreßzentrum zum Thema »Osteuropa: Öffnung und Hoffnung – Perspektiven für Wirtschaftspolitik und Unternehmensstrategien« diskutiert. Außer mir und dem schon erwähnten Grafen nahmen als Vortragende unter anderem Professor Norbert Walter, Chef-Volkswirt der Deutschen Bank AG Frankfurt/Main, Dr. Szaboles Fazakas, ungarischer Vizeminister für Internationale Wirtschaftsbeziehungen, und Professor Vladimir Kvint, Vizepräsident des Sowjetischen Exportverbandes, teil.

Als Gastredner bei der abendlichen Tafel war Zbigniew Brzezinski, ehemaliger Sicherheitsberater des US-Präsidenten Carter und Direktor des Center for Strategic & International Studies an der

Georgetown University, Washington D.C., gewonnen worden. Er hatte auch an weiteren Hochschulen Lehraufträge. Wie manch anderer unter den Zuhörern war ich von der Kühnheit seiner Prognosen beeindruckt. Für ihn stand z. B. fest, daß die Sowjetunion bald ihren noch heftigen Widerstand gegen die NATO-Mitgliedschaft eines vereinigten Deutschlands aufgeben würde. Wenige Monate später war es tatsächlich soweit.

Matuschka – die Energie dieses körperlich zerbrechlich wirkenden Mannes erstaunte mich – präsentierte in Basel begeistert sein Konzept, das strategische Antworten auf Zukunftsfragen der osteuropäischen Reformstaaten geben sollte. Es ähnelte stark seinem 10-Punkte-Programm, das im DDR-Fernsehen unter dem Titel »Das Volk sind wir« popularisiert worden war. Punkt 1 befaßte sich mit einer Kapitalreform: »Ausgabe (nicht Verkauf) von Volksaktien mit entsprechenden Coupons für jeden volkseigenen Betrieb als handelbare Einheiten. Es setzt international ein ›Rennen‹ um die Aktien ein, deren Wert dadurch steigt. Was der Bürger dann macht, bleibt ihm überlassen. Auf jeden Fall hat er einen Gewinn davon. Im Gegensatz zu einer Situation, in der sich der VEB so gut wie bedingungslos in eine Kooperation einbringt.«[6]

Einwänden, eine solche Konstruktion werde das internationale Kapital eher von der DDR abhalten, begegnete er mit dem Hinweis, daß er sich eine Splittung vorstellen könne: »Sagen wir mal, 40 Prozent der Wertpapiere gehen an den Bürger, neun Prozent an den Mitarbeiter. Dann haben wir noch 51 Prozent für jemanden zur Verfügung, der die beste Technologie liefern kann.«[7]

Nach zweijährigen Privatisierungserfahrungen nimmt sich diese Strategie noch phantastischer aus als damals. Graf Matuschka sieht es inzwischen sicher selbst so, daß er eine ganze Reihe von Problemen überhaupt nicht ins Kalkül gezogen hatte: Restitutionsbegehren; Marktverluste; Lobbyismus in den alten Bundesländern, der Konkurrenz mehrerer, darunter ausländischer Interessenten um die ostdeutschen Betriebe gar nicht aufkommen ließ oder stark behinderte.

Es war daher irreführend, wenn die schon zitierte »Berliner Zeitung« am Ende eines Gespräches mit dem Grafen Matuschka anmerkte, Wirtschaftsministerin Christa Luft habe in einem kürzlichen Rundfunkinterview darüber informiert, daß die Ausarbeitung der Modalitäten zur Umsetzung des Matuschka-Programms in Auftrag gegeben würde. Ich jedenfalls habe weder die hier in Rede stehende Finanzdienstleistungsgesellschaft noch eine andere Institution in solcher Weise beauftragt. Wohl aber hatte ich meine Arbeitsgruppe »Wirtschaftsreform« verpflichtet, alle Vorschläge zur Vermögensübertragung an die Bürger der DDR sorgfältig aufzunehmen und gründlich auf ihre Umsetzbarkeit zu prüfen. Dabei mußte aber gelten, daß Gerechtigkeitsempfinden und emotionale Zustimmung zu einer Idee – und die gab es damals bei mir – auch im hektischen Alltag und unter Zeitdruck die Garantie der »Machbarkeit«, der juristischen Tragfähigkeit nicht ersetzen können.

Sollte allein die Staatsbürgerschaft der DDR ausschlaggebend sein für den Anspruch auf einen Anteilschein am Volkseigentum oder die Teilnahme an seiner Bewirtschaftung und Mehrung? Sollten ein privater Handwerker oder ein Kirchenbediensteter, ein niedergelassener Arzt, Rechtsanwalt oder ein anderer Freiberufler gleichermaßen partizipieren wie ein jahrzehntelanger Arbeitnehmer in einem volkseigenen Betrieb? Konnten ein notorischer Arbeitsbummelant oder eine Funktionärsgattin ohne eigenen Broterwerb genauso behandelt werden wie diejenigen, die ein volles Arbeitsleben hinter sich hatten und mitunter noch über das Rentenalter hinaus für schmales Entgelt tätig gewesen waren?

Was waren Anteilscheine ohne Wertangabe »wert«, wenn 25 000 DM aufzudrucken doch zu phantastisch gewesen wäre? Wer wäre für die Auslandsschulden, das Loch im Staatshaushalt, die Verbindlichkeiten der Betriebe und Wohnungsbaugesellschaften, wer für die ökologischen Altlasten aufgekommen? Hätte der eine seine Komfortwohnung, der andere seine »Bruchbude« dafür erwerben sollen? Hätten da nicht neue soziale Ungerechtigkeiten ins Haus gestanden? Was aber wohl noch wichtiger war: Woher hätte selbst bei anteiligem Verschenken des Volkseigentums das für die Modernisierung und Umstrukturierung der Wirtschaft erforderliche Kapital kommen sollen? Ohne massive Kapitalzufuhr von außen war das nicht zu haben.

Es klingt zunächst plausibel, die DDR-Bürger wären durch

Übereignung des Volksvermögens erstmals tatsächlich seine Besitzer geworden. Es mag theoretisch auch richtig sein, sie hätten durch späteren Verkauf ihrer Anteile an einer Börse und Kauf fremder Anteile sich kinderleicht – sozusagen learning by doing – die marktwirtschaftliche Mentalität aneignen und eine entsprechende Praxis erwerben können. Aber welche realen Chancen hat es dafür wirklich gegeben?

Für die Börseneinführung von Betrieben existiert ein eingefahrenes Ritual. Ihm zu entsprechen hätte selbst unter »normalen« Umständen drei bis fünf Jahre gekostet. Mindestens drei Jahre muß sich ein Börsenneuling nachgewiesenermaßen in der Gewinnzone befunden haben. Die Umstände waren aber nicht normal; totaler wirtschaftlicher Umbau stand bevor.

Aus der Kombinatsentflechtung gingen neue Unternehmen hervor, die ihre Lebensfähigkeit erst noch zu beweisen haben. Durch das zum Teil kostengünstigere, vor allem aber bunte und vielfältige Angebot westdeutscher und westeuropäischer Waren schrumpfte der Binnenabsatz für einheimische Produzenten. Eigene Importstornierungen und -drosselungen gegenüber osteuropäischen Lieferanten verringerten deren Bezugsmöglichkeiten bei ihren angestammten ostdeutschen Anbietern. Damit sanken die Gewinnerwartungschancen der DDR-Betriebe rapide. Es wuchs die Gefahr der Entwertung ihrer Produktionsanlagen und Bestände. Eine rosige Aussicht für die rasche Börseneinführung und den einträglichen Aktienhandel war das nicht. Hinzu kommt, daß mit dem Verschenken von Eigentum en gros noch kein unternehmerisches Verhalten für sein Bewirtschaften entsteht. Auswärtige Kaufinteressenten für »verschenkte« Betriebe hätten sich Tausenden und aber Tausenden Eigentümern gegenüber gesehen. Ihre Investitionsbereitschaft hätte das kaum beflügelt.

Dies und anderes kam vor und während besagter Ministerratstagung zur Sprache und wurde dennoch nicht klarer. In Vorbereitung auf die Tagung am 1. März waren Wolfgang Ullmann und seine beiden Berater zu einem Arbeitsgespräch bei mir. Es verlief spannungsfrei, verband uns doch die gemeinsame Sorge, das Volksvermögen nicht in falsche Hände geraten zu lassen. Deshalb war ich schon verwundert, daß mein Kollege von damals später in einem seiner zahlreichen Interviews kundtat, Frau Luft habe dagesessen und gar nichts verstanden.

Andere Zusammenkünfte haben mit Mitgliedern der Arbeitsgruppe »Wirtschaftsreform« und deren Leiter, Wolfram Krause, stattgefunden. Es entspricht daher nicht der Wahrheit, wenn Heinz Suhr in seinem Buch »Der Treuhandskandal« so tut, als seien die Bürgerbewegungen nur am Rande beteiligt gewesen und überfahren worden.[8] Daß es Zeitdruck gab, war nicht nur ihr, sondern unser aller Problem.

Die Volkskammerwahlen standen unmittelbar vor der Tür. Kein genügender Rahmen, um alle mit dem Schicksal des Volkseigentums verbundenen sensiblen Fragen auszustreiten. Dennoch mußte gehandelt werden. Ein juristisches Vakuum bis zur Arbeitsfähigkeit einer neuen Regierung – gewöhnlich vergehen vier bis sechs Wochen – hätte der bereits begonnenen »Freibeuterei« Tür und Tor geöffnet. Eine Kontrolle der Vermögensbewegungen funktionierte seit der Maueröffnung kaum noch. Wenn Hans Modrow – wie ihm später oft vorgeworfen wurde – gerade die Bonzen und die altgedienten Bürokraten hätte besonders begünstigen wollen, dann hätte er gewiß der – wie es heute heißt – »spontanen Privatisierung« keinen Riegel mehr vorgeschoben.

Damals ging es also vordringlich um den »Zusammenhalt« dessen, was als Volksvermögen galt, nicht um seine Distribution. Dieser Sachverhalt verbarg sich hinter dem Terminus »Wahrung des Volkseigentums«. Gefahren der Veruntreuung, Praktiken der individuellen Bereicherung sollte vorgebeugt werden, dieses Vermögen »im Interesse der Allgemeinheit« verwaltet werden, bis über seinen weiteren Verwendungszweck im einzelnen entschieden war.

Der Beschluß sah vor, per gesondert zu erlassender Rechtsvorschrift die Anstalt zur Emission von Wertpapieren zu ermächtigen. Nach unserem Verständnis hätte das auch Anteilscheine für die Bevölkerung einschließen können. Aber ein Raster dafür hatten wir noch nicht.

Wenn ich die emotionsgeladenen Dispute von damals, die vom Wahlkampf geprägten Interessen der beteiligten Parteien und politischen Bewegungen, die komplizierte Lage der Wirtschaft sowie den Handlungszwang der Regierung Revue passieren lasse und den Treuhandbeschluß vor diesem Hintergrund sehe, dann komme ich zu folgendem Resultat:

1. Zu einem der brennendsten Probleme jener Zeit wurde von den Beteiligten ein gemeinsamer Nenner gefunden. Er war gewiß kleiner, als es manchem vorgeschwebt hatte. Aber der Beschluß ist ohne Protest von irgendeinem Regierungsmitglied zustande gekommen.
2. Die Position der Modrow-Regierung zum Eigentumsanspruch der Bürger läßt sich nicht isoliert am Treuhandbeschluß beurteilen. Sie muß in einen größeren Rahmen gestellt werden. Parallel ergriff das Kabinett die Initiative, von der früheren Besatzungsmacht z. B. die Garantie für die Unantastbarkeit der Bodenreform und damit der Vermögenslage großer Teile der Bauern zu erwirken. Die Regierung setzte sich für ein 1:1–Verhältnis beim Umtausch der Sparguthaben von Mark der DDR in DM ein. Ich hatte mich dazu wiederholt öffentlich geäußert. Das hätte den Besitzstand der Ostdeutschen bei Eintritt in die Währungsunion gewahrt. Mit gleichem Datum wie das Treuhandpapier war vom Ministerrat eine Sozialcharta beschlossen worden. Eine ihrer Leitlinien war die Sozialpflicht des Eigentums, unabhängig von seiner Form. Der Vorwurf, die Enteignung der DDR-Bürger verantworten zu müssen, ist also an die erste Nach-Wende-Regierung falsch adressiert.
3. Es wäre sehr populistisch gewesen, ungeachtet aller Bedenken den Bürgern die Vergabe von Anteilscheinen zu versprechen. Mit Sinn für Realitäten hätte das nichts zu tun gehabt.

Wem all das an Argumenten nicht ausreicht, was damals schon debattiert wurde, der möge sich folgende Frage beantworten: Wer hätte es geduldet, daß eine – wie es immer hieß – nicht legitimierte Regierung kurz vor Verlust der politischen Macht mit dem Eigentum noch »ökonomische Macht« verschenkte? Das hätten die nach dem 18. März 1990 regierungsbildenden konservativen Allianzparteien

(CDU, DSU, Demokratischer Aufbruch) von sich aus gewiß nicht hingenommen. Ansonsten wäre ein Fingerzeig aus Bonn sicher gewesen.

Ob eine Mehrheit von DDR-Bürgern durch Protest auf der Straße bereit gewesen wäre, das »Kippen« der Schenkungen zu verhindern, wage ich zu bezweifeln. Es ging ja auch kein Ruck durch die Arbeitnehmer, als eine Majorität der frisch und erstmals frei gewählten Volkskammerabgeordneten die Annullierung des noch am 7. März 1990 vom Parlament beschlossenen Gewerkschaftsgesetzes zu einer ihrer ersten Amtshandlungen erkor. Dieses Gesetz hatte die Mitspracherechte der Arbeitnehmer im Falle wirtschaftlicher Umstrukturierungen geregelt.

Nach den Wahlen schwollen von Tag zu Tag die Diskussionen um die Modalitäten der Währungsunion an. Hoffnungen auf einen schnell wachsenden Lebensstandard mit der harten Mark wurden geschürt. Ein Großteil der DDR-Bürger stand unter D-Mark-Narkose und hatte für das Thema »Eigentumsübertragung« kein erkennbares Interesse mehr.

Am 25. April 1992 hatte ich in Rostock Gelegenheit, meinen einstigen Ministerkollegen Ullmann wiederzutreffen. Das war auf einer von Bündnis 90/Grüne organisierten Arbeitskonferenz zum Thema »Treuhandpolitik am Scheideweg – Sanierung oder Privatisierung auf schnellstem Weg? Rückblick und Vorschau«. Die Veranstalter hatten mich zu einer Podiumsdiskussion eingeladen. Das fand ich sehr bemerkenswert, weil Parteienübergreifendes leider nicht so häufig geschieht. Die eingeladenen CDU- und FDP-Gäste übrigens glänzten durch Abwesenheit. Die SPD war mit ihrem Fraktionschef Harald Ringstorff aus dem Schweriner Landtag vertreten. Er hatte mich in den Haushaltsdebatten der Volkskammer mitunter hart herangenommen. Diesmal saß er friedlich neben mir.

Noch vor Beginn der Veranstaltung fragte ich Wolfgang Ullmann, weshalb er denn so spitz und wie ein Unbeteiligter über die Modrow-Zeit und speziell die Entstehung der Treuhand schreibe und rede. Und warum er auch mich dabei immer wieder mal am Wickel habe. Seiner Reaktion entnahm ich, daß er sich selber gram war. Er machte es sich zum Vorwurf, nicht leidenschaftlich gegen den Beschlußentwurf opponiert zu haben. Als mildernden Umstand führte er an, er habe sich doch als Nicht-Wirtschaftsexperte, als Theologe und Kirchenhistoriker auf dem Terrain unsicher gefühlt und es sei ihm häufig genug Phantasterei vorgehalten worden.

Animositäten

Was alles an schädlichen Folgen und schändlichen Vorkommnissen hat man nicht noch Jahre später dem Treuhandbeschluß der Modrow-Regierung zugeschrieben. »Bonzenbegünstigung« und »Abstützen alter Seilschaften« waren die häufigsten Anwürfe. »Zum Gärtner gemachte rote Böcke« – wie die inzwischen wegen mangelnden Käuferinteresses eingegangene »Super!«-Zeitung am 10. April 1992 mit Blick auf die ehemaligen Wirtschaftsbosse der DDR fand – hätten genau gewußt, was in jedem Betrieb wieviel wert war. Mit ihrer Hilfe sei die Verscherbelung der Filetstücke an Freunde möglich geworden. Der Treuhand seien Milliardenschäden entstanden.

Im selben Blatt wird behauptet, das Modrow-Kabinett habe die Staatliche Versicherung der DDR an die Allianz-Versicherung verkauft, und das auch noch zwei Milliarden unter Preis. Der politische Zweck heiligt die Desinformationsmittel. Jeder, der sich ein wenig in der jüngsten Geschichte auskennt, weiß, daß das eine Falschmeldung ist. Der Verkauf fand unter der de-Maizière-Regierung statt.

Diese und andere Anschuldigungen verdienten keinerlei Beachtung, wenn sie sich denn nicht so hartnäckig hielten und sogar von Bundestagsabgeordneten verbreitet würden.

Wie selbstverständlich wird die schleppende Bildung von Kapitalgesellschaften sowie die tröpfchenweise Reprivatisierung der 1972 enteigneten Betriebe zwischen März und Juni 1990 der »Treuhand zur Zeit der Modrow-Regierung« angelastet. Damit habe sie den ökonomischen Neubeginn verzögert. So einfach jedenfalls macht es sich Heinz Suhr, seit 1991 Pressesprecher der Fraktion Bündnis 90/Grüne im Bundestag, in seinem schon erwähnten Buch »Der Treuhandskandal« (S. 59). Ihm scheint es nicht der Rede wert, daß am 18. März, also nach zweieinhalbwöchiger Gültigkeit des ersten Treuhandbeschlusses, eine neue Regierung gewählt wurde.

Das Modrow-Kabinett blieb bis zum 8. April geschäftsführend im Amt, wie das international nach Neuwahlen Usus ist. Sie erledigte notwendige operative Arbeiten und hielt die öffentliche Ordnung aufrecht. Aber wer will die Hand dafür ins Feuer legen, daß in einem solchen vorübergehenden »Niemandsland« korrupte, auf den eigenen Vorteil bedachte Funktionäre nicht hinter den Kulissen für sich Zukunftspfade zu ebnen suchten? Zumal sie dafür Flankenschutz aus dem Westen spürten und damals »marktwirtschaftliche Cleverness« zum einzigen Attribut avancierte, mit dem jemand jenseits der Elbe auf sich aufmerksam machen konnte.

Derartige Praktiken sind in Umbruchzeiten kaum auszuschließen. Ist es nicht absurd, sie der 121-Tage-Regierung unter Modrow unablässig wie ein Bleigewicht um den Hals zu hängen? Wenn es Absicht ist, dann ist sie allzu durchsichtig. Wenn es Oberflächlichkeit ist, wäre es fatal, gar schäbig vor allem dem Leser gegenüber, der diese Zeit nicht bewußt miterlebt oder noch Respekt vor dem gedruckten Wort hat.

Weshalb nur nimmt es ein solch exponierter und engagierter Streiter wie Heinz Suhr mit der Faktentreue so wenig genau? Es war nicht – wie er schreibt (S. 17) – Hans Modrow, der Egon Krenz im Amte des Staatsratsvorsitzenden nachfolgte, sondern der damalige LDPD-Chef Manfred Gerlach. Erstaunlicherweise findet sich diese fehlerhafte Angabe auch bei Christ/Neubauer (S. 116). Lothar de Maizière, der Premier der letzten DDR-Regierung, wurde nicht erst – wie Suhr meint – am 8. Dezember 1989 zum Vorsitzenden der Blockpartei CDU gewählt (S. 17), sondern am 10. November. Er war also schon in diesem Amte, als er am 18. November desselben Jahres in die Modrow-Regierung eintrat. Seine Regierungserklärung als Chef des zweiten Nach-Wende-Kabinetts gab er übrigens nicht am 10. April 1990 (S. 65), sondern am 19. April ab. Das Amt des Ministers der Finanzen und Preise übte zu der Zeit, als nach der Flucht des DDR-Devisenbeschaffers Schalck-Golodkowski die Konten des KoKo-Imperiums zu sichern und zu sichten waren, Uta

Nickel aus und nicht Walter Siegert (S. 18). Suhr irrt auch, wenn er den skandalumwitterten Stromvertrag vom 22. 8. 1990 mir nichts, dir nichts dem Modrow-Kabinett anlastet. Mit diesem Vertrag zwischen Treuhand und westdeutschen Energieversorgungsunternehmen sicherten sich die Stromgiganten Rheinisch-Westfälisches Elektrizitätswerk (RWE), Bayernwerk und Preußen Elektra 51 Prozent der jeweiligen Versorgungsunternehmen. Das rief die Kommunen in den neuen Bundesländern verständlicherweise auf den Plan.

Sind all diese Dinge nur unabsichtlich flüchtig hingeworfen worden? Welchen »Wert« kann man dann anderen, nicht auf den ersten Blick widerlegbaren »Informationen« beimessen? Oder sind sie bewußt tendenziös gehalten?

Ein Thema, das besonders in Umbruchzeiten die Gemüter stark bewegt, sich für Fehlinterpretationen und zum Anheizen von Emotionen eignet, sind Personalfragen. Herbe Kritik wird daran geübt, daß die Modrow-Regierung die amtierenden General- und Betriebsdirektoren mit der Umwandlung ihrer Unternehmen in Kapitalgesellschaften beauftragte. Im Beschluß des Ministerrates vom 15. März 1990 über das Statut der Treuhandanstalt heißt es wörtlich: »Ihre Rechte und Pflichten werden durch die in der Verordnung festgelegten Bedingungen zur Vorbereitung der Registrierung geregelt und *enden* mit der Eintragung der Kapitalgesellschaft in das Register. Diese Tätigkeit berührt nicht ihre derzeitigen Rechte und Pflichten als Leiter der Betriebe.«

Es handelte sich also eindeutig um eine Übergangsregelung, gültig bis zur Bestellung vorläufiger Vorstandsmitglieder der Aktiengesellschaften oder Geschäftsführer von GmbH durch die Treuhandanstalt. Der Zweck war, die Kontinuität der Unternehmensleitung zu sichern und einem Chaos vorzubeugen. Das war auch eine Reaktion auf die hitzige Debatte während der letzten Tagung des Runden Tisches. Am 12. März hatte das Neue Forum den rigorosen Antrag eingebracht, alle Leiter der Betriebe ab- und nach geheimer Wahl neue einzusetzen. Für die Wahl sollten einzig Kompetenz und das Vertrauen der Belegschaft maßgebend sein.

In der Tat waren das die beiden wichtigsten Kriterien. Da gab es keinen Widerspruch. Konnten sich aber die Repräsentanten des Neuen Forums oder jene, die dem Antrag am Runden Tisch zustimmten, oder auch eine Regierung das Recht anmaßen, allen Leitern im Amt rundum diese Merkmale abzusprechen? War die Rasenmähermethode wirklich die geeignetste? Das konnte nur die Ansicht von Leuten sein, die nie die Verantwortung dafür gehabt haben, daß kontinuierlich produziert und zuverlässig versorgt wird.

Einige General- und Betriebsdirektoren, die vor dem Sturz Honeckers und Mittags für ein diktatorisches Regime gegenüber Belegschaftsangehörigen bekannt waren, hatten sowieso schon den Laufpaß bekommen, andere freiwillig die Flinte ins Korn geworfen. Sollte der große Rest nun automatisch der Scharlatanerie oder des Despotismus bezichtigt werden?

So war für mich auch die globale beschwörende Warnung Wolfgang Ullmanns auf der schon erwähnten Treuhandkonferenz in Rostock unverständlich. An die osteuropäischen Länder gerichtet, mahnte er, in keinem Fall die Privatisierung staatlicher Betriebe mit denen zu machen, die für deren Mißerfolg verantwortlich seien. In der Diskussion übrigens wurde dazu z. B. von Betriebsräten viel ausgewogener argumentiert.

Hatte mein früherer Kabinettskollege denn ganz vergessen, daß ihm – wie zwei weiteren vom Runden Tisch in die Regierung entsandten Ministern (Walter Romberg, Matthias Platzek) – das Treuhandstatut mit der zitierten Passage vor der Abstimmung vorgelegen hat? An einen Protest von ihm während der Sitzung oder an einen ablehnenden Protokollvermerk kann ich mich nicht erinnern.

Beliebt war auch die Version, die fünfzehn bezirklich gegliederten Außenstellen der Treuhand seien eigens geschaffen worden, um möglichst viele altgediente Funktionäre, ja ganze Seilschaften unterzubringen. Dieselbe Vermutung hielt sich lange auch in bezug auf die Treuhandzentrale.

Für letztere sah das vom Ministerrat bestätigte Statut eine Personalstärke von 120, für die Außenstellen je 30 Mitarbeiter vor.

Es gibt wohl keinen Zweifel: Dieses Personalkonzept war, quantitativ gesehen, bescheiden. Natürlich korrespondierte es mit dem damaligen Auftrag der Treuhand, der eine Privatisierung im großen

Rahmen nicht einschloß. Angenommen, es wären alle der rund 570 vorgesehenen Plätze von Funktionären des früheren Staatsapparates eingenommen worden, würde das die These rechtfertigen, diese Behörde sei als Unterschlupf der Nomenklatura gedacht gewesen?

Ich weiß nicht, wie groß die Zahl der in diese Kategorie gehörenden Funktionsträger in der DDR war, aber eine fünfstellige Ziffer mag es schon gewesen sein. Damit möchte ich auf die Unverhältnismäßigkeit der Aussage hinweisen. In Abrede stellen will ich keinesfalls das Bestreben, ja die Anbiederei mancher Funktionäre, in der Treuhand unterzukommen.

Tut jedoch Martin Flug in seinem »Treuhandpoker« gut daran, mit Bezug auf »Kader aus dem Altbestand der Planwirtschaft« wiederum auf die erste Nach-Wende-Regierung zu zeigen? Er zitiert einen Treuhandmitarbeiter mit den Worten: »Modrow, ›der gute Mensch aus Dresden‹, hat den Bürgern der DDR in sechs Monaten größeren Schaden zugefügt als Genosse Mittag in sechs Jahren. Er stopfte die von ihm gegründete Treuhandanstalt vom Boden bis zum Keller mit Planwirtschaftlern voll, die das richtige Parteibuch in der Tasche trugen.«[9]

Dieses Zitat taugt nicht einmal als Gag. Erstens war Modrow nicht sechs, sondern vier Monate im Amt. Zweitens ist es eine Zumutung, ihn mit dem Wirtschaftsterroristen Mittag in einem Atemzug zu nennen. Und drittens waren zum Ende der Amtszeit seines Kabinetts von den vorgesehenen 120 Stellen in der Treuhandzentrale nur 75 besetzt.

Natürlich habe ich weder Veranlassung noch gar ein Bedürfnis, die personalpolitischen Motive und Entscheidungen der späteren Treuhandleitungen zu glorifizieren. Dazu gibt es bei mir selbst viel zu viele Fragen und manchen Zweifel, was z. B. den Einsatz ehemaliger Mittag-Jünger angeht.

Der Ministerrat aber war bei der Erstbesetzung der Zentrale in die einzelnen Personalentscheidungen nicht involviert. Seine Kompetenz beschränkte sich auf die Bestätigung der Direktoriumsmitglieder. Zwei des fünf Personen umfassenden Gremiums kamen sozusagen aus den »eigenen Reihen«: Peter Moreth und Wolfram Krause. Beide Kandidaturen fanden damals meine Zustimmung. Mit

Moreth hatte ich sogar selbst das Gespräch geführt, um sein Einverständnis zu erreichen. Erst nach Bedenkzeit stimmte er zu.

Die Wahl war auf ihn gefallen, weil für den Vorsitz im Direktorium jemand gewonnen werden sollte, der die Genesis der Treuhand aus der Nähe verfolgt hatte, über Erfahrungen aus der Arbeit in einer zentralen Behörde ebenso verfügte wie im Rahmen dezentraler, bezirklicher Strukturen. Er sollte, um in der Öffentlichkeit keinen unnötigen Argwohn aufkommen zu lassen, nicht der SED angehört haben und einer Partei nahestehen, die für sich seit der Wende prononciert wirtschaftspolitische Kompetenz reklamiert hatte. Dies alles traf auf das LDPD-Mitglied Moreth zu. Außerdem hatte ich ihn als lauteren, unbestechlichen Menschen kennengelernt.

Um den stellvertretenden Vorsitz bemühte sich Wolfram Krause. Er hatte hierfür durch seine vorausgegangenen konzeptionellen Arbeiten, seine Kenntnis des Funktionsmechanismus der DDR-Wirtschaft, sein ausgeprägtes Talent, sich schnell in neue Aufgaben einzuarbeiten, und seine Anpassungsbereitschaft entsprechende Referenzen.

Selbstredend mußten wir uns zur damaligen Zeit auf einheimische Kräfte stützen. Das galt für die Führungsetagen genauso wie für alle anderen Ebenen und Bereiche. Ohne irgendeinen konkreten Fall im Auge zu haben, war und ist meine Grundposition, daß nicht jemand nur deshalb keine Chance haben sollte, weil er Mitglied der SED oder einer Blockpartei gewesen war. Umgekehrt empfahl sich nicht schon automatisch jemand dadurch, daß er früher nicht parteigebunden war. Jedes Klischee ist hier fehl am Platze. Um in Führungsaufgaben tatsächlich erfolgreich und anerkannt zu sein, spielt anderes eine Rolle als die »richtige« Parteimitgliedschaft. Die Gegenwart liefert dafür schon längst wieder Beweise. Auch in den Bürgerbewegungen aktiv gewesen zu sein und sich bei der Wende verdient gemacht zu haben war allein noch kein Befähigungsnachweis, um im rauhen Wirtschaftsalltag sofort in einer Führungsposition bestehen zu können.

Nicht jedem SED-Mitglied konnte rundweg unterstellt werden, in einer leitenden Stellung Machtmißbrauch betrieben zu haben, korrupt oder menschenverachtend in seinen Handlungen gewesen zu sein und sich von planwirtschaftlichen Ritualen nicht mehr lösen zu können. Gleichermaßen fatal war es, den Mitgliedern einer Blockpartei oder auch Parteilosen von vornherein Lauterkeit und einen marktwirtschaftlichen Bonus einzuräumen. Es war wohl an Peinlichkeit kaum zu überbieten, als das für das Wirtschaftsressort in der de-Maizière-Regierung vorgesehene CDU-Mitglied Pohl wenige Tage nach den Wahlen einem Journalisten auf die Frage nach seiner Beziehung zur Marktwirtschaft antwortete: »Mein Vater hat mal einen Betrieb gehabt.«

Die Erstbesetzung der Treuhandzentrale und ihrer Niederlassungen fand also unter sehr komplizierten Bedingungen sowie widerstrebenden Haltungen und Mentalitäten statt: drohender Arbeitsplatzverlust für viele Staatsbedienstete, die in dieser Behörde für sich eine neue Chance sahen. Ihnen wurde häufig öffentlich Karriereopportunismus vorgehalten; verbreitete Vorurteile gegenüber Menschen aus früheren Führungsetagen und deren Unverständnis dafür, daß sie als Vorverurteilte galten; Futterneid bei den einen, Bedenken-, ja gar Skrupellosigkeit bei den anderen.

In der Personalpolitik war schon zu SED-Zeiten manches unerfindlich gewesen, und so ist das leider bis heute geblieben. Abgesehen vom Echo in der Öffentlichkeit, muß es letztlich jeder mit sich selbst ausmachen, wofür er stehen kann. Moral bleibt allerdings leicht auf der Strecke, wenn rein pekuniäre Interessen die Oberhand gewinnen. Dafür gibt es in jedem Land der Welt genügend Beispiele.

Was mich angeht, so führte ein Volkskammermandat mich erst gar nicht in die Versuchung, mit einer Anstellung bei der Treuhand zu liebäugeln wie viele andere aus meiner Umgebung. Fast alle Mitglieder der etwa 20köpfigen Arbeitsgruppe »Wirtschaftsreform« ankerten nach den Parlamentswahlen bei der Anstalt. Einige sind inzwischen »gefeuert« worden, andere von sich aus gegangen.

Mein Traum war Behördenarbeit nie gewesen. Für mich stand fest, dort fortzusetzen, wo ich mich firm fühle: in Bildung und Forschung. Obwohl alsbald von Abwicklung, auch Ausgrenzung betroffen und finanziell viel schlechter gestellt, habe ich meine Entscheidung nie bereut.

In öffentlichen Veranstaltungen und kleineren Gesprächsrunden wurde und werde ich nach wie vor mit dem Treuhandthema konfrontiert. Man weiß, daß ich die Geburt der Behörde aus der Nähe erlebt habe. Die im Gesetzblatt der DDR veröffentlichte Verordnung zur Umwandlung von volkseigenen Kombinaten und Betrieben in Kapitalgesellschaften ebenso wie die dortige Bekanntmachung des Statuts der Anstalt tragen auch meine Unterschrift. Die meisten Fragesteller möchten aus meinem Munde bestätigt finden, daß die damalige Regierung doch wohl nicht das beabsichtigt habe, was später aus der Treuhand wurde. Der eine und der andere aus der konservativen Richtung kann Häme nicht verbergen. Immer wenn von industriellem Kahlschlag und Verschleudern des Volksvermögens die Rede ist, wenn Korruptionsfälle und Kungeleien zur Sprache kommen und die Emotionen hochschlagen, wird mit dem Finger auf die Modrow-Regierung gezeigt. Sie sei es letztlich, die diese Anstalt kreiert hätte.

Anwürfe solcher Art haben mich von Anfang an kaltgelassen. Sie waren allzu durchsichtig, berechnend, auf Ablenkung aus. Aber Zweifel, Irritationen, Verunsicherungen vieler von Kündigung und Abwicklung Treuhandbetroffener machten mir anfangs schon zu schaffen. Mich peinigte die Frage, ob wir von den damals kursierenden Varianten des Umgangs mit dem Volkseigentum an der Schwelle zur Marktwirtschaft im Schnellverfahren irrtümlich der ungünstigsten verfallen seien. Es gab Tage, an denen meine Antwort zu einem Ja tendierte. Die Ursachen dafür lagen im emotionalen Bereich, in meinem Protest gegen den Crashkurs, mit dem die Wirtschaft umgekrempelt wurde, und gegen den unsensiblen, teilweise zynischen Umgang mit den Menschen hier im Osten. Das hätten die verantwortlichen Politiker verhindern können. Einen unabänderlichen Zusammenhang zwischen dem Wirken der Treuhandbehörde und der Massenarbeitslosigkeit hätte es nicht geben müssen!

Rational bestand und besteht für mich kein Zweifel daran, daß eine wie die damals beschlossene Lösung unumgänglich war. Es ging darum, die Entstaatlichung der Wirtschaft einzuleiten, die Kombinate und Betriebe in Unternehmensstrukturen umzuwandeln, die ihnen frei von Bevormundung – also ohne Planvorgaben, Ressourcenzuteilung, allerdings auch ohne Absatzgarantien – ein selbständiges Auftreten auf dem Markt erlaubten.

Die Aufgabe konnte nicht dem Selbstlauf überlassen werden. Vielmehr galt es zum einen, bei Rücknahme des Staates aus seiner unternehmerischen Rolle die Substanz des bisher von ihm repräsentierten volkseigenen Vermögens durch ein entsprechend autorisiertes Organ im Interesse der Allgemeinheit zu bewahren. Zum anderen bedurften die Kombinate und Betriebe eines Ansprechpartners für alle die Umwandlung betreffenden Fragen. In nicht wenigen Fällen mußten sie sogar gedrängt werden, entsprechende Schritte einzuleiten. Das nicht, weil sie den Übergang auf neue Strukturen hätten bremsen wollen, sondern weil ihnen das entsprechende marktwirtschaftliche Wissen fehlte. Zu Zeitverlusten kam es auch wegen oft langwieriger Diskussionen darüber, ob Betriebe sich aus dem Kombinatsverband ausgründen sollten oder nicht.

Wenn eingangs von der Treuhand als einer »Sturzgeburt« die Rede war, dann meint das das unerhörte Tempo, mit dem die Behörde das Licht der Welt erblickte. Ihre sinnbildliche Apostrophierung als »Frühchen« deutet darüber hinaus eine gewisse Unfertigkeit an. Sie war entwicklungsfähig, aber nicht ausgereift. In einer Umbruchphase entstanden – nicht mehr Kommandowirtschaft, noch nicht Marktwirtschaft –, spiegelten sich in ihrer Konstruktion alle Reibungen, Interessenkonflikte und auch Unsicherheiten, mit denen Übergangsprozesse verbunden sind.

Unzutreffend sind aber Vorwürfe, mit der von der Modrow-Regierung initiierten Umwandlung volkseigener Kombinate und Betriebe in Kapitalgesellschaften hätten wir unserer Reform zwar äußerlich einen gewissen marktwirtschaftlichen Anstrich geben, in Wahrheit aber die Privatisierung verzögern oder gar hintertreiben wollen. Wer unser Reformkonzept liest, kann sich überzeugen, daß wir für privates Eigentum und seine chancengleiche Entwicklung eintraten. Aber erstens geht auch in anderen osteuropäischen Ländern einer Privatisierung die Umwandlung voraus, und zweitens verstanden wir als konstituierende Bedingung der Marktwirtschaft den Wettbewerb. Für dessen Entfaltung war auch vor einer beginnenden breiten Privatisierung insofern gesorgt, als monopolistische Kombinatsstrukturen entflochten wurden, die Gewerbefreiheit verkündet, die Niederlassungsfreiheit vorbereitet und der Import weitestgehend liberalisiert worden war.

Argwohn in unsere Reformabsichten hat das damalige Axiom hervorgerufen, in den Schlüsselbetrieben der Volkswirtschaft (Energie- und Wasserwirtschaft, Grundstoff- und Schwerindustrie, Verkehrs-, Bank- und Versicherungswesen) sollte Gemeineigentum vorherrschend bleiben.[10] Mit Abstand betrachtet, ist diese Position insofern zu eng, als in einer auf Wettbewerb beruhenden Wirtschaft, wie wir sie anstrebten, nicht einzelne Zweige und Bereiche à priori an ganz bestimmte Eigentumsformen gebunden werden können. Anders herum – bestimmte Eigentumsformen dürfen in einzelnen Branchen nicht von vornherein chancenlos sein. Was am günstigsten, am effektivsten ist, müßte sich in der Praxis herausstellen können und dürfte nicht vorgegeben werden. Allerdings kann das Kriterium für Effektivität des Eigentums nicht auf ökonomische Effizienz reduziert werden. Es muß seine ökologische Verträglichkeit und Sozialpflichtigkeit von vornherein einschließen. Aus einem solchen Blickwinkel, einer solchen komplexen Sicht mag es durchaus sein, daß sich langfristig Formen des Gemeineigentums für bestimmte Wirtschaftszwecke besonders empfehlen.

Ein Manko unserer Beschlüsse war es gewiß, daß den entstehenden Kapitalgesellschaften der Grund und Boden von der Treuhand auf vertraglicher Basis zwar als Nutzungsrecht vergeben, laut geltender Verfassung jedoch nicht als Eigentum übertragen werden konnte. Damit fehlte ihnen gegenüber den Kreditinstituten ein Beleihungsobjekt und Existenzgründern der Zugang zu einem wichtigen Produktionsfaktor.

Wer unvoreingenommen die Entstehungsphase der Treuhand analysiert, kann an folgenden Fakten kaum vorbei:

Erstens: Der am 30. Juni 1990 außer Kraft gesetzte Treuhandbeschluß der Modrow-Regierung hat mit vier Monaten die bei weitem kürzeste Geltungsdauer aller rechtlichen Grundlagen dieser Anstalt gehabt. Daher ist auch sein eigentliches Anliegen, marktwirtschaftliche Unternehmensformen mit geringstmöglichen sozialen Opfern zu schaffen, kaum zur Wirkung gekommen.

Zweitens: Nach dem 18. März in der Treuhandzentrale, ihren Niederlassungen und in Betrieben getroffene oder geduldete personalpolitische Entscheidungen haben mit der Institution »Modrow-Regierung« nichts zu tun. Das gilt auch dann, wenn frühere Angehörige des Ministerrates wie Peter Moreth oder Wolfram Krause daran beteiligt waren. Beide schieden sofort nach der Volkskammerwahl aus ihren Funktionen im Ministerrat aus und traten ihre Ämter in der Behörde an. Folgerichtig nahm Moreth z. B. zwischen dem 18. März und dem 8. April an keiner Zusammenkunft des noch amtierenden Kabinetts teil.

Drittens: Versuchte oder ausgeführte Manipulationen am Volkseigentum zuungunsten des Treugebers, also der DDR-Bürger, gehörten alsbald in die Aufsichtspflicht des CDU-Ministerpräsidenten de Maizière. Er und seine Koalitionsregierung waren von der neuen Volkskammer am 12. April 1990 gewählt worden. Auch das Parlament selbst hatte ein Kontrollobligo in Sachen Treuhand.

Mutation

Privat geht vor Katastrophe

Über zwei Monate brauchte die neue Regierungsmannschaft noch, bevor sie am 17. Juni 1990 ihr Treuhandgesetz in der Volkskammer zur Abstimmung stellte. Obwohl von Natur aus nicht neidisch, ertappte ich mich angesichts dieses »Zeitvorrats« mitunter doch bei einem solchen Gefühl. Schwer nur konnte ich die Frage unterdrükken, wie unsere Treuhandversion wohl ausgesehen hätte, wenn uns statt knapp zwei wenigstens vier oder gar sechs Wochen Handlungsspielraum geblieben wären.

Mit dem »Gesetz zur Privatisierung und Reorganisation des volkseigenen Vermögens« (Treuhandgesetz)[11] veränderte die de-Maizière-Regierung den ursprünglichen Treuhandauftrag bis zur Unkenntlichkeit. Die Behörde »mauserte« sich von der Verwalterin des marktwirtschaftlich zu bewertenden und zu bewirtschaftenden Volksvermögens zur nunmehr wichtigsten Institution bei der Neustrukturierung der ostdeutschen Wirtschaft, sie unterlag wahrlich einer Mutation. Über Nacht wurde aus der Verwaltung des volkseigenen Vermögens im Interesse der Allgemeinheit seine alles überragende Privatisierung zugunsten kapitalkräftiger Investoren.

Viele objektive und subjektive Faktoren griffen dabei ineinander und bewirkten letztlich dieses Ergebnis. In Kraft treten sollte das Gesetz am 1. Juli 1990. Für ebendiesen Tag war bereits der Beginn der Währungsunion zwischen der BRD und der DDR vereinbart worden, der untrügliche Vorbote einer hastigen deutschen Vereinigung. Von einem behutsamen Zusammenwachsen beider Staaten über eine Wirtschaftsgemeinschaft und eine Konföderation – wie vom Modrow-Kabinett angestrebt – war längst keine Rede mehr. Aber auch für de Maizières Absicht, die Einheit so rasch wie möglich und dennoch so gut wie nötig herbeizuführen, schwanden die Chancen von Woche zu Woche.

In der Koalitionsregierung – bestehend aus CDU, DSU, Demokratischem Aufbruch, SPD und den Liberalen – schrumpfte zusehends der kleinste gemeinsame Nenner für eine selbst zu gestaltende

Entwicklung. Anwälte der Ostdeutschen, wie die Ministerin für Arbeit und Soziales, Regine Hildebrandt, waren bald einsame Rufer in der Wüste. Vielen Kabinettsmitgliedern fehlte im DDR-Endlauf offenbar die Courage und manchem wohl auch der Wille, Tempo und Schrittfolge zu beeinflussen. Starker Rückenwind von einer berauschten Bevölkerungsmehrheit machte überdies Eile opportun.

Der Regierungschef selbst – von seinem Naturell eher bedächtig, vor jedem Schnitt lieber zweimal messend – gab aus Gründen der Parteidisziplin irgendwann die Trainerfunktion in der eigenen Mannschaft auf. Hin und wieder noch fungierte er als Schiedsrichter. Wir beide hatten unter Modrow vier Monate als Partner nebeneinandergesessen. Als wir uns nun im Volkskammerfoyer wieder begegneten, galten wir nach parlamentarischem Ritual plötzlich als Kontrahenten. Unserem gegenseitigen Respekt hat das keinen Abbruch getan. Gleichwohl habe ich mich oft gefragt, warum mein früherer Kollege seinen sendungs- und karrierebewußten Parlamentarischen Staatssekretär, Günther Krause, zugleich CDU-Fraktionschef in der Volkskammer, so auffällig an der langen Leine laufen ließ.

Wolfgang Schäuble, damals Bundesinnenminister, berichtet in seinem Buch »Der Vertrag« ohne Umschweife, wie man bereits zu jener Zeit in Bonn auf diese beiden Männer sah und wer als Favorit galt. »Im Gegensatz zu dem Ministerpräsidenten« – so schreibt er – »ließ Krause nie den Drang verspüren, irgend etwas aus der alten DDR in das neue Deutschland retten zu wollen. Das erleichterte mir die Kooperation mit ihm. Mit de Maizière geriet sie zuweilen zäher. Er wollte erst sein Land in Ordnung bringen, ehe er mit einer sanierten, geläuterten DDR den Beitritt wagte.«[12]

Krause war sich der Schmerzen, die die Währungsunion den DDR-Bürgern bereiten würde, durchaus bewußt. Aber er zählte mehr auf Betäubungsmittel in Form von Finanztransfers aus der Bundesrepublik denn auf zweckmäßigstes Nutzen vorhandener Ressourcen und Potentiale. Übrigens gewann ich diesen Eindruck auch während eines persönlichen Zusammentreffens in einer Fernsehdiskussion. Der kurz bevorstehenden Währungsunion galt das Thema, und wir beide waren von Regierungs- bzw. Oppositionsseite die Akteure.

Ich benannte in meinen Beiträgen neben den Vorteilen und Chancen der DM-Einführung auch die schwerwiegenden Folgen und Risiken für Wirtschaft und Bevölkerung und mahnte Handlungsbedarf der Regierung an. Krause konnte sich den Argumenten rational offenbar schwer verschließen. Zugeben durfte er das natürlich nicht. Also zog er mindestens fünf bis sechs mal seinen »Joker« und gab sich siegessicher mit dem Satz: »Unsere Freunde in Bonn werden uns nicht im Stich lassen.« Den Fernsehzuschauern reichte das als Aussicht offenbar nicht, und so votierten sie in einer abschließenden Umfrage telefonisch mehrheitlich für meine Position.

Der erfolggewohnte Staatssekretär war ziemlich verblüfft. Er reichte mir aber immerhin die Hand und spielte dann an diesem Abend noch seinen letzten Trumpf aus. Die Zahl der Anrufer für den einen und den anderen im Auge, meinte er: »Ach, Frau Luft, wer hat denn schon in diesem Lande Telefon?«

Noch Tage später kamen fremde Leute auf mich zu und bedauerten, daß sie mir ihre Stimme nicht hatten geben können. Es sein kein Fernsprecher in der Nähe gewesen.

Das neue Treuhandgesetz entstand nun – und das war der Zeitabfolge gemäß normal – im Fahrwasser des bereits am 18. Mai 1990 in Bonn von den Finanzministern Walter Romberg und Theo Waigel unterzeichneten Vertrags über die Schaffung einer Währungs-, Wirtschafts- und Sozialunion zwischen der Deutschen Demokratischen Republik und der Bundesrepublik Deutschland. Aber anstatt in der markierten Fahrrinne zu bleiben, schlingerte der Gesetzgeber, verursachte selbst Strudel und geriet schließlich in die Klippen.

Der vorgenannte bilaterale Vertrag bestimmte die soziale Marktwirtschaft zur Grundlage der gemeinsamen Wirtschaftsordnung, für die Privateigentum typisch ist. Aber er schrieb nicht die radikale Privatisierung des Gemeineigentums vor. In Artikel 11, Absatz 2, heißt es: »Die Deutsche Demokratische Republik schafft die Rahmenbedingungen für die Entfaltung der Marktkräfte und der Privatinitiative, um den Strukturwandel, die Schaffung moderner Arbeitsplätze, eine breite Basis aus kleinen und mittleren Unternehmen sowie freien Berufen und den Schutz der Umwelt zu fördern.«[13]

Artikel 14 betont noch einmal speziell die notwendige Strukturanpassung der Unternehmen an die neuen Marktbedingungen, also ihre zu befördernde Wettbewerbsfähigkeit, ohne sich auf eine einzige Eigentumsform festzulegen.

Im ganzen Vertragstext gibt es nur *eine* Stelle, an der auf besonderes Tempo in den zu regelnden Eigentumsfragen gedrängt wird. Anlage IX kennzeichnet die in der DDR bis dahin fehlende Möglichkeit, Grund und Boden zu Eigentum zu erwerben, als Hindernis für auswärtige Investoren und auch dem Interesse der eigenen Unternehmen entgegenstehend. Dieses Hemmnis bis zum Inkrafttreten des Vertrages auszuräumen, verpflichtete sich die DDR.

Vergleicht man die Diktion des Treuhandgesetzes mit der des ersten Staatsvertrages, speziell mit dessen Bestimmungen über die Wirtschaftsunion, dann fallen arge Diskrepanzen auf. Paragraph 1 drückt die Quintessenz aus, wenn es heißt: »Das volkseigene Vermögen ist zu privatisieren.«

Das ist im Unterschied zu den Kernaussagen im vorgenannten Vertrag sehr apodiktisch. Es ist auch viel undifferenzierter formuliert als die Präambel, die die Absicht zusammenfaßt, von der das Gesetz getragen ist:

- *die unternehmerische Tätigkeit des Staates durch Privatisierung so rasch und so weit wie möglich zurückzuführen,*
- *die Wettbewerbsfähigkeit möglichst vieler Unternehmen herzustellen und somit Arbeitsplätze zu sichern und neue zu schaffen,*
- *Grund und Boden für wirtschaftliche Zwecke bereitzustellen.*[14]

Man muß es deutlich sagen: Im Grunde genommen hatte dieser Vorspann Ventilfunktion. Abgelassen werden sollte der Überdruck, der in der scharfen Kontroverse zwischen Regierung und Opposition um den Gesetzestext entstanden war. Die Präambel orientierte erstens ausgewogen auf den Prozeßcharakter der anstehenden marktwirtschaftskonformen Entstaatlichung der Wirtschaft. Anstelle einer blinden Hauruckaktion visierte sie einen zügigen, aber dennoch den ökonomischen und sozialen Gegebenheiten entsprechenden Abbau des Staatssektors mittels privaten Engagements an. Minderheitsbeteiligungen privater Investoren an den Geschäftsanteilen der Treuhand, Verpachtung von Gemeineigentum, Privatisierung des Managements vor der des Eigentums wären dafür gewiß geeignete Wege gewesen. Auch hätte per Gesetz neben den anderen Formen sofort Kurs auf Mitarbeiterkapitalbeteiligung zu Vorzugsmodalitäten, den Verkauf von Betriebsteilen an das Leitungspersonal, das sogenannte Management-Buyout, oder auch auf den Ausbau des genossenschaftlichen Sektors genommen werden sollen.

Die Präambel war zweitens augenscheinlich auch die einzige Stelle im Gesetz, in der ausdrücklich der Zusammenhang zwischen Privatisierung und Arbeitsmarkt Erwähnung fand. Durch angestrebte Wettbewerbsfähigkeit möglichst vieler Unternehmen sollten Arbeitsplätze gesichert und neue geschaffen, die Privatisierung also nicht zum Selbstzweck werden. Ein solches Ziel schloß die effiziente Bewirtschaftung von Unternehmen aller Eigentumsformen, einschließlich derjenigen in der öffentlichen Hand, ein.

Damit keine Mißverständnisse entstehen: Auch ein staatlicher Sektor oder ein solcher mit staatlicher Beteiligung hätte Personal abbauen müssen. Aber ob »Abspeckraten« von 60 bis 70 Prozent, wie in vielen Branchen zu verzeichnen, aus gesamtwirtschaftlicher Sicht das non plus ultra gewesen wären, bezweifle ich (vgl. Übersicht).

Branchen mit dem stärksten Personalabbau
Entwicklung vom 1. 1. 1991 = 100 bis 1. 1. 1992 (in Prozent)

● Textil- und Bekleidungsindustrie	31,0
● Feinmechanik/Optik	31,0
● Land- und Forstwirtschaft	31,0
● Leder- und Schuhindustrie	32,0
● Eisen-, Beschläge-, Metallwaren, Spiel- und Schmuckwaren	32,0
● Elektrotechnik/Elektronik	33,0
● Kunststoffe/Gummi/Asbest	35,0
● Handel	39,0

Quelle: Angaben der Treuhandanstalt vom 24. 1. 1992

Zum einen ist mit der extremen Personalschrumpfung allein die betreffende Branche noch nicht zukunftssicherer. Zum anderen finanziert der Steuerzahler jetzt die Alimente für die freigesetzten Menschen anstatt Investitionen und Arbeitsplätze.

Dem aufmerksamen Leser entgeht nicht, daß die beiden in der Präambel formulierten gravierenden Anliegen, für die auch ich mich in der Volkskammer eingesetzt hatte, im weiteren Gesetzestext nicht ihre entsprechende Umsetzung fanden. So muten sie aufgesteckt, ja deklamatorisch an. Die Parlamentsmehrheit hatte keinerlei sachliche Gegenargumente, aber eben eine komfortable Stimmenmasse. Die nutzte sie nicht nur statistisch, sondern auch akustisch. Routinezwischenrufe wie »Weiter fällt euch wohl nichts ein, als wie früher nach dem Staat zu rufen!« war für viele das einzige, was sie an Beiträgen beizusteuern hatten.

Wie die Regierung, so machten sich auch die Abgeordneten der Allianzparteien gar nicht mehr die Mühe, mit den Realitäten zu rechnen. Sie verzichteten leichtfertig auf eine Analyse von Konfliktpotentialen, die sich bei radikaler Privatisierung zwangsläufig entladen würden. Offensichtlich kannten sie nicht einmal genau die Eigentumsstruktur in der damaligen BRD und anderen westeuropäischen Ländern. Bei dominierendem Privateigentum hatte sich dort über Jahrzehnte hinweg de facto das entwickelt, was der US-amerikanische Nobelpreisträger Paul Samuelson eine »mixed economy«, eine »gemischte Wirtschaft«, nennt.

Gemischtwirtschaftlicher Charakter der Ökonomie bedeutet, daß in dieser – dem Wesen nach marktwirtschaftlichen – Ordnung von Angebot und Nachfrage, also vom Markt, und vom Staat ausgehende Steuerungssignale nebeneinander wirken. Erstgenannten wird dabei Priorität gegeben. Beliebt ist der Terminus unter Marktwirtschaftlern wahrlich nicht. Er bringt aber wertfrei zum Ausdruck, daß Unternehmen aller Eigentumsformen – private, genossenschaftliche, kommunale, staatliche – unter Wettbewerbsbedingungen in einem Gemeinwesen koexistieren können.

Auch der bundesdeutsche Staat hielt 1990 in über 130 Fällen bis zu 100 Prozent Geschäftsanteile von Unternehmen in seiner Hand. Auf Länderebene kamen weitere dazu.

In der Volkskammer wurde von Abgeordneten der Regierungsparteien eifrig das viel strapazierte Schlagwort kolportiert: »Der Staat ist ein miserabler Unternehmer.« Das hätten wir ja wohl in der DDR am eigenen Leibe überzeugend gespürt. Aber Beispiele dafür gäbe es auch in den alten Bundesländern und in der ganzen Welt.

Nun ist es müßig, sich mit dieser These auseinanderzusetzen, wenn man lediglich das wirtschaftliche Resultat der DDR mit dem der BRD vergleicht. Alle anderen Einflußfaktoren beiseite gelassen, spricht der Abstand in der ökonomischen Leistung klar gegen die einseitige, in der Industrie fast vollständig auf Volkseigentum beruhende Wirtschaftsstruktur der DDR.

Die Frage war doch nur, ob man allein deshalb über Nacht von einem Extrem ins andere verfallen mußte, ob das ökonomisch unerläßlich war. Sozial war es ohnehin ein unverantwortliches Wagnis. Die Gefahr einer Diskreditierung der sozialen Marktwirtschaft bei breiten Schichten der Bevölkerung schien mir damals schon programmiert.

Wie einfach wäre es doch gewesen, wieviel Nerven hätte ich gespart, würde ich in das Horn der neuen »Mächtigen« gestoßen, mich des eigenen Fortkommens wegen angepaßt gegeben haben! Dabei hatte ich es gar nicht nötig, wie andere eilfertig noch auf den marktwirtschaftlichen Zug zu springen. Schließlich hatte ich ihn in der DDR doch mit aufs Gleis gebracht. Aus Überzeugung, nicht aus Nachäfferei oder weil mich irgendein Ereignis – wie jetzt die Währungsunion – dazu gedrängt hätte. Aber gerade deshalb sollte in dem von mir vertretenen Reformkonzept neben dem privaten und allen anderen Formen des Eigentums eben auch das Eigentum in öffentlicher Hand einen gleichberechtigten Platz einnehmen.

Das hatte mit schwieriger Abnabelung vom Hergebrachten nichts zu tun. Die Gründe lagen anders: In der Geschichte der DDR – und das traf letztlich auch auf alle sozialistischen Länder zu – hatte es nie Zeiten und Gelegenheiten gegeben, da das Gemeineigentum seine Leistungsfähigkeit, auch seine Leistungsgrenzen unter echten Wettbewerbsbedingungen hätte uneingeschränkt offenbaren können. Für die Beschäftigten und übrigens auch die Leiter in den volkseigenen Betrieben wirkten nie lukrative finanzielle Anreize, die einen kreativen Wettbewerb stimuliert hätten. Zwischen den VEB war spätestens mit der Bildung monopolistischer Kombinate ab

Anfang der siebziger Jahre »Wettbewerb« zur Farce geworden. Vom Weltmarkt und damit von der internationalen Konkurrenz waren sie ohnehin viel zu lange abgeschottet gewesen. Das Fehlen einer konvertierbaren Währung, der ständige Mangel an Devisen zwang die Betriebe laufend zur produktivitätsmindernden Improvisation, zur kostentreibenden Selbstversorgung.

Ich erinnere mich an intensive und zumeist sehr emotionale Gespräche mit Außenwirtschafts- und anderen Ökonomiestudenten in den achtziger Jahren. Von mehrmonatigen Praktika in Industrie- und Außenhandelsbetrieben zurückgekehrt, ließen sie in den Seminaren immer erst einmal »Dampf ab«. Neben manch Ermutigendem waren sie auf Zustände gestoßen, die jeder Wirtschaftlichkeit Hohn sprachen.

Wie sollte denn ein Kombinat die Kosten senken, wenn seine ihm einverleibten Zulieferbetriebe vom Norden bis zum Süden des Landes verstreut waren, Hunderte von Kilometern völlig unsinniger Transportwege entstanden, während der in unmittelbarer Nachbarschaft gelegene Zulieferer »Leibeigener« eines anderen Kombinates war?

Wie sollte es nicht zum Ausverkauf der Wirtschaft kommen, wenn wegen des Devisenbedarfs die Rentabilitätsschwelle, ab der kein Export mehr erfolgen darf, laufend heruntergesetzt wurde?

Meine Gesinnungsfreunde von der HfÖ und ich haben solche »brenzligen« Fragen mit den Studenten nicht hinter schützenden Kulissen besprochen, abgewiegelt oder verschwörerisch betont, im Innersten seien auch wir tüchtig »geladen«. Nur haben wir es nicht bei Wehklagen oder Schimpfen belassen, sondern mit den jungen Leuten Lösungswege beraten.

Zu den schon erwähnten kamen weitere Probleme hinzu: Der wahnwitzige, für Mensch und Umwelt verheerende Rüstungswettlauf zwischen Ost und West, zwischen Warschauer Pakt und NATO, baute zusätzliche, kaum oder nur kostspielig überwindbare Hürden bei der technologischen Entwicklung der DDR und anderer Ostblockländer auf. Technologietransfer von West nach Ost war durch das Coordinating Committee for East-West Trade Policy (COCOM), ein für die Ost-West-Handelspolitik zuständiges und in Paris ansässiges Organ der NATO, immer dann untersagt, wenn dadurch dem potentiellen Gegner Vorteile in der Rüstungsindustrie hätten entstehen können. Gelitten haben unter diesem Verbot aber natürlich auch die zivilen Sektoren.

Wer also konnte guten Gewissens behaupten, daß unter solchen Umständen das Effektivitätspotential der VEB tatsächlich ausgereizt war? Ganz abgesehen davon hatten sie die überragende beschäftigungspolitische Rolle, die über Nacht durch nichts zu ersetzen war.

Ich habe später oft an die Volkskammerdebatten und auch an heftige Diskussionen im Kreise von Wissenschaftlerkollegen zu den Eigentumsproblemen zurückdenken müssen. Als Ironie des Schicksals empfand ich dabei zum Beispiel folgende Begebenheit: Im Herbst 1990, wenige Tage nach dem Beitritt der DDR zur BRD, fand an der Ost-West-Wirtschaftsakademie in Berlin eine Begegnung deutscher und amerikanischer Wissenschaftler statt. Ich hatte dazu eine Einladung.

J. E. Roemer, Professor an der Wirtschaftswissenschaftlichen Fakultät der Universität von Kalifornien, machte sich in einem umfangreichen Beitrag zum Fürsprecher des öffentlichen Eigentums. Er leitete dessen moralische Legitimität sowohl aus rechtlichen Gründen als auch aus dem Gleichheitsgedanken ab. Mit einem enttäuschten Unterton trug er seine Beobachtungen vor, daß unter den ersten, die nach dem Herbst 1989 die sozialistische Idee in den Mülleimer der Geschichte geworfen hatten, die Intellektuellen Osteuropas waren.

Und dann traute ich meinen Ohren kaum: Der Überseekollege baute eine Argumentationskette zu Macht und Ohnmacht des öffentlichen Eigentums in den früheren sozialistischen Ländern auf, mit der ich mir vor Monaten in der Volkskammer kein Gehör hätte verschaffen können.

Nach Roemers Ansicht ist der Sozialismus ursächlich nicht an der Existenz öffentlichen Eigentums an den Produktionsmitteln gescheitert. Die vorherrschende einseitige Eigentumsstruktur sei nicht das einzige Merkmal dieser Gesellschaftsordnung gewesen. Hinzu kämen diktatorische Politik und administrativ-zentralistische Ressourcenzuweisung, die zwangsläufig zu hohen Effektivitätsverlusten führten. Unumwunden erklärte der Redner: Das Scheitern des Sozialismus ist dem Fehlen von Wettbewerbspolitik und Märkten geschuldet, nicht aber dem öffentlichen Eigentum.

Ich suchte und suche nicht nach »Autoritätsbeweisen«, um eigene Gedankengänge zu rechtfertigen. Es ging und geht mir auch nicht um Flankenschutz für ein etwaiges heimliches Bestreben, das von den DDR-Bürgern in freien Wahlen mehrheitlich abgelehnte, sich sozialistisch gebende Regime nachträglich für »ökonomisch unschuldig« zu erklären. Aber durfte man das Kind mit dem Bade ausschütten? Mußte man öffentliches Eigentum allein deshalb diskreditieren und verdammen, weil es einmal zu den Charakteristika des zerborstenen Systems gehört hatte? Gab es als Alternative dazu nur die radikale Privatisierung? Mußte – und wenn auch nur zeitweiliges – Fortführen von Betrieben in öffentlicher Hand bedeuten, dies auch mit unverändert mäßiger Effizienz zu tun? Waren die Wahl der Manager, deren Stimulierung entsprechend dem wirtschaftlichen Erfolg des Unternehmens, die Disziplinierung des staatlichen Sektors über eine straffe Finanzkontrolle – wie auch von Roemer vorgeschlagen – nicht zumindest in einer Übergangsperiode ökonomisch und sozial die zweckmäßigeren Wege bei der effizienteren Gestaltung des Staatssektors als dessen angestrebte harsche Liquidierung?

Es war reiner Götzenglaube, anzunehmen, mit der Rücknahme des Staates aus der Wirtschaft entspräche man automatisch dem, was modern »Begrenzung der Staatsintervention« heißt. Inzwischen weiß man es doch: Das hastige und flächendeckende Zurückziehen des Staates aus seiner *unternehmerischen* Funktion in den neuen Bundesländern hat im Gegenzug zu einem kolossalen Ausbau seiner Rolle auf *anderen* Gebieten geführt. Die Milliardentransfers für eine soziale Mindestsicherung der aus dem Arbeitsprozeß ausgegrenzten Menschen sind nur ein Beispiel.

Daß mancher westdeutsche Berater der de-Maizière-Regierung für den Osten die nachholende Entwicklungsstrategie favorisierte und empfahl, nimmt nicht wunder, ist noch irgendwie verständlich. Aber daß ostdeutschen Politikern in der Regierung und der Parlamentsmehrheit nichts anderes einfiel, als in Grad und Tempo der

Annäherung der DDR-Wirtschaft und -Gesellschaft an die BRD-Realität das einzige Kriterium für den Erfolg der Umgestaltung zu sehen, das wird als ihr Versagen, ihre Kapitulation, ja ihr Karriereopportunismus in die Geschichtsbücher eingehen. Hier war von Selbstbestimmung, Kreativität und Innovation – wie noch in der Regierungserklärung von de Maizière eingefordert – keine Rede mehr.

Über die Gründe dafür, daß in dem allein von der DDR-Volkskammer anzunehmenden Gesetz die Regelungen zur Eigentumsordnung weitgehender ausfielen, als in dem von den Parlamenten beider deutscher Staaten zu ratifizierenden Vertrag zur Währungsunion vorgesehen, kann ich nur spekulieren.

War Absatz 4 im Artikel 11 des genannten Vertrages die offengehaltene Hintertür und alles andere nur die den raschen Konsens ermöglichende Fassade? Es heißt dort: »Die Regierung der Deutschen Demokratischen Republik wird bei Entscheidungen, welche die wirtschaftspolitischen Grundsätze der Absätze 1 und 2 berühren, das Einvernehmen mit der Regierung der Bundesrepublik Deutschland im Rahmen des Gemeinsamen Regierungsausschusses nach Artikel 8 herstellen.«[15]

Der Gemeinsame Regierungsausschuß sollte die Durchführung des Vertrages erörtern und – soweit erforderlich – das notwendige Einvernehmen herbeiführen. Wenn diese Vermutung zuträfe, wäre also mit dem Treuhandgesetz nur nachgeholt worden, was sich vorher noch nicht »schickte«.

Lag vielleicht eine Ursache auch darin, daß weder auf der Seite der Berater aus der BRD noch der Verantwortlichen aus der DDR die am meisten betroffene oder berührte Unternehmensebene ausreichend in die Vorbereitung des Gesetzes einbezogen war?

Die Konsultanten der de-Maizière-Regierung entstammten zumeist dem Beamtenapparat der Bundesministerien. Ihnen lagen von Hause aus ganz natürlich mehr die ordnungspolitischen Grundsätze der reinen Marktwirtschaft am Herzen denn Strukturen, wie sie dem Übergang von einem zum anderen Wirtschaftstyp angemessen sind.

Eine solche Sicht allein trägt aber nicht, wie auch Experten aus den alten Bundesländern meinen. So heißt es z. B. in einem Report des beim Hamburger Weltwirtschaftsarchiv angesiedelten HWWA-

Instituts für Wirtschaftsforschung: »Mit dem gleichen Nachdruck, mit dem die planwirtschaftliche Struktur als Grundlage der ostdeutschen Wirtschaft abgelehnt wird, muß jedoch auch die unkritische Verwendung der westdeutschen Marktstrukturen als ausschließliches Referenzmodell zurückgewiesen werden. Die spiegelbildliche Übertragung der Konkurrenzbedingungen in der alten Bundesrepublik auf die neuen Ländern darf nicht das wirtschaftspolitische Ziel der Umgestaltung sein.«[16]

Was die letzte DDR-Regierung angeht, so hatte sie ihre abstinente Position zu den Kombinats- und Betriebsdirektoren längst dadurch klargestellt, daß sie sie durch ihren Wirtschaftsminister Pohl per nacktes Schreiben vom 15. Mai 1990 abberufen ließ. Die nur befristet im Amte Verbliebenen sah man offensichtlich nicht als geeignete Gesprächspartner an.

Viele Industrielle der BRD hatten und haben dazu eine andere, eine pragmatische Position. So antwortete zum Beispiel Edzard Reuter, der Vorstandschef von Daimler-Benz, auf die Frage, ob es auch für sein Haus zuträfe, damals im Umbruch mit den falschen Leuten – der alten SED-Garde – gesprochen und so viel Zeit verloren zu haben: »Nein, das würde ich so nicht sagen. Ich kenne nämlich rote Socken, die heute noch in Amt und Würden sind und ihren Job hervorragend machen; andererseits kenne ich welche, die keine roten Socken waren und unfähig sind. Pauschale Urteile lehne ich ab, denn in den roten Socken steckten ja sehr unterschiedliche Charaktere . . . Bis heute ist es ja nicht so, daß in den Betrieben dort nur unterschätzte Leute herumlaufen, die man zu Managern verzaubern könnte.«[17]

Noch einmal zurück zu den möglichen Gründen für die unterschiedliche Diktion im Treuhandgesetz und im Kontrakt zur Währungsunion. Kam als Ursache dafür etwa schlicht auch Profilierungssucht von Politikern und Postenjägerei hochrangiger Herren aus dem Finanz- und Wirtschaftsministerium der DDR in Frage? Nicht wenige von ihnen, die im Vorder- oder auch Hintergrund agierten, hatten früher als »Staatsfunktionäre« angepaßt Dinge ausgebrütet, formuliert und umgesetzt, wie von einer selbstherrlichen Führung erwartet. Solch Arbeitsstil bleibt offenbar lebensprägend.

Wahrscheinlich haben alle diese Dinge im Zusammenhang eine Rolle gespielt. Aber sei's, wie's sei: Mit dem Treuhandgesetz vom 17. Juni 1990 wurde die Grundlage für die kompromißlose Anpassung des Wirtschaftssystems der DDR an das der BRD gelegt. Das bezog sich nicht nur auf die vollständige Übernahme der altbundesdeutschen Wirtschaftsverfassung in ihrer Grundqualität. An der Dominanz des Privateigentums und den darauf fußenden Wettbewerbsstrukturen führte in einem künftig einheitlichen Wirtschaftsorganismus selbstverständlich kein Weg vorbei. Nicht darin also bestand das Problem. Leichtfertig, ja sträflich war vielmehr deren vorgegebene Imitation in atemberaubender Frist, im Zeitrafferverfahren. Das Treuhandgesetz kam dem radikalsten und umfassendsten Umwandlungskonzept einer Wirtschaft gleich, das es je in der Geschichte gegeben hatte.

Mammut, Zwitter und Chamäleon

Betrachtet man das kurz vor der Währungsunion umkonstruierte Gebilde aus der Nähe, so fallen Ähnlichkeiten mit sehr verschiedenen Kreaturen auf.

Mit ihrem Auftrag, volkseigenes Vermögen nicht nur zu verwalten, also Eigentümerfunktionen wahrzunehmen, sondern es auch marktwirtschaftlich zu verwerten und obendrein eine Reihe administrativer Aufgaben zu lösen, gleicht die Behörde einem Mammut. Sie sollte z. B.

- für rund 8000 in Kapitalgesellschaften umgewandelte, ehemals im Register der volkseigenen Wirtschaft eingetragene Kombinate, Betriebe und Einrichtungen mit gut 4 Millionen Beschäftigten oder rund 46 Prozent aller Erwerbstätigen der DDR neue, unternehmerisch aktive Eigentümer finden,
- etwa 45 000 Einzelhandelsgeschäfte und Gaststätten, 14 Centrum-Warenhäuser, mehrere tausend Buchhandlungen und Apotheken sowie Hunderte von Kinos und Hotels »an den Mann bringen«,

– 460 volkseigene Güter, 37 Großbetriebe der industriellen Tierproduktion, Gestüte, Rennbetriebe, Binnenfischereiunternehmen, Forstwirtschaftsbetriebe und 1,5 Millionen Hektar landwirtschaftlicher Nutzfläche verwerten,
– Staatseigentum rekommunalisieren bzw. reprivatisieren, Vermögen von Parteien und Massenorganisationen verwalten, die Staatsreserve und die Außenhandelsbetriebe der DDR abwickeln.

Diese Ballung von Aufgaben führt nicht nur zu einer einmaligen Machtkonzentration. Sie birgt in sich zugleich die Gefahr von Bürokratie, Schwerfälligkeit, Unübersichtlichkeit, Formalismus, Anonymität und auch von unredlicher Geschäftemacherei nach dem Motto: »An der Quelle saß der Knabe«. Das ist ein gewisser Selbstlauf der Dinge, der mit den in einer solchen Behörde tätigen Menschen nicht von vornherein etwas zu tun haben muß, aber mit Leichtigkeit ausgenutzt und mißbraucht werden kann.

Schon die ersten beiden der genannten Aufgaben wären für eine einzige Institution Herausforderung genug gewesen. Aber warnende Stimmen – z. B. die Treuhandschaft im Bereich Land- und Forstwirtschaft nicht nur gesondert zu regeln, sondern auch organisatorisch zu verselbständigen – blieben ungehört. Das betraf ebenfalls Einwände, der Behörde rein administrative Verantwortung aufzubürden, wie Vermögen von Parteien und Massenorganisationen zu verwalten.

Folge dieses ausufernden Auftrags war zwangsläufig das schnelle Aufstocken des Personalbestandes. Er erreichte binnen eines Jahres eine Stärke von rund 2700 und nach weiteren zwölf Monaten von knapp 4000 Mitarbeitern in der Zentrale und den Niederlassungen – die auf Honorarbasis beschäftigten Wirtschaftsprüfer, Unternehmensberater, Juristen und andere Freiberufler nicht mitgerechnet. Wen darf es wundern, daß sich bei solchem Sog auch manch schwarzes Schaf einschlich?

Nicht genug damit, daß die Treuhand es von ihren Aufgaben mit einem Mammut aufnimmt. Sie ist zugleich auch noch ein Zwitter:

– Sie gilt als Anstalt öffentlichen Rechts und agiert bei der Wirtschaftskonversion der Ex-DDR doch vorwiegend nach unternehmerischem Kalkül.
– Sie ist Alleingesellschafterin tausender Kapitalgesellschaften, die bereits existierten oder per Dekret zum 1. Juli 1990 automatisch aus noch nicht umgewandelten volkseigenen Kombinaten und Betrieben hervorgingen. Mithin repräsentiert die Treuhandanstalt die größte Holding der Welt.

Als »Holding« oder »Dachgesellschaft« wird ein Unternehmen bezeichnet, dessen Tätigkeit ausschließlich darin besteht, Beteiligungen an anderen Unternehmen (die rechtlich selbständig bleiben) zu besitzen und auf sie wirtschaftlichen Einfluß auszuüben.

In der Summe aller Kapitalgesellschaften gebietet die Treuhand quasi über das Schicksal ganzer Branchen und Regionen. Dennoch legt der Gesetzgeber ihr keine strukturpolitischen Zügel an. Auch sie selbst sieht sich nicht in einer branchen- und regionalpolitischen Pflicht.

Es war die Philosophie der Anpassung, des Formens der DDR nach dem Bilde der BRD, die die Treuhand per Gesetz in die Zwickmühle bringen mußte, ihr die Quadratur des Kreises abverlangte. Hinzu kommt die Ignoranz der politisch Verantwortlichen gegenüber den Problemen, die mit der Währungsumstellung am 1. Juli auf die ohnehin angeschlagene DDR-Wirtschaft hereinbrechen würden.

Schließlich mußte die Behörde sich mangels definitiver, ja infolge auslegbarer gesetzlicher Regelungen häufig wie ein Chamäleon selbst an entstehende Probleme anpassen und gab damit oft Anlaß zur Kritik. Am deutlichsten wird das an dem grundlegenden Zielkonflikt, mit dem sie es von Anfang an zu tun hatte: dem Verhältnis zwischen Privatisierung und Sanierung bzw. zwischen Sanierung und Liquidation von Unternehmen.

Der gesetzliche Auftrag der Behörde schloß nach zähen Parlamentsdebatten ein, »die Strukturanpassung der Wirtschaft an die Erfordernisse des Marktes zu fördern«. Dazu sollte sie »insbesondere auf die Entwicklung sanierungsfähiger Betriebe zu wettbewerbsfähigen Unternehmen und deren Privatisierung Einfluß«[18] nehmen. Verbal ist also die Sanierungspflicht ausdrücklich gegeben.

Wie konnte die Anstalt dann in den Zielkonflikt geraten, der für so viel Zündstoff in ihren Beziehungen zu den Arbeitnehmern, Betriebsräten, Geschäftsführern, Kommunen, Ländern, für so viel Unmut in der Öffentlichkeit gesorgt hat?

Ich sehe dafür mehrere Gründe, und sie hängen zumeist mit der Gesetzeskonstellation zusammen. Das Dilemma beginnt damit, daß jegliche Verzahnung zwischen Treuhand- und Strukturpolitik fehlte. Dieses Manko kam natürlich bereits im Parlament zur Sprache. Als Gegenargument diente der Hinweis darauf, daß die bald auch für Ostdeutschland wirksam werdende Wirtschaftsverfassung der Bundesrepublik die mit Industrie-, Regional- und Strukturpolitik verbundenen Aufgaben eindeutig in die Gestaltungskompetenz der Länder und Kommunen legt. Die gab es aber zu dem Zeitpunkt noch nicht. Folglich operierte die Treuhand anfangs in einem mehr oder weniger freien, willkürliche Entscheidungen kaum begrenzenden Raum.

Auch nach der Länderbildung erreichten die Gebietskörperschaften erst allmählich ihre Funktionstüchtigkeit. Es dauerte seine Zeit, bis sie ihr Mitspracherecht bei Unternehmensverkäufen, -stilllegungen, -neugründungen, bei der Entscheidung über den Erhalt bestehender Produktionslinien einschließlich aller arbeitsmarktpolitischen Konsequenzen voll wahrnahmen.

Wenn trotz vorgenannter verbal klarer Gesetzeslage die Sanierung nicht von Anfang an zur gleichrangigen Aufgabe der Anstalt wurde, sondern die »Privatisierung und Verwertung volkseigenen Vermögens nach den Prinzipien der sozialen Marktwirtschaft«[19] de facto in den Rang der dominanten, zunächst fast einzigen Strategie aufrückte, dann hatte das noch weitere Ursachen.

Zu Beginn ihrer Privatisierungstätigkeit sah sich die Behörde einer regen Nachfrage gegenüber. Sie betraf vor allem die Filetstücke, die Perlen des Angebots. Da kam die Sanierungsoption kaum zum Tragen, bzw. es hieß »Privates Management garantiert die beste Sanierung«.

Persönlich habe ich keinen Zweifel: Wo ein Investor mit einem tragfähigen Konzept für die Fortführung der Produktion, für den Erhalt oder gar den Ausbau von Arbeitsplätzen gefunden werden kann, ist schneller Verkauf für alle Beteiligten, auch für die Position des Unternehmens am Markt, die beste Lösung.

Aber die eilige Privatisierung einer ganzen Volkswirtschaft für möglich zu halten war schon damals eine naive Hoffnung. Sie zeugt vom totalen Unverständnis der Gesetzesinitiatoren, Abgeordneten der Regierungsparteien und manches außenstehenden »Ratgebers« für die Dramatik eines Systemwechsels. Ja, sie entsprach nicht einmal marktwirtschaftlichem Know-how. Selbst den gelernten Jüngern Ludwig Erhards konnte die Radikalvariante der Privatisierung kein Balsam für die Seele sein. Sie mußte ihnen bestenfalls wie eine ungewollte kabarettistische Überhöhung von Laienspielern vorkommen.

Das massenhafte Angebot an einer beliebigen Sache führt bei mäßiger Nachfrage immer zu einem Angebotsstau mit preisdämpfenden Folgen. Wird nun fast das gesamte Produktivvermögen eines Gemeinwesens auf den Markt getragen, sinkt nicht nur der Preis der Verkaufsobjekte. Es entwerten sich Produktionsanlagen, Bestände und selbstverständlich Humanressourcen. Einem solchen Umgang mit Produktionsfaktoren würde ein Privateigentümer nur bei Strafe seines Untergangs zusehen.

Von der Opposition vorgebrachte Argumente, daß in ihrer Dimension viel bescheidenere Privatisierungen, die mit den in der DDR bevorstehenden nicht vergleichbar waren, Zeit benötigten und Sanierung daher in Ostdeutschland beschäftigungspolitisch um so wichtiger sei, galten als Bedenkenträgerei, Schwarzmalerei und Nörgelei. Kein Gehör fand die Mahnung, selbst bei den britischen Privatisierungen der Thatcher-Ära sei Sanieren dem Privatisieren vorausgegangen. Dasselbe traf auf die chilenische Privatisierungspraxis zu, mit der die von der Allende-Regierung verfügten Verstaatlichungen rückgängig gemacht wurden.

Mancher voluntaristischen Auslegungsmöglichkeit leistete der Gesetzestext insofern Vorschub, als er weder die Privatisierung noch die Sanierung eindeutig definiert.

Das Fehlen von Kriterien für die Sanierungsfähigkeit von Betrieben im Treuhandgesetz sowie einer Inhaltsbestimmung dessen, was Sanierung heißt, macht die offensichtliche Unterschätzung dieser Aufgabe deutlich. Die Betriebe sind abhängig von Willkür oder Wohlwollen der Behörde und ihrer oft wechselnden Mitarbeiter. Leicht können die Kontakte der Geschäftsführung eines Unternehmens zur Treuhand und die Fähigkeit zur Imagepflege zum subjektiven Maßstab für seine Lebensfähigkeit werden.

Selbst die Privatisierungsbefugnisse der Behörde sind nicht eindeutig geregelt. So sagt die globale Privatisierungsaufgabe nichts über Kompetenzen und Verfahren etwa bei der Veräußerung von Anteilsrechten, Betrieben oder Betriebsteilen, von Grund und Boden. Sie sagt auch nichts über Prinzipien bei der Auswahl unter mehreren Kaufwilligen, über etwaige Annullierungsmöglichkeiten bei Verträgen, die bereits von Unternehmen geschlossen, aber privatisierungshemmend sind (z. B. langfristige Miet- und Pachtverträge). Keine Rede ist von Teilprivatisierungen. All diese Probleme haben den westdeutschen und ausländischen Investoren den Einstieg in entsprechende Verhandlungen nicht eben schmackhaft gemacht. Für ostdeutsche Interessenten verzögerte sich der Zugang zu den Kaufobjekten.

Zeitverluste und gebremstes Engagement bei der aktiven Sanierung hat es auch deshalb gegeben, weil Wirtschaftsprüfer und mancher wissenschaftliche Berater einen solchen Auftrag der Treuhand kritisierten. Sie argumentierten mit seinem zu befürchtenden Mißbrauch für unwirtschaftliche Erhaltungssubventionen in veraltete Strukturen.

Daß dies eine betriebswirtschaftlich zu rechtfertigende Auslegung, volkswirtschaftlich aber eine fatale Fehlinterpretation war, ist nicht erst im Verlaufe der Jahre deutlich geworden.

Gab es nicht Signale genug, die die Sanierung zu einer unausweichlichen Aufgabe bestimmten? Das Ausmaß ungeklärter und privatisierungshemmender Vermögensprobleme gehört ebenso dazu wie die Wucht, mit der die Ostmärkte, aber auch große Teile des Binnenmarktes wegbrachen. Ohne Absatzchancen findet sich kein privater Investor, und dennoch können die betreffenden Unternehmen nicht alle stillgelegt werden. Auch als die Privatisierungserlöse nur einen Bruchteil der Kosten für die privatisierungsfördernde Strukturanpassung deckten, hätte Sanierung von einer Verlegenheitslösung zur gängigen, gewollten Strategie werden müssen.

Treuhänder sind oft enttäuscht, wenn ihnen Versäumnisse in der Sanierung nachgesagt werden. Sie bemühen als Einwand vor allem die Liquiditätskredite, mit denen die Anstalt ihren Unternehmen in den ersten Wochen nach der Währungsunion geholfen und so Tausende von ihnen vor dem Zusammenbruch bewahrt habe. Auch später seien solche Hilfsmaßnahmen fortgesetzt worden.

Die Milliardensummen waren in der Tat respektabel. Nur zeigt eine Analyse der 1991 als Treuhand-Leistungen für Sanierung und Restrukturierung von Unternehmen ausgewiesenen Ausgaben, daß von gut 17 Milliarden DM allein mehr als die Hälfte von der Anstalt übernommene Zinsen auf Altkredite der Unternehmen und ein Fünftel Sozialplanzuwendungen sind. Damit wie auch durch Bilanzmaßnahmen wird das zeitweilige Überleben der Betriebe gesichert, aber noch kein Beitrag dazu geleistet, sie durch Modernisierung des Produktionsapparates, Erneuerung des Erzeugnissortiments, Aufbau eines leistungsfähigen Vertriebsnetzes u.ä. für die Zukunft besser zu wappnen (vgl. Übersicht).

Nicht ohne Negativfolgen für solche strategischen Arbeiten wie Produktpolitik, Erschließung neuer Märkte, Marketingkonzeptionen usw. blieb das Blitzverfahren, mit dem per Gesetz die Umwandlung volkseigener Kombinate und Betriebe in Kapitalgesellschaften erfolgte. Angesichts der Währungsunion zwischen der DDR und der BRD war ein solcher Vorgang zwar unvermeidlich. Aber er hat in keiner Weise adäquat die tatsächliche Umgestaltung der Eigentumsverhältnisse und der Produktionsstrukturen beschleunigt. Häufig waren die eingesetzten Vorstandsvorsitzenden bzw. Geschäftsführer notgedrungen mehr mit dem Personalabbau befaßt als mit einem aussichtsreichen Unternehmenskonzept.

Zur Erfüllung ihres Auftrages hat die Treuhand über den möglichen Fortbestand der von ihr verwalteten Unternehmen unter Wettbewerbsbedingungen oder die notwendige Auflösung zu befinden. Um diese Entscheidung herbeiführen zu können und zugleich An-

Treuhand-Leistungen für Sanierung und Restrukturierung von Unternehmen

		Gesamtleistung (in Mio. DM)	davon (in Mio. DM)		
			Sanierungshilfen incl. Inv. und Kapitalausst.	Sozialplanzuwendung	Liquiditätshilfen u. Verlustausgleich
Ausgaben	1. Finanzhilfen THA	5.289	1.433	3.391	465
	2. Darlehen THA	3.158	3.108	50	–
	3. Zinsleistungen auf Altkredite	9.252	–	–	9.252
	Zwischensumme	17.699	4.541	3.441	9.717
Bilanzmaßnahmen	4. Altkreditübernahme in DM-Eröffn.-Bilanz davon:	26.333	26.333	–	–
	• Umwandlung in Eigenkapital	13.304	13.304	–	–
	• Umwandlung in Gesellschaftsdarlehen	4.898	4.898	–	–
	• Auflösung von Ausgleichsforderungen*	7.336	7.336	–	–
	• Ablösung ausstehender Einlagen*	795	795	–	–
	5. Anerkennung Ausgleichsforderungen in Bilanz THA-Unternehmen	3.200	–	–	3.200
	Zwischensumme	29.533	26.333	–	3.200
Eventualverbindlichkeiten	6. Einzelbürgschaften	4.020	1.642	–	2.378
	7. Globalbürgschaften	26.200	2.200	–	24.000
	Zwischensumme	30.320	3.842	–	26.378
Leistungen der THA für Sanierung und Restrukturierung von THA-Unternehmen		77.452	34.716	3.441	39.295

* Beseitigung eines Kapitalfehlbetrages

Aus: Vorläufige Abrechnung des Jahresplanes der Treuhandanstalt für 1991 haltspunkte für eine Kaufpreisforderung zu gewinnen, verlangte die Behörde von den Unternehmen, eine sogenannte DM-Eröffnungsbilanz zu erstellen. Eröffnungsbilanz wird die Bilanz eines Unternehmens zu Beginn der Geschäftstätigkeit überhaupt und dann am Anfang eines jeden neuen Wirtschaftsjahres genannt. Mit der Übernahme der DM als offizielles Zahlungsmittel in der DDR ab 1. Juli 1990 war die Bilanz mit diesem Stichtag in der neuen Währung aufzumachen.

Das erforderte die Neubewertung des gesamten Betriebsvermögens, darunter des bis dahin nicht handelbaren Grund und Bodens. Finanziell waren die Kapitalgesellschaften so auszustatten, daß sie unabhängig vom Staat selbständig am Markt agieren konnten.

Als Vorsitzende des Haushaltsausschusses der Volkskammer stand ich in ständigem Kontakt zum Wirtschaftsausschuß, der die Federführung bei der Endredaktion des Treuhandgesetzes hatte. Auch bei der abschließenden Beratung dieses Gremiums war ich zugegen. Ich stellte dort die Anträge vor, zu denen in unserem Ausschuß Übereinkunft erzielt worden war und die logischerweise insbesondere fiskalische Hintergründe hatten. Dazu gehörte die Forderung, den Paragraphen »Vermögensübertragung« zu ergänzen. Er sah zunächst lediglich vor, das volkseigene Vermögen zu privatisieren. Die Möglichkeit seiner Übertragung an Gemeinden, Städte, Kreise, Länder oder die öffentliche Hand war gänzlich unerwähnt geblieben. Dieser Lapsus wurde korrigiert. Auch aus anderen Ausschüssen hatte es dazu entsprechende Anträge gegeben.

Auf Initiative des Haushaltsausschusses nahm die Volkskammer einen die Treuhand beauftragenden Beschluß an, in die Kaufverträge eine Nachbewertungsklausel aufzunehmen. Sie beinhaltete eine nachträgliche Kaufpreiserhöhung im Falle explosiver Preisentwicklungen. Angewandt werden sollte sie insbesondere bei der Veräußerung von Grund und Boden.

Dem Engagement der Oppositionsabgeordneten war es zu danken, daß bei der vorgesehenen Verwendung der Einnahmen aus Verkäufen volkseigenen Vermögens die sogenannte Strukturanpassung der Unternehmen, also Maßnahmen, die ihre Wettbewerbsfähigkeit befördern, obenan standen. Lange war darauf beharrt worden, sie vorrangig zum Decken des Budgetdefizits einzusetzen.

Keine einvernehmliche Lösung konnte im Vorfeld der Gesetzesverabschiedung zum Umgang mit den finanziellen Altlasten der volkseigenen Unternehmen gefunden werden, die nach Bankenmeldung zum 1. Juli 1990 etwa 100 Milliarden DM betrugen. Die meisten Oppositionsabgeordneten, auch einige liberale Parlamentarier plädierten wie ich für Schuldenstreichung. Wir beriefen uns darauf, daß es sich bei den Kreditverbindlichkeiten der Betriebe nicht um Schulden im Sinne des Bürgerlichen Gesetzbuches handelte.

Die Parlamentsmehrheit lehnte ein solches Vorgehen ab. Sie hatte den Vertrag über die Wirtschafts-, Währungs- und Sozialunion auf ihrer Seite, der von einer konsequenten Entschuldung absah. Für die betroffenen Unternehmen war das eine unverhältnismäßige Bürde, mit der sie in das »DM-Zeitalter« eintraten.

Ich mußte später oft gerade an diese Schuldendebatte zurückdenken. In derselben Juniwoche, in der es im Parlament um das Für und Wider die Entschuldung ging, war ich Gast eines Symposiums der Universität Köln über die »Wirtschaftsreform in der DDR und in Osteuropa«. Einen der einleitenden Beiträge zu Problemen der deutsch-deutschen Währungsunion hielt der eloquente Hans Willgerodt, renommierter Ordinarius an der Kölner Alma mater und langjähriges Mitglied in Sachverständigenräten der Regierung. Hätten doch alle Parlamentarier diese Rede hören können, in der es hieß:

»Die von dem staatlichen Banksystem den Betrieben gewährten Kredite sind keine Bankkredite, die fremde Kapitaleigner den Unternehmungen zur Verfügung gestellt haben. Jedenfalls gilt das global für alle Summen, die nicht zur Deckung von Nettoforderungen Privater oder von Netto-Auslandsschulden herangezogen werden müssen. Dem Staat gehören die Betriebe, dem Staat gehört das bisherige kreditgewährende Banksystem, dem Staat gehört das Fiskalvermögen. Die vom Staat den Betrieben gewährten Kredite sind Gesellschafterdarlehen, die wie Eigenkapital behandelt werden sollten. Ob solche Betriebe technisch zerschlagen und aus der Produktion endgültig herausgenommen werden sollen, kann sich jedenfalls nicht danach richten, ob die staatlichen Gesellschafterdarlehen noch verzinst und zurückgezahlt werden können oder nicht. Die marktwirtschaftliche Reform soll Betriebe, Banksystem und Fiskus eigentumsrechtlich voneinander trennen. Es wäre aber völlig abwegig, aus Anlaß dieser Trennung etwa dem staatlichen Banksystem oder dem Fiskus zu Lasten der Unternehmungen ein erhebliches Netto-Vermögen zuzuweisen, indem den Betrieben hohe Schulden gegenüber dem Staat oder dem staatlichen Banksystem angelastet werden, deren Schuldendienst die Betriebe übernehmen sollen, während sich der Staat selbst oder durch eine ihm gehörende Bank mit einem hohen Nettovermögen davonstiehlt. Weder der Staat noch seine Banken brauchen ein wesentliches kommerzielles Nettovermögen.

Die in Zukunft verselbständigten Unternehmungen müssen wirtschaftlich so weit von Schulden gegenüber dem Staat und staatlichen Instanzen als ihren Eigentümern entlastet werden, wie es der Zeitwert des noch vorhandenen Vermögens erfordert. Für die dabei entstehenden Buchverluste hat allein der Eigentümer aufzukommen, nämlich der Staat.«[20]

Mir imponierte vor allem das Plädoyer des Redners dafür, das Schicksal der Unternehmen nicht von ihren finanziellen Altlasten abhängig zu machen, die im Grunde wie Eigenkapital zu behandeln wären.

Nach Aussagen der Treuhand hat es keinen Fall gegeben, in dem der Altkredite wegen eine Sanierungschance vertan worden oder ein Unternehmensverkauf gescheitert wäre. Es sei bald zu Einzelfallprüfungen gekommen.

In der Tat hat die Treuhand nach Inkraftsetzen des Gesetzes vom 17. Juni 1990 in kurzer Frist umfangreiche Kredite an liquiditätsgefährdete Kapitalgesellschaften ausgereicht. Auch mindert sie bei der Veräußerung verschuldeter Unternehmen deren Verkaufspreis und wird etwa 70 Milliarden Altschulden übernehmen. 30 Milliarden aber werden die Unternehmen selbst tragen müssen. Das wird erst dann für sie zu einem Handicap, wenn sie für die Zinsen aufzukommen haben, die bis zur Feststellung der DM-Eröffnungsbilanz die Treuhand trägt.

Natürlich wäre es unredlich zu behaupten, die Opposition hätte zum Zeitpunkt, als der Treuhandgesetzentwurf in den Ausschüssen und im Plenum der Volkskammer debattiert wurde, die praktischen Folgen annähernd komplett vorausgesehen. Mit dem nahezu völligen Zusammenbruch der Ostmärkte oder dem mancherorts extremen technologischen Rückstand der Betriebe habe z.B. auch ich nicht gerechnet. Einen Grund jedoch, wie die Parlamentsmehrheit blauäugig den Selbstheilungskräften des Marktes zu vertrauen, dem Privateigentum einen Heiligenschein umzuhängen und darin den einzigen Rettungsanker zu sehen, hatte ich nicht. Für mich sollte die Wirtschaft auch im Rahmen einer neuen Eigentumsordnung eine dienende Funktion behalten. Das aber bedeutet, alle auf eine höhere ökonomische Effizienz zielenden wirtschaftspolitischen Maßnahmen von vornherein auf ihre soziale Verträglichkeit hin zu prüfen.

Das schmähliche Scheitern der von der SED-Spitze propagierten, letztlich aber von ihr sabotierten »Einheit von Wirtschafts- und Sozialpolitik« war längst kein Grund, dieses Prinzip generell über Bord zu werfen. Was Wunder, daß die Aussprachen zum Gesetzentwurf in allen Gremien, in denen sie geführt wurden, kontrovers und hitzig verliefen? Insbesondere natürlich im federführenden Wirtschaftsausschuß. Dessen Vorsitzender, Dr. Jochen Steinecke von den Liberalen, bemühte sich zwar um eine sachliche Arbeit. Peinlich genau achtete er auf die Einhaltung der Geschäftsordnung, brachte korrekt jeden Antrag zur Abstimmung. Da aber hier wie in allen anderen Ausschüssen die Abgeordneten der Regierungsparteien die absolute Mehrheit bildeten, bestand am Ausgang der Voten selten Zweifel. Es sei denn, die Vorschläge der Oppositionsabgeordneten waren von vornherein konsensfähig.

Das traf im großen und ganzen z.B. auf den Antrag zu, den Sparern zu einem späteren Zeitpunkt für den bei der Umstellung von Mark der DDR auf DM 2:1 reduzierten Betrag ein verbrieftes Anteilsrecht am volkseigenen Vermögen einzuräumen. Hier konnten die Parlamentarier der Allianzparteien wohl ihre ganz persönlichen pekuniären Interessen nicht verleugnen. Aber aus den von ihren

Bonner Schwesterparteien verordneten harten Bandagen kamen sie dennoch nicht heraus. Und die sahen vor, daß Anteilsrechte der Sparer – wenn überhaupt – erst nach einer Bestandsaufnahme des volkseigenen Vermögens und seiner Ertragsfähigkeit sowie nach seiner vorrangigen Nutzung für die Strukturanpassung der Wirtschaft und die Sanierung des Staatshaushalts zum Tragen kommen. Diese vage Aussicht ist im Treuhandgesetz fixiert und später auch in den Einigungsvertrag übernommen worden. Inzwischen ist daraus aber wohl eher eine Fata Morgana geworden.

Seltsam berührt es mich, wenn von Repräsentanten der Bürgerbewegungen behauptet wird, das de-Maizière-Kabinett sei es gewesen, das endlich ihre Idee von den Anteilscheinen aufgegriffen und gesetzlich verankert hätte. Damit wird wiederum an einer Legende gewoben. Denn erstens sind Anteilscheine für DDR-Bürger am Volkseigentum und ein verbrieftes Recht für anteiligen Ausgleich des durch Währungsumstellung reduzierten Sparbetrages zwei völlig verschiedene Dinge. Das eine ist keinerlei Ersatz für das andere. Im Gegenteil. Die höheren Sparguthaben und damit auch den potentiell größten Ausgleichsanspruch hatten oft nicht die Menschen, die an der Bewirtschaftung und Modernisierung des Volkseigentums beteiligt gewesen waren und es durch Lohn- und Gehaltsverzicht gemehrt hatten.

Zweitens war die Modrow-Regierung noch von einem Umtauschkurs von 1:1 für Sparguthaben der Bürger ausgegangen. Dabei sollten Beträge in durchschnittlicher Höhe sofort, größere Summen zeitlich gestaffelt verfügbar gemacht werden. Mit einem solchen Vorgehen wäre gerade die Masse der »kleinen« Sparer nicht benachteiligt, sprich »enteignet« worden.

Richtig ist allerdings, daß in den Grundsätzen der Koalitionsvereinbarung zwischen den Fraktionen der Regierungsparteien vom 12. April 1990 von Anteilscheinen noch die Rede war. Die Bürger der DDR sollten – wie es hieß – »am bisherigen Volkseigentum in geeigneter Weise partizipieren«. Dabei war an den *Erwerb*, nicht an die kostenlose Vergabe von Anteilscheinen gedacht. Ein solcher Erwerb sollte sogar für die Bürger möglich sein, die irgendwann einmal weggegangen waren und wieder in die DDR zurückkehrten. Umgesetzt worden ist dieses Vorhaben jedoch nicht.

Bald aber gab der Finanzminister der BRD, CSU-Vorsitzender Theo Waigel, unmißverständlich den Ton an.

Am 23. Mai 1990 nahmen die zum Ausschuß »Deutsche Einheit« gehörenden Volkskammerabgeordneten als Gäste an einer Bundestagsdebatte im Bonner Wasserwerk teil. Thema war der Entwurf des Vertrages über die Wirtschafts-, Währungs- und Sozialunion zwischen den beiden deutschen Staaten. Für mich war es die zweite Wiederbegegnung mit der Rheinmetropole nach dem Bonn-Besuch unserer DDR-Regierungsdelegation Mitte Februar. Dazwischen hatte meine Teilnahme als noch amtierende Wirtschaftsministerin an der Abschlußtagung der KSZE im April gelegen. Letzteren Aufenthalt habe ich der freundlichen Atmosphäre wegen in angenehmer Erinnerung.

Diesmal nun eröffnete der Bayer den Reigen und begründete den Entwurf des ersten Staatsvertrages. Er hat es persönlich gewiß ernst gemeint, als er ehrfurchtsvoll von den drei Dingen sprach, die die BRD den DDR-Bürgern mit dem Vertrag »gebe«, also »spendiere«: erprobte Regeln des Wirtschaftens, internationales Ansehen eines erfolgreichen Industriestaates und eine Währung, die weltweit anerkannt und begehrt ist.[21] Das alles könne sonst nur in Jahren und Jahrzehnten erworben werden. Natürlich müsse jetzt aus der Treuhand als einer Behörde zur Verwaltung des Volkseigentums eine »Beteiligungsverwaltung« werden, die schnelle Privatisierungserfolge erzielen kann.

Tags zuvor, am 22. Mai, war Waigel auf der Sitzung des Bundesrates noch deutlicher geworden, als er sagte: »Die DDR wird das frühere angeblich volkseigene Vermögen in die Finanzierung der Vereinigung, insbesondere in die Neustrukturierung und Sanierung der Wirtschaftsunternehmen in der DDR investieren.«[22]

Dies war also der zuoberst vorgesehene Verwendungszweck. Des weiteren sah der Staatsvertrag in Artikel 27, Absatz 3 vor, nach dem Beitritt der DDR zur BRD die aufgelaufene »Verschuldung« des Republikhaushalts an das Treuhandvermögen zu übertragen. Zur Tilgung sollten die Verkaufserlöse der Anstalt herangezogen werden.

Dem Ökonomen ist ein solches, dem Gebaren eines Bilanzbuchhalters entsprechendes Kalkulationsschema, das säuberliche Ausbalancieren von Soll und Haben nicht fremd. Nur wollte es zu dem Mythos von Großzügigkeit nicht passen, mit dem bundesrepublikanische Politiker sich im Vorfeld der Währungsunion und später der deutschen Einheit umgaben. Reinen Wein in Vermögensfragen, um die sich in der Marktwirtschaft fast alles dreht, haben sie ihren ostdeutschen Landsleuten nicht eingeschenkt.

Von einer wie auch immer gearteten Beteiligung der DDR-Bürger am Volkseigentum war dementsprechend in der vormittäglichen Parlamentsdebatte gar nicht und nachmittags im Ausschuß »Deutsche Einheit« zweimal die Rede, und zwar in den mit wenig Aufmerksamkeit bedachten Beiträgen des Vertreters von Bündnis 90/Grüne und des Sprechers der PDS.

Wie ein Signal wirkte es, als Wolfgang Mischnik, Vorsitzender der FDP-Bundestagsfraktion, sich in der Debatte beeilte, die schnelle Lösung der Eigentumsfragen anzumahnen. Restitutionsansprüche wurden schon damals unverhüllt vorgetragen. Recht müsse vor Ideologie gehen, war seine Rede.

Karussell

Der radikal veränderten Aufgabenstellung der Anstalt wurden ihre Organisation und das Personalkonzept angepaßt. Die Behördenzentrale unterlag einer Neustrukturierung in Branchendirektorate. Der Vorstand der Anstalt setzte sich lt. Gesetz aus künftig einem Präsidenten und mindestens vier weiteren Mitgliedern zusammen. Tatsächlich wurde er alsbald achtköpfig.

Der Verwaltungsrat als Kontrollorgan des Vorstands sollte einen Vorsitzenden und sechzehn weitere Persönlichkeiten umfassen. Sieben von ihnen und der Chef waren vom Ministerrat, sieben auf Vorschlag des Ministerpräsidenten von der Volkskammer zu berufen. Das Parlament seinerseits hatte zwei Mitglieder aus seiner Mitte zu wählen, darunter einen Abgeordneten auf Vorschlag der Opposition.

Die Aufsicht über die Treuhand oblag dem Ministerpräsidenten. Eine parlamentarische Rechenschaftspflicht wie im Beschluß der Modrow-Regierung war nicht vorgesehen.

Die Führungspositionen wurden im wesentlichen einem Management aus den alten Bundesländern übertragen. Der erste Treuhanddirektor, Dr. Moreth, hatte übrigens schon am 15. Juni 1990 seinen Posten räumen müssen. Wie viele andere, denen man damals marktwirtschaftliche Kompetenz absprach, hat er eine private Existenz gegründet und ist als Unternehmensberater, Makler und Vermittler tätig.

Als Präsident an Moreths Stelle trat am 16. Juli Dr. Reiner Maria Gohlke, bis dahin langjähriger Chef der Bundesbahn und vorher Manager der IBM Deutschland. Seine Karriere währte jedoch nicht lange. Nach dem, was an die Öffentlichkeit drang, erwies er sich als Fehlbesetzung.

Ab 20. August 1990 bis zu seiner noch immer nicht aufgeklärten Ermordung am 1. April 1991 stand Dr. Detlev Karsten Rohwedder an der Spitze der Anstalt. Zuvor hatte der in Wirtschaft und Politik erfahrene, international anerkannte Sanierer des Dortmunder Hoesch-Konzerns wenige Wochen den Verwaltungsrat geleitet.

Sein politisches Credo lautete, in Ostdeutschland die marktwirtschaftliche Ordnung »ein bißchen besser« zu gestalten.

Ich war dem gebürtigen Gothaer 1990 zweimal persönlich begegnet. Seit den siebziger Jahren allerdings war mir sein Name ein Begriff. Als Außenwirtschaftlerin und Kollegin des langjährigen DDR-Beauftragten für den Handel mit der BRD, Professor Erich Freund, hatte ich oft dessen Verhandlungen mit seinen bundesdeutschen Partnern verfolgt. Dabei spielte häufig Staatssekretär Rohwedder als Verantwortlicher für den innerdeutschen Handel im Bundeswirtschaftsministerium eine Rolle. Diese und die später von ihm als Hoesch-Chef entwickelten umfangreichen Beziehungen zu DDR-Kombinaten machten ihn zum intimen Kenner der ostdeutschen Wirtschaft und prädestinierten ihn für seine spätere Spitzenfunktion bei der Treuhand.

Ende Januar 1990 nun waren der damalige Hoesch-Vorstandsvorsitzende zusammen mit Professor Dieter Spethmann, Chef des Thyssen-Konzerns, und Dr. Herbert Zapp, Vorstandsmitglied der Deutschen Bank AG, die bundesdeutschen Teilnehmer an einer Podiumsdiskussion im Ost-Berliner Palasthotel. Von DDR-Seite nahmen an dem von Heik Afheldt, Geschäftsführer der Verlagsgruppe Handelsblatt, moderierten Podium die Direktoren des Eisenhütten-Kombinats Ost bzw. des Werkzeugmaschinen-Kombinats Fritz Heckert, Dr. Karl Döring und Dr. Rudolf Winter, sowie Dr. Wolfgang Schnur teil. Letzterer war damals noch Vorsitzender des Demokratischen Aufbruchs und empfahl sich im Wahlkampf bereits überschäumend als neuer Ministerpräsident, bevor er wenige Wochen später wegen bekannt gewordener Stasispitzeldienste sein politisches Amt aufgeben mußte.

Ich hatte eine Einladung, um mit diesen sechs Herren über das Wirtschaftsreformkonzept der DDR-Regierung zu debattieren. Erinnerlich ist mir, daß Rohwedder in der mitunter emotionsgeladenen Debatte ruhig, mit fast unbewegter Miene sein Bekenntnis zur Privatisierung ablegte und seine Sanierungsempfehlungen vortrug. Ein zweites Mal traf ich ihn im Foyer der Volkskammer wenige Tage nach seiner Berufung zum Verwaltungsratschef der Treuhand. Freundlich nickte er mir im Gedränge zu.

Trotz lange schwelender innerbehördlicher Konflikte hielt sich Dr. Gunter Halm, anfangs Vizepräsident der Treuhand, noch bis Mai 1991. Dann entledigte sich die Anstalt auch dieser »Altlast«. Halm war langjähriges Mitglied der Blockpartei NDPD gewesen (nicht der LDPD wie Christ/Neubauer meinen[23]). Zu Zeiten der Stoph-Regierung bekleidete er bereits das Amt eines stellvertretenden Ministers für Glas und Keramik. Im Kabinett Modrow zeichnete er als Minister (auch hier irren Christ/Neubauer[24]) für das Ressort Leichtindustrie verantwortlich, das von seiner Partei beansprucht wurde. Lothar de Maizière übernahm ihn als Staatssekretär ins Wirtschaftsministerium, wo er schließlich einige Wochen für den entlassenen glücklosen CDU-Minister Pohl zu amtieren hatte.

Ein Mann mit solch lückenloser Karriere paßte offensichtlich nicht in die Schlüsselinstitution für den wirtschaftlichen Umbau der DDR-Wirtschaft.

Nach Halms Abgang vom Karussell verstummten die Fragen nicht mehr, wie lange der letzte Ostdeutsche im Führungszirkel der Anstalt, das für Finanzen zuständige Vorstandsmitglied Wolfram

Krause, sich denn noch würde »halten« können. Krauses Karriere war zwar nicht gar so ungebrochen verlaufen. Als Vizechef der Staatlichen Plankommission und später ihr Erster SED-Kreissekretär hatte Krause wohl mal Unannehmlichkeiten mit seinen Parteioberen gehabt. Aber er war immer wieder auf die Füße gefallen.

Ich selbst habe mich nie an den Spekulationen um seine Person beteiligt. In den vier Monaten engster Zusammenarbeit hatte ich das Gefühl, daß wir zumindest im Grundsätzlichen »auf einer Wellenlänge funkten«.

Um so mehr erstaunte mich eine Bemerkung des Treuhanddirektors für Kommunikation/Medien und zugleich Pressesprechers, Wolf Schöde, bei unserer ersten, sehr zufälligen Begegnung im Gebäude des ehemaligen Hauses der Ministerien der DDR, das der Anstalt inzwischen als Hauptsitz dient. In lockerer Art meinte er: »Schön, Frau Luft, Sie mal persönlich kennenzulernen. Irre ich mich, wenn ich sage, daß bei der Konzipierung der DDR-Wirtschaftsreform Wolfram Krause der Pragmatische, Sie aber eher die Dogmatische waren?«

Er sah mich wohl ziemlich verduzt, ja entgeistert gucken. In der Tat war mir so forsch noch nie ein fremder Mensch begegnet. Besonders übelgenommen habe ich ihm das dennoch nicht. Ich merkte bald, von welchem Schrot und Korn mein Gesprächspartner war. Aber ich stellte und stelle mir die Frage, wer wohl ein Interesse daran haben mag, mich in ein falsches Licht zu rücken?

Unter den DDR-Wirtschaftswissenschaftlern jedenfalls habe ich zu den nicht allzu zahlreichen gehört, die sich bereits vor der Wende öffentlich für eine tiefgreifende Wirtschaftsreform, für wahrhaftige Demokratie und Freizügigkeit engagierten. Da haben spätere Wendehälse und Karriereopportunisten noch ängstlich die Köpfe eingezogen und um ihre Posten gebangt.

Warum also sollte mein kurzzeitiger Kollege in der genannten Weise von mir abgesetzt werden? Stand Wolf Schöde vielleicht noch unter dem Eindurck des »Spiegels«? Der war in seiner Nummer 42/1991 darauf verfallen, das Titelbild meines Buches neben dem des Mittagschen Elaborats abzubilden. Allein mit diesem optischen Trick konnte dem flüchtigen »Spiegel«-Betrachter der Eindruck von geistiger Parallelität, auch politischer Kontinuität vermittelt werden.

Herrn Schöde habe ich auf diese Spiegelsche »Meisterleistung« nicht angesprochen. Er hätte selbst darauf kommen müssen, in welches Zwielicht man mitunter geraten kann, wenn andere geschickt Bilder sprechen lassen. Das Cover von Mittags »Um jeden Preis« zeigt im Originalfoto Schödes jetzige Vorgesetzte, Frau Birgit Breuel, damals noch niedersächsische Finanzministerin, im tête-à-tête mit dem Wirtschaftspapst Mittag.

Oder war es noch anders? Suchte der Pressesprecher vielleicht nur »Argumente«, um Wolfram Krauses Verbleib in der Treuhand zu rechtfertigen? Just am Tage unserer Begegnung hatte ein Boulevardblatt den Vorstand wieder mal mit einer Schlagzeile geschockt. In großen Lettern wurde gefragt: »Was sucht Mittags rechte Hand in Frau Breuels Taschen?«

Ende März 1992 dann begann Wolfram Krauses Rückzug aus dem Finanzressort. Für ihn wurde ein neuer Vorstandsbereich »Osteuropa« geschaffen. Hierfür hatte er zweifelsohne mit seiner Sowjetunion-Kenntnis, seiner russischen Sprachqualifikation sowie seinen Osthandels-Erfahrungen einen guten Background.

Seinem Überleben als letzter Ostdeutscher im Führungsclub der Anstalt hat auch das nicht dienen können. Wiederholt war er ins Fadenkreuz von Straßenzeitungen geraten, die ihm Geheimdienstverstrickung nachsagten. Bestätigt haben soll sich dieser Verdacht nach Treuhandangaben nicht. Aber man ließ ihn »mit Dank und Anerkennung« ziehen. Der Vorstand hatte nun eine verwundbare Stelle weniger.

Unabhängig von den Einzelpersonen finde ich es bedauerlich, daß im Tower der Behörde kein Insider der früheren DDR-Wirtschaft mehr vertreten ist. Der oberste Leitungszirkel beraubt sich somit der Möglichkeit, ein Beispiel für das Zusammenraufen von West- und Ostdeutschen zu geben, sich gegenseitig besser verstehen zu lernen, innovative, den hiesigen Bedingungen am besten entsprechende Wege für den Wirtschaftsumbau zu finden.

Unter den Mitarbeitern der Behörde sind im Schnitt zwei von

drei aus den neuen Bundesländern (vgl. Übersicht). Nicht wenige von ihnen bangen um ihren Job, fühlen sich beneidet und nicht selten der »Überläuferei« geziehen. Psychologisch verständlich ist sicher die eine wie die andere Reaktion. Nur hilft Emotion auch in diesem Fall kaum weiter.

Entwicklung des Personalbestandes der Treuhandanstalt nach Ost- und West-Mitarbeitern

	West	Ost	Gesamt
01. 04. 90	./.	75	75
30. 06. 90	2	112	114
30. 09. 90	11	368	379
31. 12. 90	108	1.032	1.140
31. 03. 91	360	1.781	2.141
30. 06. 91	674	2.048	2.722
30. 09. 91	903	2.467	3.370
31. 12. 91	1.026	2.578	3.604
31. 03. 92	1.187	2.743	3.930
30. 06. 92	1.225	2.716	3.941

Treuhandangaben vom 24. 7. 1992

Will man den Umbau der ostdeutschen Wirtschaft nicht allein westdeutschen Experten überlassen, muß die Öffentlichkeit ostdeutsche Landsleute in solchen Tätigkeiten »ertragen« können. Tunlichst sollten das nicht Menschen sein, deren Namen ungute Erinnerungen an die Vergangenheit, an despotische oder kriecherische Verhaltensweisen auf exponierten Posten wachrufen.

Natürlich darf man von Ostdeutschen aber auch erwarten, daß sie nicht eilfertig und blind Aufträge ihrer westdeutschen Vorgesetzten ausführen, sondern Eigenes einbringen, daß gerade sie auf die Befindlichkeiten der von Treuhandentscheidungen betroffenen Menschen achten und eingehen.

Den Eindruck eines Personalkarussells macht die Treuhand nicht nur im Hinblick auf Aufspringer und Absteiger aus der früheren DDR, sondern auch auf solche altbundesdeutscher Provenienz.

Nach Inkrafttreten des Gesetzes vom 17. Juni 1990 folgten die ersten Westmanager Rohwedders Ruf. Die in der Regel Fünfzig- bis Sechzigjährigen waren nach seiner Aussage erfahrene Führungskräfte mit »patriotischem Spirit«. Für sie gab es keine Hierarchien und keine Eitelkeiten. Sie blieben für ein paar Wochen.

Dann appellierte der Bundeskanzler an die Konzerne, befristet erfolgreiche Manager für die Privatisierungsbehörde bereitzustellen. Bekannt geworden sind diese Abgesandten als die »One-Dollar-Men«. Sie machten ohne besondere Vergütung, von ihren Firmen nur freigestellt, für sechs bis acht Monate ihren Job bei der Treuhand.

Um die Jahreswende 1990/91 begann dann die Ausweitung insbesondere des personellen Unterbaus der Behörde. Hunderte junger Betriebswirte, nicht selten frisch diplomiert, erkannten für sich eine berufliche Chance. Zum Teil hatten sie nur ein Karrieresprungbrett im Auge. Nicht wenige von ihnen haben Lehrgeld zahlen müssen, zumal wenn sie ohne eigene Betriebspraxis und bar jeder Erfahrung im Umgang mit streitbaren Betriebsräten waren. Sie mußten schnell einsehen, daß es für eine Systemtransformation keine Lehrbuchweisheit gibt.

Beim Zusammensuchen so vieler Mitarbeiter in großer Eile wurde häufig mehr nach fachlicher Qualifikation geschaut und zu wenig nach psychologischer Befähigung gefragt. Inzwischen häufen sich Beispiele, daß Treuhänder mit der ihnen anvertrauten heiklen Aufgabe nicht angemessen umzugehen wissen. Manche lassen die angehenden ostdeutschen Unternehmer spüren, daß sie nicht als gleichberechtigte Partner gelten, wenn über Sanierung und Privatisierung ihrer Betriebe beraten und entschieden wird.

Demokratie im Dreierhopp

Zu einem peinlich-makabren, rein parteipolitisch motivierten Spektakel geriet in der Volkskammer die Wahl der beiden Abgeordneten, die das Parlament im Verwaltungsrat der Treuhandanstalt als dem Kontrollorgan ihres Vorstandes repräsentieren sollten. Dieser Vorgang mußte zwischen dem 5. und dem 13. Juli 1990 dreimal auf die

Tagesordnung gesetzt werden, bis er schließlich als erledigt gelten konnte.

Laut Treuhandgesetz hatte die Volkskammer zwei Mitglieder aus ihrer Mitte zu wählen, davon eines auf Vorschlag der Opposition. Das war übrigens auch ein Resultat des harten Ringens um den Gesetzestext gewesen. Nun sollte man annehmen, daß für die Wahl dieses Vertreters das Vertrauen einer Mehrheit der Oppositionsabgeordneten, nicht aber das Wohlwollen der Parlamentarier aus den Koalitionsparteien ausschlaggebend wäre. So jedenfalls war unser Verständnis. Denn kraft ihrer Stimmenzahl konnten sie jeden Vorschlag zu Fall bringen.

Nach erregten Wortgefechten zwischen Angehörigen verschiedener Fraktionen und rhetorischer Akrobatik von Dr. Höppner, dem Stellvertreter der Volkskammerpräsidentin Dr. Sabine Bergmann-Pohl, kam es zu einer einzigen Nervenprobe. Höppner, dem das Präsidium bei kniffligen Punkten am ehesten die Tagungsleitung zutraute, hatte vergeblich zu vermitteln versucht. Schließlich stellte er die Kandidaten der beiden Seiten für den Verwaltungsrat zur geheimen Abstimmung: für die Koalition Dr. Jochen Steinecke von den Liberalen und für die Opposition Günter Nooke, Bündnis 90/Grüne. Als gewählt gelten sollte, wer die absolute Mehrheit der abgegebenen Stimmen erhielt.

Bei der Sitzverteilung im Parlament und der Lust vieler Koalitionsabgeordneter, das Majoritätsgefühl auszukosten, war der Ausgang vorher klar. Im ersten Wahlgang erhielt Steinecke von 324 abgegebenen 278 Ja-Voten und war erwartungsgemäß gewählt. Für Nooke stimmten 139 Abgeordnete. Damit blieb er unter der absoluten Mehrheit.

Die Opposition beharrte auch im zweiten Wahlgang auf ihrem ursprünglich benannten Kandidaten. Diesmal nahmen nur noch 284 Parlamentarier an der Abstimmung teil, 125 davon votierten für Nooke. Das reichte erneut nicht an die Zielmarke heran.

Hartnäckig bestand die Opposition auf ihrem Vorschlag, und acht Tage später beim dritten Anlauf klappte es dann. Kurz vor Mitternacht waren noch 188 Abgeordnete im Saal, von denen 107 Nooke ihr Ja-Wort gaben. Ein rechnerisch makelloses Ergebnis, obwohl die Zahl seiner Befürworter im 3. Akt um 32 geringer war als im ersten. Die Arithmetik hatte gesiegt, das Ansehen des Parlaments weiter gelitten. Nicht einmal zu einer kleinen Geste war die Mehrheit der Minderheit gegenüber bereit gewesen. Sie nahm lieber die Blokkade des Aufsichtsgremiums der Treuhand in Kauf. Der Verwaltungsrat konnte seine Tätigkeit erst aufnehmen, als alle vorgesehenen 16 Mitglieder berufen oder gewählt waren. Acht für die Kontrolle von Treuhandaktivitäten in der damaligen Zeit nicht unwichtige Tage waren wegen Parteienegoismus vergeudet!

Nochmals zurück zur Nominierung von Günter Nooke. Er war von der Fraktion Bündnis 90/Grüne vorgeschlagen worden. In der stärksten Oppositionsfraktion, der PDS, gab es die Übereinkunft, diesen Vorschlag zu unterstützen. Ein Zeichen sollte dafür gesetzt werden, wie das Verhältnis zwischen einer größeren und einer kleineren Fraktion gestaltet werden kann. Überdies gab es keine sachlichen Einwände. Nooke war als Mitglied des Wirtschaftsausschusses in der gesamten Treuhanddiskussion sehr engagiert, ja unbequem gewesen. Damit hatte er sich den Unmut vieler Koalitionsabgeordneter zugezogen und galt bei ihnen als Querulant.

Ein anderer Parlamentarier von der Oppositions- oder besser Nichtkoalitionsbank brachte sich über einen Fraktionskollegen selbst für die Verwaltungsratsfunktion ins Gespräch: Herr Dr. Meyer-Bodemann von der Fraktion DBD/DFD. Er hatte in der Tat ein inhaltlich durchaus bestechendes Argument. Unter allen für den Verwaltungsrat vorgesehenen Personen war nicht ein einziger Landwirt. Das volkseigene Vermögen in der Land- und Forstwirtschaft aber wurde ebenfalls von der Treuhand verwaltet, sollte von ihr privatisiert und reorganisiert werden. Zwei Gründe waren es, daß sich für die Kandidatur von Meyer-Bodemann unter den Oppositionsabgeordneten dennoch keine Mehrheit fand: Bei aller Berechtigung seines Anliegens – die bei der Besetzung des Verwaltungsrates offensichtlich gewordene Scharte auszuwetzen konnte nicht über den einzigen Platz der Opposition geschehen. Hier war der Ministerpräsident mit seinem Vorschlagsrecht für Mitglieder dieses Gremiums gefragt.

Vorbehalte gab es aber überhaupt gegen einen Vertreter der Fraktion DBD/DFD. Die Führung der DBD hatte die Fusion der Partei mit der CDU beschlossen. Zwar hatten ihre Parlamentarier sich noch nicht öffentlich bekannt, ob sie persönlich den Schritt mitvollziehen würden. Aber auszuschließen war nicht, daß mancher von ihnen in Kürze die Oppositions- gegen die Koalitionsbank tauschte. So ist es dann auch gekommen. Sechs der acht DBD-Abgeordneten fand man später bei der CDU wieder.

Vertane Chance

»Viel Lärm um nichts«, hätte Shakespeare womöglich gesagt. Nicht einmal drei Monate währte die so quälend zustande gekommene Mitarbeit der beiden DDR-Parlamentarier im Verwaltungsrat der Treuhand. Artikel 25 des Einigungsvertrages vom 31. August 1990 sah zwar das Fortgelten des Treuhandgesetzes vor, gleichzeitig bestimmte er aber einige substantielle Änderungen. Dazu gehörte, daß anstelle der beiden von der Volkskammer gewählten Vertreter die ab 3. Oktober 1990 gebildeten Länder Brandenburg, Mecklenburg-Vorpommern, Sachsen, Sachsen-Anhalt und Thüringen je einen Sitz im Verwaltungsrat erhielten. Der Vorsitzende und die übrigen Mitglieder dieses Gremiums waren nunmehr von der Bundesregierung zu berufen.

Die Behörde, die als Anstalt des öffentlichen Rechts errichtet worden war, bestand vom 3. Oktober 1990 an als rechtsfähige bundesunmittelbare Anstalt fort. Das von ihr verwaltete Eigentum ging in Bundesvermögen über. Unterstellt wurde die Behörde dem Bundesfinanzminister. Dieser nimmt die Fachaufsicht im Einvernehmen mit dem Bundeswirtschaftsminister und dem jeweils zuständigen Ressortkollegen des Kabinetts wahr.

In der Regierung, im Parlament und in der Öffentlichkeit kam es bald zu kontroversen Debatten über diese Unterstellung. Ich halte sie auch nicht für eine optimale Lösung. Eine solche Konstellation verbarg selbst dem Laien nicht, daß es bei der Privatisierung und Reorganisation des volkseigenen Vermögens mehr um monetäre, insbesondere fiskalische Aspekte als um realwirtschaftliche Ziele ging. Wie das Treuhandgesetz verzichtete auch der Einigungsvertrag auf jeglichen struktur-, arbeitsmarkt-, regional- oder umweltpolitischen Auftrag für die Behörde. Er beschränkte ihn im Grunde auf finanzpolitische Pflichten und Lastenübernahme.

Vorschläge, die den Bundeswirtschaftsminister für die Rechts- und Fachaufsicht der Anstalt favorisierten, blieben bisher ungehört. Neu war die Regelung, daß zur Strukturanpassung der Landwirtschaft Erlöse der Treuhandanstalt im Einzelfall auch für Entschuldungsmaßnahmen zugunsten von Agrarunternehmen verwendet werden können.

Der Kreditrahmen der Treuhandanstalt erhöhte sich von 17 Milliarden – wie noch im ersten Staatsvertrag fixiert – auf bis zu 25 Milliarden DM. Dabei sollen die Einnahmen der Anstalt im Regelfall eine Rückführung der Kredite bis zum 31. Dezember 1995 ermöglichen. Der Bundesminister der Finanzen kann eine Verlängerung der Laufzeiten und eine Überschreitung der Kreditobergrenzen zulassen. Mit seinem Einvernehmen kann die Treuhandanstalt nun auch Bürgschaften, Garantien und sonstige Gewährleistungen übernehmen, um somit Kredite am Geld- und Kapitalmarkt für ihre Betriebe aufzunehmen.

Die Einnahmen der Treuhand sollten sich aus zwei Quellen speisen: den laufenden Verkaufserlösen und den Kreditaufnahmen im Vorgriff auf spätere Privatisierungserlöse. Die Ausgabenseite wird von der Kostendeckung bei der Reorganisation des ehemaligen Volkseigentums und von Beiträgen zur Sanierung des Staatshaushaltes dominiert. Darüber hinaus bestimmt der Einigungsvertrag – was vielen Bürgern der neuen Bundesländer gar nicht bewußt geworden ist – das treuhänderisch verwaltete Vermögen als Finanzierungsmasse für weitere Aufgaben immenser Größe: Die Hälfte der Zinszahlungen auf die gesamten Staatsschulden der früheren DDR ist bis Ende 1993 zu leisten. Ab Dezember 1993 kommen 50 Prozent des Schuldendienstes auf ihre Auslandsverbindlichkeiten hinzu und ab 1994 ein noch zu vereinbarender Anteil am Schuldendienst des Kreditabwicklungsfonds. Bis zur Vorlage der DM-Eröffnungsbilanzen – so wurde bekräftigt – hat die Treuhand die Zinsen für die

Altkredite der Unternehmen zu begleichen. Zuständig ist sie auch für die selektive Entschuldung ihrer Unternehmen.

Nichts änderte sich am Primat der Privatisierung als Rechtspflicht der Treuhand. Handhabbare Kriterien für die Unternehmenssanierung sucht man immer noch vergeblich. Bekräftigt ist im Einigungsvertrag die Vorschrift des Treuhandgesetzes, das volkseigene Vermögen ausschließlich und allein zugunsten von Maßnahmen in den neuen Bundesländern zu verwenden. Übernommen wurde die Klausel, den Sparern nach Möglichkeit zu einem späteren Zeitpunkt für den bei der 2:1-Umstellung reduzierten Betrag ein verbrieftes Anteilsrecht am volkseigenen Vermögen einzuräumen.

Alles in allem – so mein Urteil – verfehlen die ergänzenden Regelungen des Einigungsvertrages zum Treuhandgesetz die Größe der zu lösenden historischen Aufgabe. Wieder wurde die Chance vertan, ein den Gegebenheiten und Erfordernissen der ostdeutschen Wirtschaft angemessenes Herangehen an die Umstrukturierung zu konzipieren. Das »Prinzip Hoffnung auf die Selbstheilungskräfte des Marktes« behielt die Oberhand. Die Einsicht in die Ohnmacht, ja das Versagen aller klassischen Wirtschaftstheorien im Prozeß einer Systemtransformation kam nicht zustande. Es wurde weiter auf Nachahmung und Anpassung statt auf entwicklungspolitischen Neuansatz gesetzt.

Wie anders soll man das Geschehen denn kommentieren? Marktwirtschaft entsteht doch nicht durch bloßen Besitzwechsel, sondern erst durch Wettbewerb. Aber genau dafür erhielten die ostdeutschen Unternehmen zu wenig Flankenschutz. Gegenüber ihren westdeutschen Mitwettbewerbern hatten sie zu geringe Chancen.

Das Ziel hätte nur von einem langfristigen branchen- und regionalpolitischen Konzept aus bestimmt werden können. Eine solche Problemstellung aber galt in Bonn als Neuauflage des verpönten Staatsdirigismus. So wurde dann die gesetzlich verordnete Privatisierungshast einer aufeinander abgestimmten Wirtschafts-, Technologie- und Beschäftigungspolitik vorgezogen. Auf der Grundlage des Einigungsvertrages wurde aus der Treuhand tatsächlich – wie Jan Priewe in der »Frankfurter Rundschau« (vom 14. November 1990) schrieb – »eine Art Nebenregierung, die die wirtschaftliche Entwicklung der neuen Länder weitgehend bestimmt und den neuen Landesregierungen nur das Abarbeiten der Folgeprobleme zuordnet. Hier wird weitgehend autonom über Leben und Tod von Tausenden von Betrieben entschieden, über Konkurse und Sanierungsfähigkeit, über Kredite, Bürgschaften und die Verwendung von Privatisierungserlösen ...«[25]

Fazit

Das zeitgleich mit der Währungsunion in Kraft getretene Treuhandgesetz und seine Modifikationen durch den Einigungsvertrag entsprachen dem schocktherapeutischen Kurs, den die konservative politische Klasse Deutschlands für den marktwirtschaftlichen Umbau seines östlichen Teils bevorzugte. Der Wirtschaftskörper Ostdeutschland wurde nicht sinnvoll in einen gesamtdeutschen Wirtschaftsorganismus integriert, sondern zum Auffüllen von Nischen und zum Aufstocken von Kapazitäten etablierter Unternehmen »zurechtgestutzt«.

Dabei war und ist es für mich zweifelsfrei: Eine öffentlich-rechtliche Behörde wie die Treuhand war nicht nur für die Verwaltung des Volkseigentums unverzichtbar gewesen. Auch die marktwirtschaftliche Konversion einer gesamten Volkswirtschaft und die entsprechende Umgestaltung der Eigentumsordnung konnte weder dem Selbstlauf überlassen noch einer unmittelbar gewinnorientierten Institution übertragen werden. Und schließlich ist ein »Verkauf von Hand«, wie ihn die Treuhand betreibt, eher eine Garantie für das Finden von Käufern mit tragfähigen unternehmerischen Konzepten als eine standardisierte Privatisierungslösung. Der Kritikpunkt liegt also woanders.

Für den der Behörde per Gesetz zugefügten Krebsschaden halte ich, daß sie ausschließlich auf rasche Privatisierung programmiert wurde, anstatt in einer Übergangszeit eine »duale Ökonomie« im Visier zu haben. Das bisherige Gewicht des Staates als Arbeitgeber blieb leichtfertig außer Betracht. Es fehlte jeglicher industrie- und strukturpolitische Ansatz und Auftrag. Selbst respektable arbeitsmarktpolitische Maßnahmen reichen allein als Pendant zur Privatisierung nicht aus.

Wenn eingangs von der Quadratur des Kreises die Rede war, die die Treuhand vollbringen soll, dann ist damit die vorgegebene Privatisierung im großen Rahmen trotz offensichtlich dafür bestehender drastischer Hindernisse und Erschwernisse gemeint. Das Dogma »Eigentumsrückgabe vor Entschädigung«, die sinkenden Verwertungschancen der Unternehmen durch den Zusammenbruch der Ostmärkte, die beschnittenen Kaufmöglichkeiten der ostdeutschen Bürger durch Halbierung ihrer Spareinlagen sind dafür nur Beispiele.

Naturgegebene kaufmännische Vorsicht von Investoren oder sonst berufsbedingtes Abwägen lassen sich nicht durch Appelle an den Patriotismus ersetzen, wie von Politikern erhofft und unterstellt. Auch Altruismus ist nur im Ausnahmefall ein Investitionsmotiv.

Nicht außer Betracht bleiben darf auch, daß die Strategie der radikalen Privatisierung alle Schleusen für rasche Lohnerhöhungen geöffnet hat. Die Arbeitnehmer mußten damit rechnen, daß sie über kurz oder lang ohnehin ihren Job verlieren können. Der Druck auf Lohnerhöhung wurde zu einer Art Vorsorge für bevorstehende schwierige Zeiten.

Der Auftrag, das volkseigene Vermögen der Ex-DDR nach den Prinzipien der sozialen Marktwirtschaft zu privatisieren und zu verwerten, verleiht der Treuhand eine beispiellose Fülle wirtschaftlicher und politischer Macht. Hinzu kommt ihre monopolistische Stellung als Anbieter Tausender von Unternehmen. Nicht im entferntesten angemessen sind alldem Umfang und Modalitäten einer demokratischen Kontrolle.

Die beiden vorangegangenen rechtlichen Regelungen vom 1. März und vom 17. Juni 1990 sahen die Rechenschaftspflicht des Treuhand-Vorstandes gegenüber dem Parlament vor. Der Einigungsvertrag verzichtet auf die Verankerung einer direkten parlamentarischen Kontrolle dieser Behörde durch den Bundestag. Begründet wird dies mit dem Argument, der Haushalt der Treuhand stelle ein Sondervermögen außerhalb des Bundesetats dar.

Das ist also wiederum die Sicht ausschließlich durch die Brille der

Finanzpolitiker. Nicht nur, daß das Budgetrecht des Parlaments ausgehebelt und ein öffentlich nicht transparenter Nebenhaushalt entstanden ist. Es ist vielmehr der Beweis dafür, daß die Umstrukturierung der ostdeutschen Wirtschaft als ein rein monetäres, ein mit der Kraft der DM zu lösendes Problem angegangen wurde. Das wiederum beruht auf dem Fehlansatz, der Systemwechsel eines Gemeinwesens könne gehandhabt werden wie der Besitzwechsel eines einzelnen Unternehmens.

Letzteres muß selbstverständlich nach betriebswirtschaftlichem Kalkül, in einer Marktwirtschaft also entsprechend den Verwertungsinteressen des privaten Kapitals erfolgen. Anders jedoch im erstgenannten Fall, der mit massenhaften Umstrukturierungsprozessen auf betrieblicher Ebene verbunden ist. Diese Massenhaftigkeit verleiht betrieblichen Umgestaltungen automatisch volkswirtschaftliche und gesellschaftliche Dimensionen, denen nur oder überwiegend aus dem unternehmerischen Blickwinkel nicht beizukommen ist. Hier liegt im Grunde das Dilemma, die Fehlkonstruktion des Treuhandauftrages, die mit dem Einigungsvertrag zementiert wurde.

Genetische Eingriffe

Enthemmung

Grünes Licht für die schnelle Privatisierung des Treuhandvermögens war ausreichend gegeben. Mit dem Einigungsvertrag lag dafür selbst ein bundesrechtlicher Freibrief, eine Rechtspflicht vor. Dennoch stellten sich die erwarteten Ergebnisse in den Folgemonaten nicht ein. So vielfältig die Ursachen im einzelnen auch waren, sie gingen alle auf die Verkennung der komplizierten Probleme eines Systemwechsels zurück. Mit Dogmen und dem marktwirtschaftlichen Instrumentenkasten der fünfziger und sechziger Jahre war ihnen – wie voraussehbar – nicht beizukommen. Es gehört doch zum marktwirtschaftlichen ABC, daß es ohne wohldefinierte und gesicherte Eigentumsrechte zu keiner Kapitalbildung kommt. Kaufobjekte verlieren für potentielle Investoren ihren Reiz. Impulse für einen erhofften wirtschaftlichen Aufschwung bleiben aus.

Was mögen die Motive der Chefunterhändler des Einigungsvertrages gewesen sein, als sie das dem Einzelfall adäquate Prinzip »Rückgabe vor Entschädigung« für Ostdeutschland als massenhafte Praxis vereinbarten? Wolfgang Schäuble und Günther Krause präferierten unterschiedslos die Alteigentümer und ihre Erben gegenüber den aktuellen Nutzern. Hätte der Ostdeutsche seinem westdeutschen CDU-Parteifreund nachdrücklich genug die zu erwartenden Konsequenzen, auch die erkennbaren menschlichen Tragödien vorgetragen – wer weiß, ob dieser nicht Kompromissen zugänglich gewesen wäre?

Worum es gehen mußte, war, die Eigentumsrechte zu klären, gesetzeswidrige Aneignungen und Enteignungen zu ahnden und Betroffene zu entschädigen, ansonsten aber die historisch entstandene Lage anzuerkennen. War es »nur« bedenkenloses Anbeten der »property rights« ohne Rücksicht darauf, daß neues Unrecht geschaffen werden könnte und auch die gegenwärtigen Nutzer Schutz erwarten? War es ein Kniefall vor der Lobby der Alteigentümer? Wurde ein aus Restitutionsansprüchen entstehendes wirtschaftliches Desaster und soziales Chaos gar bewußt in Kauf genommen? Oder hat man einfach die leichtfertig initiierte Kettenreaktion nicht abgesehen?

Über die politischen Motive mögen die Meinungen auseinandergehen. Vom Standpunkt der Moral war der Vorrang der Rückgabe vor dem der Entschädigung verwerflich, dem Zusammenwachsen beider deutscher Staaten abträglich. Ökonomisch gesehen war das Prinzip aus meiner Sicht – gelinde gesagt – ein Flop. Es ging von völlig überzogenen, von irrealen Erwartungen in die wirtschaftliche Potenz und den Investitionswillen der Restitutionsberechtigten aus. Das mögliche Privatisierungstempo wurde künstlich behindert. Um die Jahreswende 1990/91 drohten offene Vermögensfragen die Verkäufe gar zum Erliegen zu bringen. Das vom Einigungsvertrag gestützte Primat von Restitutionsansprüchen der Alteigentümer belegte die Treuhand mit einer Verfügungssperre. Die fehlende Entschädigungsregelung nahmen die wider alle ökonomische Vernunft Rückgabeberechtigten zwangsläufig zum Anlaß, sich der Veräußerung oder anderweitigen Nutzung ihres Alteigentums zu widersetzen. Den erkennbaren Kardinalfehler des Einigungsvertrages gestand die Bundesregierung nun aber nicht etwa ein, um ihn prinzipiell zu beheben. Mit dem Gesetz zur Beseitigung von Hemmnissen bei der Privatisierung von Unternehmen und zur Förderung von Investitionen vom 13. März 1991 (auch Enthemmungsgesetz genannt)[26] wurde eine gewisse Reparatur, nicht jedoch die sinnfällige Korrektur zugunsten eines generellen Vorrangs der Entschädigung vorgenommen. Das Enthemmungsgesetz unterwirft die Restitutionsberechtigten einer »Verwendungskonkurrenz«. Die Treuhandanstalt darf nunmehr dann über das Alteigentum verfügen, wenn der von ihr ausgewählte Bewerber für ein Objekt mehr Arbeitskräfte zu schaffen und höhere Investitionssummen aufzuwenden bereit ist als der Rückgabeberechtigte.

Welchen Wert hat aber das letztlich unangetastete Restitutionsprimat, wenn der Gesetzgeber den Alteigentümer zur Verwertung seines Vermögens zwingen muß? Wäre da nicht gleich jede schnelle alternative Verwendung besser gewesen? Das Wiedereinsetzen in die alten Eigentumsrechte sollte die Entschädigungsforderungen minimieren. Aber dieses Bestreben des Bundesfinanzministers entschuldigt keineswegs, daß im Sommer 1991 noch immer kein Reglement für die Kompensation vorlag. In mancher offenen Vermögensfrage wäre es gewiß von allen Beteiligten als Alternative und Konsensmöglichkeit akzeptiert worden. Auch hier hat orthodoxes Herangehen dazu geführt, daß die Positiveffekte einer schnellen, großzügigen Entscheidung für konkrete wirtschaftliche Aktivitäten außer acht gelassen wurden.

Ungeklärte Eigentumsverhältnisse bleiben also ein kardinales Investitionshindernis. Bisherige Erfahrungen beweisen: Ein gutes Investitionsklima in den neuen Bundesländern entsteht nur, wenn die Politiker gewillt sind, in der Behandlung der Eigentumsfragen von Grund und Boden eine radikale Umkehr zu praktizieren. Anfang 1992 waren von den bis dahin angemeldeten über zwei Millionen Anträgen auf Restitution erst drei Prozent entschieden worden. Das Enthemmungsgesetz hatte punktuelle, aber keine durchgreifende Wirkung. Das traf auch auf nachfolgende partielle Korrekturen zu.

Filetierung

Es wäre geschmeichelt, wollte man die ersten Monate nach Inkrafttreten des Treuhandgesetzes vom 1. Juli 1990 und seiner mit dem Einigungsvertrag modifizierten Fassung als Zeit einer aktiven Angebotspolitik der Behörde bezeichnen. Sie reagierte vielmehr überwiegend auf Nachfragewünsche. Im Vordergrund standen »leicht« verkäufliche, in der Regel regionale Märkte bedienende Unternehmen (Nahrungs- und Genußmittelbranche, Energiesektor, Bauhaupt- und -nebengewerbe, Handelsbetriebe). Ihre Größe entsprach zumeist von vornherein den Nachfrage-Interessen. Diese Strategie erschöpfte sich jedoch bald. Notwendig wurde der Übergang zu einer angebotsorientierten Privatisierungspolitik, weil sich der Kapitalstock von Betrieben »im Wartestand« und ohne eingeleitete Sanierung täglich entwertet. Das betraf vor allem die überdimensionierten Kombinate, für die es adäquate Kaufinteressenten nicht gab. Rohwedder nannte diese Konglomerate nach seinem Amtsantritt als

Präsident der Treuhandanstalt die »Dinosaurier der Planwirtschaft«. Das im April 1991 verabschiedete Gesetz über die Spaltung der von der Treuhandanstalt verwalteten Unternehmen (kurz: Spaltungsgesetz)[27] autorisierte die Behörde, mit der Entflechtung der gegebenen Kombinats- und Betriebsstrukturen zu beginnen. Mit den Instrumenten der Auf- und Abspaltung von Unternehmensteilen war objektiv eine käuferorientierte Stückelung möglich, aber auch deren neue Kombination. Aus den ursprünglich 8000 Treuhandbetrieben entstanden im Laufe der Zeit rund 12 000 Unternehmen und Unternehmenseinheiten.

Die Notwendigkeit eines solchen »Spaltungsgesetzes« ist meines Erachtens über jeden Zweifel erhaben. Daß es aber erst sieben Monate nach Wirksamwerden des modifizierten Treuhandgesetzes angenommen wurde und nicht bereits mit dem Einigungsvertrag oder in seinem unmittelbaren Gefolge, zeugt wiederum von der Hilf- und Ahnungslosigkeit der Regierenden gegenüber den Herausforderungen der wirtschaftlichen Umstrukturierung in Ostdeutschland.

Manches vom Funktionsmechanismus der DDR-Wirtschaft mag den Politikern westlich der Elbe verborgen oder nicht transparent genug gewesen sein. Daß aber Kombinate die Industrielandschaft der DDR geprägt haben, war bekannt. Auch daß sie eine für bundesdeutsche und westeuropäische Verhältnisse unübliche Fertigungstiefe, ein viel zu breites Sortiment und eine oft auch ungewöhnliche Größe aufwiesen, erzählte man sich gar bei Verwandtenbesuchen. Überdimensioniert waren oft die Nebenbetriebe (Instandhaltung, Versorgung, Projektierung, Rechenzentren u.ä.). Kein Geheimnis war die marktbeherrschende Position der Kombinate und ihre durchweg starke Abhängigkeit vom Ostexport.

Warum nur tat man sich mit diesen »Dinosauriern« so schwer? Weshalb begann ihr Tranchieren so spät? Hören die Osteuropäer aus dem Westen nicht ständig den Rat, vor Privatisierungsbeginn ihre Monopole in kleinere Einheiten zu trennen und so den Wettbewerb zu fördern? War es nicht ein Vorwurf an die Modrow-Regierung, sie habe die Bildung von Kapitalgesellschaften verordnet, ohne vorher die Kombinate zu »zerkleinern«? Kann die Absicht ausgeschlossen werden, es sei zunächst einmal um das Lahmlegen unliebsamer künftiger Konkurrenten für Anbieter in den alten Bundesländern gegangen? Natürlich steht die notwendige Entkleidung der Kombinate von allen der Mittagschen Selbstversorgungsideologie geschuldeten Bereichen und Funktionen außer Frage. Aber muß das generell auf eine Kampfansage an den Großbetrieb hinauslaufen?

Die Filetierungspraxis der Treuhand, das Zerschneiden der Kombinate in verkaufsgerechte Teile, wird mit der Mittelstandsförderung motiviert. Wenn dem tatsächlich so wäre, gäbe es nichts einzuwenden. Die Realität aber weist andere Tendenzen auf: Das Filetieren führt zur Herauslösung leistungsfähiger Betriebsteile, der sogenannten »Rosinen«, aus den größeren Einheiten. Der weniger attraktive Rest findet kaum noch Käufer. Ein bodenständiges mittelständisches Unternehmertum hat es schwer, solange Großbetriebe nicht einen stabilen Background für Aufträge bilden. Statt dessen entstehen kleine Tochterunternehmen westlicher Konzerne, auch als »verlängerte Werkbänke« bekannt.

Der gewollte Erhalt von Großbetrieben und ihre Entwicklung zu wettbewerbsfähigen Partnern am Markt spielt bei der Kombinatsentflechtung keine spürbare Rolle. Dabei spricht z. B. die japanische Marktoffensive vor allem bei Standardmaschinen eine klare Sprache: Größere Unternehmenseinheiten können kostengünstiger als kleine produzieren. Die vorrangig mittelständisch orientierte westdeutsche Metallbranche kann dem internationalen Trend zur Bildung größerer Unternehmen kaum noch folgen. Sie konzentriert sich seit geraumer Zeit auf Spezialmärkte. Für die ostdeutschen Hersteller, die in solch enge Marktsegmente vordringen wollen, gibt es hingegen wenig Überlebenschancen. Sie sind – zumindest in absehbarer Zeit – auf Marktanteile im Bereich der Standardmaschinen angewiesen.

Aus diesem Grunde wäre es von Anfang an sinnvoll gewesen, Unternehmensgruppen zu bilden, in denen Kapitalgesellschaften mit ähnlichen oder sich ergänzenden Produktionsprofilen gemeinsam saniert und Synergieeffekte in den Bereichen Einkauf, Fertigung, Forschung und Entwicklung, Vertrieb, Service sowie Arbeitsorganisation erzielt werden können.

Dem Treuhandgesetz zufolge hätte die Behörde innerhalb von zwei Monaten nach seinem Inkrafttreten – also bis zum 31. August 1990 – sogenannte Treuhand-Aktiengesellschaften gründen sollen. Gedacht war an vier nach Branchen gegliederte Institutionen. Dieses Vorhaben war in der Volkskammer heftig umstritten gewesen. Oppositionelle Abgeordnete verwiesen auf Abgrenzungsschwierigkeiten und auf Koordinationsprobleme. Zur Sprache kamen der überaus große Personalbedarf, aber auch der Zeitverlust und der finanzielle Aufwand, der durch monatelange Aufbauarbeit entstehen würde.

Regierung und Volkskammermehrheit zeigten sich jedoch unbeeindruckt. Sie blieben bei ihrem Plan und begründeten ihn damit, daß die Anstalt ihren Auftrag nur in dezentraler Organisationsstruktur erfüllen könne. Dagegen gab es im Prinzip nichts einzuwenden. Nur existierte eine solche Struktur im Grunde bereits in Form der 15 Außenstellen.

Trotz vehementer Verteidigung der Treuhand-Aktiengesellschaften durch die Gesetzesinitiatoren ist es nie zu ihrer Errichtung gekommen.

Als neuer Präsident gab Rohwedder am 13. September 1990 vor der Volkskammer einen ersten Bericht über die Arbeit der Treuhandanstalt. Die Oppositionsabgeordneten trauten ihren Ohren nicht. Die gleichen Argumente, mit denen sie sich vor Wochen vergeblich gegen die zu bildenden Institutionen gewandt hatten, benutzte nun ein in wirtschaftspraktischer Verantwortung stehender Nichtparlamentarier. Er erklärte ohne Umschweife, daß er sich in diesem Punkt nicht an das Gesetz zu halten beabsichtige. Darum fügte er hinzu: »Ich habe neulich etwas lax gesagt: Erst kommt das Leben und dann die Paragraphen. Ich entschuldige mich vor dem Gesetzgeber für dieses Wort, aber es ist vielleicht nicht ganz falsch.«[28] Persönlich habe ich vor einer solchen Haltung Respekt, weil sie vernünftig und realistisch ist. Nur darf sie nicht in Rechtsnihilismus ausarten. Zu einer entsprechenden Korrektur des Treuhandgesetzes ist es nie gekommen. Auch der Einigungsvertrag holte das nicht nach.

Laut Rohwedder wurde nun die »Errichtung der Außenstellen

der Treuhand ganz besonders wichtig. Wir wollen ja nicht im Elfenbeinturm sitzen, sondern wir wollen in einer vernünftigen regionalen Vorortverantwortung unsere Arbeit tun. Und das bedeutet, daß wir die Außenstellen – oder wie wir gern in Anlehnung an Großbankjargon sagen: die Niederlassungen – sehr pflegen, ausbauen, durchpusten, uns angucken, prüfen, personell neu besetzen und aus diesen Außenstellen wirklich vor Ort das machen, was die Wirtschaft erwartet.«[29]

Es war gewissermaßen der Einstand von Frau Breuel im Führungszirkel der Anstalt, daß die Niederlassungen bald mit neuen Direktoren besetzt wurden. Sie rekrutierten sich durchweg aus dem Management westdeutscher Unternehmen. Die bisherigen Chefs wurden zumeist in die zweite Reihe versetzt. Mancher hat das für sich als ungerecht, mancher als Entwicklungschance aufgefaßt, denn marktwirtschaftliche Denk- und Handlungsstrukturen waren in den Außenstellen damals noch rarer als in der Zentrale. Ob das Vorgehen mit dem Rasenmäher berechtigt war oder nicht: es hat der späteren Treuhandpräsidentin schnell den Ruf der »Lady mit der eisernen Hand« eingebracht.

Die Niederlassungen sind für etwa drei Viertel aller ehemaligen Unternehmen der DDR zuständig. Im einzelnen erstrecken sich ihre Aufgaben auf die Führung von je etwa 250 bis 300 kleineren oder mittelständischen Betrieben, deren Privatisierung bzw. Liquidierung. In ihre Kompetenz fällt die Reprivatisierung der 72er Betriebe sowie das Kontakthalten mit den Kommunen. Sie haben die Möglichkeit, Kredite und Bürgschaften bis zu einer festgelegten Höhe eigenständig auszureichen und nicht mehr betrieblich genutzte Immobilien oder Mobilien und Gewerberäume zu verwerten.

Lange stand die Beibehaltung der nach den früheren Bezirken der DDR strukturierten Treuhandaußenstellen unter Kritik. Wenn man jedoch im Interesse der Flexibilität, der Kompetenz und des Abbaus zentralistisch-bürokratischer Hürden prinzipiell ein Regionalprinzip befürwortet, dann war damals eine bezirkliche Gliederung der Außenstellen konsequent. Es sollte ja gerade um die beschleunigte Reprivatisierung durch Entflechtung der örtlich geleiteten Kombinate gehen. Und die hatten bekanntlich den Wirtschaftsräten der

Bezirke unterstanden. Also war dort auch die größte Sachkunde für die Reorganisation konzentriert.

Kritikwürdig ist gewiß, daß diesen Außenstellen nach der Bildung der fünf neuen Länder nicht mehr Eigenständigkeit gegeben wurde. Vieles von dem, was sie tun, muß durch den Flaschenhals der Treuhandzentrale hindurch. Vom dortigen Verwaltungsrat getroffene Entscheidungen sind von Bonner Beamten zu prüfen. Nicht selten ist auch noch die Bundesvermögensverwaltung in Bad Homburg zu befragen. »Viele Köche verderben den Brei«, sagt der Volksmund zu Recht.

Meine Beobachtung nach der unterlassenen Bildung von Treuhand-Aktiengesellschaften ging aber noch in eine andere Richtung: Zögerlich nur kam die so notwendige branchenorientierte Arbeit der Anstalt in Gang. Erst Mitte Januar 1991 wurden die Zuständigkeiten in der Zentrale nach Branchen neu geordnet (vgl. Übersicht), nachdem die Vorstandsmitglieder bis dahin für solche Funktionen wie Privatisierung, Sanierung, Stillegung verantwortlich waren. Das ist gewiß ein Grund dafür, daß Verkaufsentscheidungen lange ohne eine Gesamtsicht auf die einzelnen Branchen getroffen, Verbundlösungen innerhalb bestimmter Zweige bei der Privatisierung oder Sanierung nicht gleich zum Tragen kamen.

Die Korrekturen und ergänzenden Maßnahmen eingeschlossen, verkörpern Treuhandgesetz und seine einigungsvertragsbedingten Modifizierungen kein schlüssiges Konzept für die marktwirtschaftliche Konversion einer früheren Staatswirtschaft. Das juristische Regelwerk zementiert die Strategie der schnellen und vollständigen Übernahme des westdeutschen Wirtschaftssystems. Es mangelt an einem Procedere für die Gestaltung des Übergangs, das die tatsächliche Ausgangslage ebenso berücksichtigt wie den Zeitbedarf. So bleibt es bei einem pragmatischen »Case-by-case«-Vorgehen, der Methode »trial and error«.

Natürlich sind Lernprozesse, auch schmerzliche, in Umbruchzeiten normal. Aber opferreiche Umwege so gering wie möglich zu halten gehört zum Aufgabenfeld der Politik. Genau dort allerdings gibt es ins Auge springende Versäumnisse. Die Aufmerksamkeit

Strukturprinzip der Treuhand

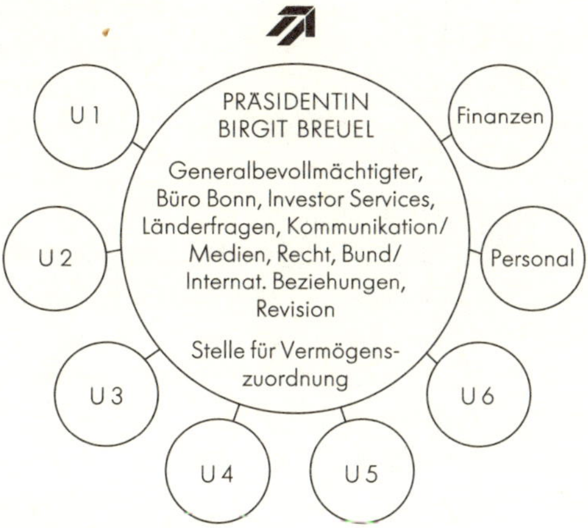

Unternehmensbereich 1 Hero Brahms
Geschäftsverantwortung: Schwermaschinen-/Anlagenbau, Werkzeugmaschinenbau, Spezialmaschinen
Funktionalverantwortung: Zentrales Beteiligungscontrolling/-verwaltung
Prüfung von Unternehmenskonzepten, Personal Beteiligungsunternehmen

Unternehmensbereich 2 Dr. Klaus-Peter Wild
Geschäftsverantwortung: Niederlassungen, Verkehr, Kommunalvermögen/ Wasserwirtschaft
Funktionalverantwortung: Koordination Niederlassungen, Reprivatisierungsbeauftragter, Mittelstandsbeauftragter

Unternehmensbereich 3 Dr. Günter Rexrodt
Geschäftsverantwortung: Textil/Bekleidung/Leder, Land- und Forstwirtschaft, Nahrungs- und Genußmittel, Bauindustrie, übriges Sondervermögen, Außenhandelsbetriebe
Funktionalverantwortung: Datenschutzbeauftragter, Treuhand Osteuropa Beratungsgesellschaft mbH

Unternehmensbereich 4 Dr. Wolf R. Klinz
Geschäftsverantwortung: Optik/Keramik/Feinmechanik, Fahrzeugbau, Holz/Papier, Dienstleistungen
Funktionalverantwortung: Abwicklung

Unternehmensbereich 5 Dr. Hans Krämer
Geschäftsverantwortung: Elektrotechnik/Elektronik, Eisen-/Stahl-/NE-Metallindustrie, Hotels und Gästehäuser, Finanzvermögen, Liegenschaftsgesellschaft der THA mbH
Funktionalverantwortung: Umweltschutz/Altlasten

Unternehmensbereich 6 Dr. Klaus Schucht
Geschäftsverantwortung: Energiewirtschaft, Chemie, Bergbau/Steine/Erden

Personal Dr. Horst Föhr
Funktionalverantwortung: Personal THA, Arbeitsmarkt und Soziales, Betriebsverfassung/ Tarifwesen, Verwaltung, Vertrauensbevollmächtigte

Finanzen Dr. Heinrich Hornef
Funktionalverantwortung: Finanzierung THA, Finanzplanung, Unternehmensfinanzierung, Bürgschaften und Kredite, Rechnungswesen, Organisation/EDV

wurde mehr auf den Endpunkt, das Ziel der Umgestaltung konzentriert, zu wenig auf die Etappen und Schritte dorthin.

Nach Vorliegen der ersten Privatisierungserfahrungen hätte es einer ergänzenden Regelung für die Rolle der öffentlichen Hand an der Schwelle von der Staats- zur Marktwirtschaft bedurft. Solange der Staat Eigentümer von Produktivvermögen ist, darf er die aus diesem Status resultierenden Funktionen nicht auf sein Auftreten als Verkäufer reduzieren, sondern muß das Vermögen so gut wie möglich bewirtschaften. So könnten die Arbeitnehmer den Transformationsprozeß leichter als Chance für sich erkennen statt nur als lähmendes Risiko. Zugleich würden vor allem aus Großbetrieben Einnahmen für den Staatshaushalt gesichert.

Eigentümerfunktionen wahrzunehmen heißt beim Übergang zur Marktwirtschaft, Absatzmöglichkeiten zu erschließen, Märkte zu beschaffen. Das Handlungsspektrum hierfür wäre von Anfang an breit gewesen und ist es noch: Förderung des Exports nach Osteuropa, also auf die angestammten Märkte, Präferenzen für ostdeutsche Unternehmen bei der Vergabe öffentlich finanzierter Aufträge bzw. gezielte Plazierung von Bestellungen der öffentlichen Hand, Verbesserung der Wettbewerbsposition durch Lohnkostenzuschüsse usw. Daß die Treuhand einen solchen entscheidenden Bereich wie »Märkte und Vertrieb« bislang nicht aufgebaut hat, ist meines Erachtens ein ernstes Versäumnis.

Schwerer wiegt noch, daß es nicht zu einer Flankierung des Treuhandgesetzes durch ein gemeinsames Konzept oder eine konzertierte Aktion von Bundeskabinett, Regierungen der neuen Länder, Unternehmerverbänden und Gewerkschaften gekommen ist. Die damalige industrie- und strukturpolitische Abstinenz der öffentlichen Hand bei der Konversion der ostdeutschen Wirtschaft kann im nachhinein nicht durch lohnpolitische Vorgaben oder Eingriffe in die gewerkschaftliche Tarifautonomie repariert werden.

Schließlich besteht ein entscheidendes Defizit des Treuhandgesetzes vom 17. Juni 1990 wie auch aller Ergänzungen darin, daß es zu keiner der Machtfülle dieser Behörde angemessenen parlamentarischen Aufsicht kam. Im Grunde ist der für ihre Tätigkeit vorgegebene Finanzrahmen das einzige Kontrollinstrument.

Künstliche Beatmung oder Exitus?

Testament

Nach zweijährigem Privatisierungsalltag kamen aus der Treuhand immer häufiger testamentsartige Zeichen. Die Behörde begann damit, ihren Letzten Willen anzudeuten und den Nachlaß zu ordnen. Sie warb bei jenen um Versöhnung, mit denen sie im Streit gelegen hatte oder noch lag, und war um ihren Nachruf besorgt.

8175 Unternehmen und Unternehmensteile seien seit dem 1. Juli 1990 an private Investoren übergeben, hieß es Ende Juli 1992. Für noch einmal die gute Hälfte mit rund einer Million Beschäftigten ginge die Käufersuche weiter (vgl. Übersicht). In rund 1600 Fällen sei die Gesamtvollstreckung oder Liquidation eingeleitet.

Die *Gesamtvollstreckung* wird angewandt, wo ihre Kosten die der Liquidation wegen der Höhe der Altschulden um ein Vielfaches unterschreiten. In diesem Fall ist die Treuhandanstalt Gläubiger. Sie kann ihre Vorstellungen, wenn überhaupt, nur über den Gläubigerausschuß einbringen. Dieser soll die Entscheidungen des gesetzlich bestimmten Verwalters mittragen.

Der gesetzliche Auftrag des Verwalters in einem Gesamtvollstreckungsverfahren, ähnlich dem Konkursverfahren in den alten Ländern, besteht darin, die Konkursmasse im Interesse aller Gläubiger zu mehren, daß heißt auch meistbietend zu verkaufen. Für die Arbeitnehmer bedeutet das, sofern nicht weiter produziert werden kann, rigorose Entlassungen.

Bei der *Liquidation*, der die Treuhand den Vorrang gegenüber der Gesamtvollstreckung einräumt, bleibt die Behörde Gesellschafter und kann Einfluß darauf nehmen, daß Betriebsteile mit Überlebenschancen diese auch bekommen.Die für das Direktorat Abwicklung tätigen Rechtsanwälte suchen nach Möglichkeiten Betriebsteile fortzuführen. Dazu werden Arbeitskräfte gebraucht, und dementsprechend ist auch die Perspektive für die Arbeitnehmer eine andere.

Das Verkaufsgeschehen soll nach Treuhandplänen Ende 1993 im wesentlichen beendet sein. Das wäre früher, als ursprünglich angenommen. Der Stand der Privatisierung sah im Herbst 1991 in den

Anteile der Beschäftigten in Treuhandunternehmen an den Gesamtbeschäftigten der einzelnen Wirtschaftsabteilungen

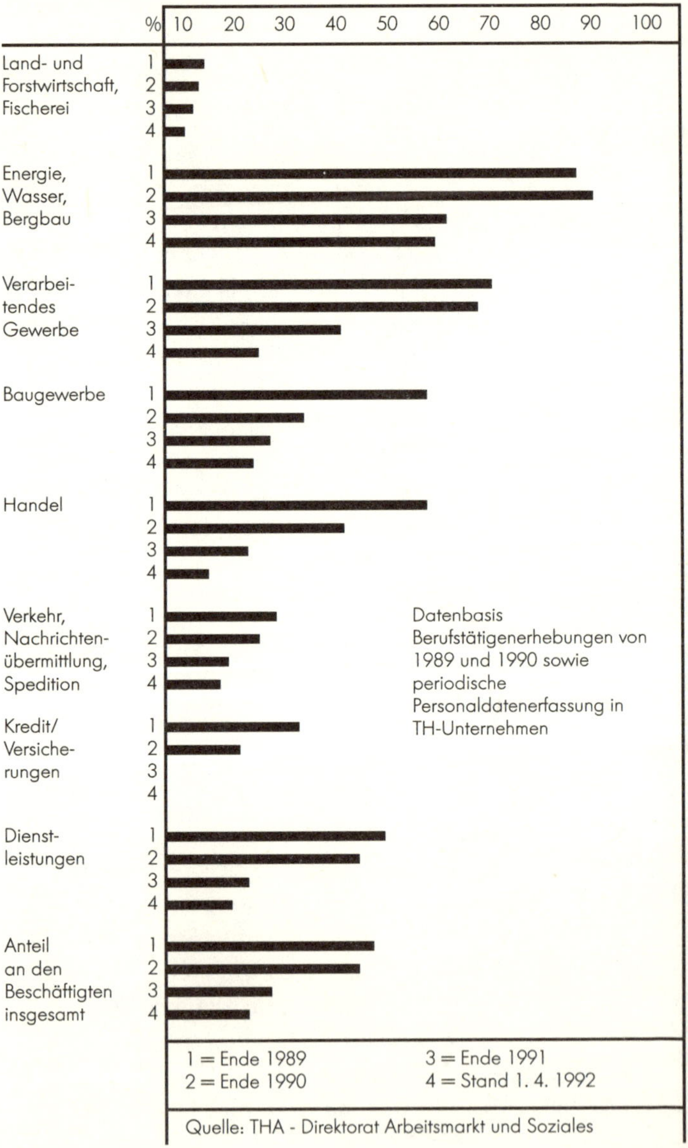

einzelnen Branchen sehr unterschiedlich aus. Schnelle Verkaufserfolge hatten vor allen in jenen Bereichen erzielt werden können, die eine sogenannte Basisfunktion für die wirtschaftliche Entwicklung haben: das Baugewerbe, das Handwerk, der Handel und wichtige sonstige Dienstleistungen. Im Bereich des Einzelhandels und des Gaststättengewerbes, also in konsumnahen Unternehmen, ist die Privatisierung bereits 1991 abgeschlossen worden. Die Betriebe der Nahrungs- und Genußmittelindustrie waren nahezu vollständig privatisiert. Der Verkauf der ostdeutschen Stahlindustrie konnte ebenfalls zum Abschluß gebracht werden. Die Privatisierung der ostdeutschen Großchemie kommt voran und soll bis Ende 1992 beendet sein. Hingegen zählen die Werftunternehmen, der Textilbereich und der Maschinenbau nach wie vor zu den Sorgenkindern. Im Maschinenbau beispielsweise konnte erst ein Drittel der Betriebe verkauft werden.

Zum Testament gehören auch die Schulden, die die Behörde hinterlassen wird: Von 200 bis 300 Milliarden DM war die Rede. Zusammen mit den Schulden aus anderen Schatten- oder Nebenhaushalten (vgl. Übersicht) sollen sie bis 1994 in das Budget von Bund und Ländern überführt werden. Dann wird das, was bislang offiziell als Staatsverschuldung ausgewiesen ist, sich aufblähen und die neue Größe auch optisch vom tatsächlichen Umfang dieser Belastung künden. Die Reaktionen in der internationalen Finanzwelt und insbesondere bei den in der »G 7« zusammengeschlossenen Ländern bleibt abzuwarten.

Die ersten sechs der fünfzehn Treuhandniederlassungen werden im Herbst 1992 bereits die operative Geschäftstätigkeit beenden, also die Übertragung ihnen anvertrauter Unternehmen an neue Eigentümer. Für sechs ist 1993 und die restlichen drei 1994 das Ende vorgesehen. Sie alle sollen danach zu Geschäftsstellen abgestuft werden mit einem um etwa ein Drittel bis zur Hälfte reduzierten Personalbestand und vorwiegend verwaltungs- und kontrollbetonten Aufgaben. Dazu zählen z. B. die Verwertung von Immobilien, die Behandlung der von den Kommunen beantragten Eigentumsübertragungen, die Überwachung der mit den privaten Investoren abgeschlossenen Verträge, also das sogenannte Controlling. Das anvi-

Öffentliche Verschuldung der BRD (in Mrd. Mark)

	Ende 1982 (nur alte Bundes-republik)	Ende 1991 (Vereinigtes Deutsch-land)	Ende 1995 (Vereinigtes Deutsch-land)
Bund	308	601	745
alte Länder	187	345	410
Gemeinden West	97	119	130
neue Länder	–	7	110
Gemeinden Ost	–	10	55
Bahn und Post	77	140	265
ERP	5	18	45
Fonds deutsche Einheit	–	50	65
Kreditabwicklungsfonds	–	30	110
Treuhandanstalt	–	25	160
Altschulden der Treuhandanstalt	–	70	70
Altschulden DDR-Wohnungssektor	–	43	60
Öffentliche Verschuldung insgesamt	675	1 458	2 255
Zinsausgaben insgesamt pro Jahr	50	103	170
Öffentl. Verschuldung pro Einwohner in DM	10 950	18 340	28 400
Öffentl. Zinsausgaben pro Einwohner in DM	818	1 296	2 170

Quelle: Bundesfinanzministerium

sierte Aufgabenspektrum reicht bis zur Bearbeitung späterer Rentenansprüche der Treuhänder.

Auch in der Berliner Zentrale zeichneten sich die ersten Einschnitte ab. Branchendirektorate schrumpften, ganze Bereiche fielen nach und nach weg. Andere hingegen begannen sich für eine lange Zeit einzurichten, so die, die mit der Unternehmensabwicklung, der Reprivatisierung, der Kommunalisierung, dem Liegenschaftsdienst und dem Vertragscontrolling befaßt sind. Das Headquarter will in den gleichen Proportionen abspecken wie die Außenposten. Bis zum Frühjahr 1994 soll in der Anstalt ein Personalsockel von rund 2500 erreicht sein.

Ich erwähne diese Fakten erstens, weil sie zur Genesis der Treuhand, ihrem Werden und Vergehen gehören. Zweitens aber kommen abgewickelte Ossis wie ich oder wegen Personalabbaus in den verschiedensten Bereichen der Gesellschaft Gekündigte aus dem Staunen über das behutsame Personalmanagement der Privatisierungsbehörde kaum heraus. Wieviel Fürsorge und Mitgefühl doch selbst in Umbruchzeiten möglich sein können! Da drückt die Präsidentin der Belegschaft des Hauses in einem Brief vom 14. Juli 1992 ihr Verständnis dafür aus, daß das sich Überflüssigmachen der Behörde für viele Mitarbeiter belastend sei, weil es ihre Lebensplanung berühre und unsicher mache. Sie verspricht intensive Unterstützung, wenn die Führungskräfte und der Führungsnachwuchs aus den alten Bundesländern die Chance nutzen werden, nach dem »Härtetest Treuhandanstalt« in allen Teilen Deutschlands, aber auch in den osteuropäischen Ländern neue, ihrer Qualifikation angemessene Aufgaben zu suchen, so z. B. in ostdeutschen Unternehmen, internationalen Organisationen, der Treuhand Osteuropa-Beratungsgesellschaft. Mitarbeiter aus den neuen Bundesländern, die vom Abschluß der Privatisierung betroffen sind, wird die Behörde vorrangig für ihre verbleibenden und zum Teil wachsenden Bereiche berücksichtigen oder auch ihnen behilflich sein, wenn sie sich nach anderen Aufgaben umsehen wollen. Was mag in den Millionen freigesetzter Menschen vorgehen, wenn sie diese wohlwollende Vorsorge für ein paar Hundert Betroffener mit der Kaltschnäuzigkeit und Gleichgültigkeit vergleichen, die vielen von ihnen widerfahren ist. Der Bruch in ihrer Lebensplanung hat niemand gekümmert.

Ich plädiere nicht für einen weniger behutsamen Umgang mit den Treuhändern. Aber den für sich selbst gesetzten Maßstab darf die Anstalt den Menschen in ihren Unternehmen nicht versagen. Ihre Obhutspflicht muß mehr umfassen als die Finanzierung des Sozialplanes für zu entlassende Betriebsangehörige. Die Wunden, die vielen nach jahrzehntelanger Arbeit durch das Ausscheiden aus ihrem Betrieb zugefügt werden, sind tiefer, als daß sie mit einer Geldsumme geheilt werden könnten. Sie ist überdies in der Regel bei weitem geringer als ein einziges Monatsgehalt eines Treuhandfrischlings.

Ich kann mir kaum vorstellen, daß dies in der Treuhand-Chefetage nicht auch so gesehen wird. Frau Breuel zumindest schreibt in dem schon erwähnten Brief: »Viele Menschen sehen und verstehen die objektiven Probleme, die eine Lösung der wirtschaftlichen Probleme bestimmen. Was viele aber fast verbittern und verzweifeln läßt, ist die technokratische Kälte, mit der sich oft der wirtschaftliche und gesellschaftliche Wandel vollzieht. Ich kann dies gut verstehen, weil uns unsere tägliche Arbeit genügend Beispiele dafür liefert. Ich habe deshalb die herzliche Bitte an alle diejenigen von Ihnen, die hier Einfluß nehmen können: Bemühen Sie sich durch Informationen, Erklärungen und insgesamt durch ihr persönliches Verhalten, sich gegen solche Tendenzen zu stemmen, innerhalb der Treuhand selbst und außerhalb.«

Nun, das ist ein löblicher Appell, aber unverständlich nachsichtig. Ob er in der noch bevorstehenden und sich zuspitzenden Lage etwas bewirken kann? Wäre es nicht angebracht, Geschäftsführer von Treuhandunternehmen ebenso wie zuständige Treuhänder bei ungebührlichem, herzlosem, unflätigem und egoistischem Verhalten zu Belegschaftsangehörigen einfach mal zu feuern? Das wäre für mich ein überzeugenderer Grund als allein die sogenannte »Altlastigkeit«. Ich habe schluchzende Frauen gesehen und Männer mit erstickter Stimme gehört, als sie berichteten, wie nach einem halben oder auch ganzen Arbeitsleben ihr Abschied aus dem Betrieb aussah! Der Pförtner war oft der einzige, der adieu gesagt hat.

Natürlich hat »Feuern« auch nur hier und dort mal eine Ventilfunktion und löst das eigentliche Problem nicht. Es trifft selbstverständlich zu, daß dem einzelnen Treuhänder persönlich keine Schuld am notwendigen Beschäftigtenabbau in »seinen« Unternehmen zukommt. Er hilft allerdings auch niemand mit dem Hinweis darauf, er müsse die Trümmer von vierzigjähriger Mißwirtschaft wegräumen.

Die Treuhand als Eigentümerin ist viel näher an den Nöten und Sorgen der Menschen in den neuen Ländern als Bundesregierung, Unternehmerverbände und mancher Parlamentarier. Daher können die Ostdeutschen von ihr zu Recht eine nachdrückliche Interessenvertretung bei den politisch Verantwortlichen erwarten.

Schilt den Spiegel nicht . . .

»Die Treuhand gleicht einem Pianisten, der nach Noten spielt, die er nicht selbst geschrieben hat.« Das waren die Worte von Hans Apel, mit denen er in einer Fernseh-Talkshow seine Ansicht über die Behörde auf den Punkt brachte. Der SPD-Finanz- und spätere Verteidigungsminister in der Bundesregierung unter Helmut Schmidt sah in der Anstalt also vorrangig ein Organ, das andernorts gefaßte, politisch motivierte Beschlüsse folgsam ausführt.

Ich finde dieses Bild nicht unpassend. Dennoch scheint mir eine Replik angebracht: Ein renommierter Klavierspieler läßt seinen guten Namen nicht über längere Zeit durch schlechte Noten in Mißkredit bringen. Er reklamiert die Partitur oder wechselt den Komponisten. Eine miserable Kritik bleibt sonst an ihm hängen und beschädigt sein Image. Das mag Birgit Breuel bewogen haben, im Sommer 1992 – also zwei Jahre nach Inkrafttreten des Treuhandgesetzes – einigen »Notenschreibern« ein paar Verse ins Stammbuch einzutragen.

Ich empfand jedenfalls manchen Akzent ihres Pressegesprächs am 29. Juni 1992 – nicht ausdrücklich zwar – aber immerhin doch wohl als an die Bundesregierung und die Unternehmerverbände gerichtet. Sie sagte u. a.: »Die Treuhand hat in diesen zwei Jahren einen großen Lernprozeß durchgemacht. Wir haben auch Fehler gemacht bei den mehr als 50 000 Entscheidungen, die bisher zu treffen waren. Viele haben allerdings auch Verantwortung bei der

Treuhand abgeladen, die man nicht selbst tragen wollte. ... Ostdeutschland braucht diese Unternehmen (im Maschinenbau und in der Elektrotechnik – C. L.), hier ist der industrielle Kern der neuen Länder. Hier liegt eine starke Verantwortung der Treuhand für die neuen Länder... Die Treuhand muß gerade von den Wettbewerbern aus dem Westen erwarten, daß sie den ostdeutschen Unternehmen Luft zum Atmen lassen. ... Die Unternehmen in Ostdeutschland brauchen eine Chance, sich regenerieren zu können. Die Voraussetzungen sind da, die Mitarbeiter ungemein motiviert und gut ausgebildet. Wenn es nicht zu einer Partnerschaft kommt, dann schadet dies allen, auch den Unternehmen in Westdeutschland. ... Die wirtschaftliche Einigung muß faire Chancen auch für die ostdeutschen Unternehmen sichern. ... Jetzt kommt es darauf an, daß die westdeutsche Industrie nicht übermütig wird und mit Sensibilität und Anstand die ostdeutschen Unternehmen in den Kreis der sozialen Marktwirtschaft aufnimmt. Und dazu gehören keine Bekenntnisse, sondern handfeste Marktanteile.«

Klang das nicht fast schon nach einem Hilferuf? Sah die Treuhand sich bereits allein im Regen stehen, anschwellenden Protestfluten von Betriebsräten und Belegschaften ausgesetzt? Eine extrem verschlechterte Auftragslage, insbesondere in der Investitionsgüterindustrie, die anhaltend ungünstige Zahlungssituation früherer Kunden in der GUS ließen für Herbst und Winter 1992, wohl auch noch für das Frühjahr 1993, weitere Produktionseinbrüche mit starken Verlusten in den Treuhandunternehmen befürchten. Nochmalige Massenentlassungen wären die Folge, wenn es nach rein unternehmerischem Kalkül ginge.

Sah man es in der Behörde inzwischen so kommen, wie von Helmut Schmidt prognostiziert, »daß man am Ende Frau Breuel für alles verantwortlich machen wird, was schiefgeht. Die Bundesregierung wird in absehbarer Zeit sagen: ›Das waren doch nicht wir. Das war die Treuhandanstalt.‹ ... Dabei ist die Aufgabe für Frau Breuel, so wie die Treuhand konstruiert ist, unlösbar. Das dauert leider nur noch eine Weile, bevor die das in Bonn begreifen.«[30]

Also würde es auch hier nach der Volksweisheit gehen: »Der Erfolg hat viele Väter. Der Mißerfolg ist eine Waise«!? Mir kam allerdings noch ein anderes Sprichwort in den Sinn, als ich über die Ursachen des überwiegend negativen bis katastrophalen Erscheinungsbildes der Treuhand in der Öffentlichkeit nachdachte: »Schilt den Spiegel nicht, wenn schief dein Gesicht«, heißt es.

Sagte eines Tages meine gesprächige und am Zeitgeschehen überaus interessierte Friseuse: »Wissen Sie, am liebsten würde ich mal Frau Breuel schreiben.« Auf meine Frage nach dem Grund: »Ich möchte ihr mitteilen, daß mir imponiert, wie sie vielen Männern was vormacht. Auch glaube ich schon, daß sie in ihrem großen Laden nicht in jede Ecke schauen kann, daß sie gar nicht alles weiß, was dort passiert. Aber ich finde, sie sollte gegen Spekulanten, neue Seilschaften, korrupte Geschäftemacher, Strohmänner, Selbstbediener und andere Ganoven endlich mit dem eisernen Besen vorgehen. Und überhaupt müßte alles viel durchschaubarer sein und weniger geheimnisvoll. Ich möchte schon erfahren, warum mancher, der hier etwas kauft, nur eine Mark bezahlen muß oder noch was dazubekommt.«

Das war also das Statement von jemand, der persönlich gar keinen Nachteil durch die Treuhand gehabt hatte. Da sprach auch keine DDR-Nostalgikerin, keine Ewiggestrige. Sie brachte ganz einfach den gesunden Menschenverstand auf den Punkt. Es überwog das Gefühl, daß eine riesige Schar von Glücksrittern kraft finanziellen Vorsprungs, vorwiegend aber mit Tricks, Kniffen und Kenntnis von Gesetzeslücken, in Überrumpelungsmanier auch, schäbig Leichenfledderei betreibt, und das noch unter den Augen der Treuhand.

In der Tat war öffentlich viel zuwenig die Rede davon, wie die Behörde gegen Betrüger und Bankrotteure vorging und wer für den eingetretenen Schaden aufkam. Auch mußte es bestenfalls wie Geheimniskrämerei anmuten, wenn über Gehälter, Aufsichtsratstantiemen und andere Geldwertvorteile von Treuhändern der Mantel des Schweigens gehüllt wurde. Es war doch eine Bundesbehörde, die zudem noch öffentliches Eigentum verwaltet. Konnte da die ostdeutsche Öffentlichkeit nicht mehr Transparenz erwarten?

Im Mai 1992 drangen dann zwei Dinge durch, die wohl zu Recht für Empörung sorgten und selbst das Bundesfinanzministerium erregten. Bekannt wurde die betriebliche Altersversorgung, die die

Anstalt ihren rund 380 Führungskräften gewährt. Auffallend, daß sie – entsprechend einer Stellungnahme des Bundesrechnungshofes an den Unterausschuß Treuhandanstalt des Bundestages – in »wesentlichen Merkmalen über das in der Wirtschaft übliche Maß hinausgeht« und das »im allgemeinen als günstig erachtete Versorgungssystem des öffentlichen Dienstes strukturell übertrifft«.[31] Vor dem Hintergrund der relativ hohen Gehälter der Manager sei das unangemessen. Der Rechnungshof behielt sich vor, die gesamte Lohn- und Gehaltsstruktur der Behörde zu überprüfen.

Der Stein des Anstoßes war, daß die Anstalt ihren Führungskräften bereits nach einer Dienstzeit von einem Jahr die Unverfallbarkeit der Treuhand-Altersrente zusicherte. Die Behörde war davon ausgegangen, die durchschnittliche Betriebszugehörigkeit der meisten Führungskräfte werde zwei bis drei Jahre nicht überschreiten. Damit war nach Ansicht des Rechnungshofes die Wartezeit für die Unverfallbarkeit der betreffenden Ansprüche wesentlich geringer als im Betriebsrentengesetz oder in den Versorgungssystemen des öffentlichen Dienstes. Welche Goldgrube also!

Massive Kritik löste zur gleichen Zeit ein von der Behörde geplantes Bonussystem aus. Spitzenmanager sollten danach Gehaltszuschläge bis zu 25 Prozent der festen Bezüge erhalten. Nur so ließen sie sich dazu anspornen, hieß es, ihre Privatisierungsarbeit »schneller und effektiver« zu erledigen als bisher. 13,2 Millionen DM und damit 4,3 Prozent der Treuhandpersonalkosten waren dafür vorgesehen. Ein Abteilungsleiter könnte danach im Jahr rund 44 000 DM, ein Direktor etwa 61 000 DM zusätzlich kassieren.

Muß das als Rechtfertigung für vergleichsweise üppige Einkommen und traumhafte Rentenansprüche dienende Argument des selten pünktlichen Feierabends und der nervenaufreibenden Tätigkeit der Treuhänder nicht vielen Leitern ehemaliger volkseigener Betriebe wie Hohn klingen? Unter Hinweis auf frühere »Privilegien« werden die betagteren unter ihnen mit Durchschnittsrenten »bestraft«. So schrieb der frühere Chef der Zemag, eines 2300-Mann-Betriebes des Schwermaschinenbaus aus Zeitz am 26. Juli 1992 in einem Brief: »Die fast zwanzig Jahre Betriebsdirektoren-Tätigkeit bei der Zemag brachten für mich – bis zum Ausscheiden unverändert – 1850,–

Mark netto monatlich bei 60 bis 70 Stunden pro Woche. In der Zeit von 1968, dem ersten Jahr meines Einsatzes, bis 1986, meinem Ausscheiden aus dem Betrieb, stieg das Lohnniveau für Arbeiter und Angestellte in der Zemag auf 170 Prozent.« Sind solche Fakten eigentlich denen wirklich bekannt, die pausenlos das Wort von den »Bonzen« im Munde führen und alle, die in der früheren DDR Verantwortung getragen haben, glatt über einen Kamm scheren? Ist dieser primitive Dualismus von Gut und Böse nicht unerträglich, einem Rechtsstaat unangemessen?

Ganz sicher ist bei manchem öffentlichen Urteil über die Treuhand auch ein Informationsdefizit vieler Ostdeutscher im Spiel. Woher sollen sie denn wissen, nach welchen Kriterien sich der Verkaufspreis eines Unternehmens bestimmt, wie Arbeitsplatzzusagen oder Übernahme von Umweltlasten durch den Käufer darauf wirken? Hier hat es einen Markt für Unternehmen nicht gegeben. Daß Veräußerungen für eine symbolische Mark international keine Sensation sind, sondern unter bestimmten Umständen als normal gelten, wer hat ihnen das versucht plausibel zu machen? Üblich sind sie z. B. dann, wenn der Käufer ein Objekt mit erheblichen Umweltschäden übernimmt und für deren Beseitigung aufzukommen bereit ist, investiert und Arbeitsplätze erhält oder schafft. Weltweit kommen solche Fälle immer mal vor. In der Ex-DDR treten sie gehäuft auf. Deshalb erregen sie verständlicherweise die Gemüter. Wenn dazu noch bekannt wird, daß für 1 DM erworbene Immobilien bei Kreditaufnahmen als Beleihungsobjekte dienen und für ganz andere als die vorgesehenen Zwecke genutzt oder gar zu Verkehrswerten weiterverkauft werden, hat das mit internationalen Gepflogenheiten nichts mehr zu tun. Dann ist das kriminell. Kein Wunder, daß der Treugeber, die Bevölkerung der früheren DDR, sich hintergangen, vom Treuhänder nicht sorgfältig vertreten fühlt.

Mißtrauen gegenüber der Treuhand läßt sich also nur zum geringen Teil mit Informationsnachholebedarf erklären. Die massenhafte Privatisierung hat zu spektakulären Deals geführt, die dem Argwohn ständig neue Nahrung geben. Besonders makaber, wenn Politiker daran beteiligt sind. So mußte im Oktober 1991 der Vorsitzende des Treuhand-Bundestags-Unterausschusses, Christian Neuling, zurücktreten. Er wollte mit der Treuhandfirma Minol dubiose Grundstücksgeschäfte machen, die seiner Firma 17 Millionen Mark eingebracht hätten. Doch der Kuhhandel flog auf.

Rette sich, wer kann

Was mochte Mitte 1992 den sich andeutenden Sinneswandel bei der Treuhand bewirkt haben? Hätte man eine Strichliste über das aus der Behörde dringende Vokabular geführt – »Sanieren« wäre kaum mehr seltener vorgekommen als »Privatisieren«. Vom Erhalt des Erhaltenswerten war die Rede, von größeren Chancen Ostdeutscher beim Erwerb des verbliebenen Treuhandvermögens. Hätte die Anstalt sich vor eineinhalb Jahren in dieser Hinsicht stark gemacht – den Menschen in den neuen Bundesländern wäre vieles erspart geblieben, und sie selbst hätte einen anderen Nimbus.

Wo lagen die Gründe für die – wenn auch vage – Kurskorrektur? (Die Treuhand selbst allerdings vermied lange einen solchen Zungenschlag.) War es Einsicht in die Realitäten, hatte endlich der Verstand gesiegt? Kapitulierte die Behörde vor der Diktatur der Rezession, die die ohnehin schwierigen Rahmenbedingungen für die Privatisierung weiter verschärft? War es gut ein Jahr nach Rohwedders heimtückischer Ermordung das Sichbesinnen auf sein Credo, seinen geistigen Nachlaß? Hatte die Furcht vor einem politisch heißen Herbst, vor Aktionen der Komitees für Gerechtigkeit, Protesten von Betriebsräten und ganzen Belegschaften Pate gestanden und prophylaktisch zum Kleinbeigeben veranlaßt? Oder gab es tatsächlich Macht- und Flügelkämpfe an der Spitze der Treuhand, wie manche Medien munkelten? Kam von der Bundesregierung gar heimlich ein Wink für Zugeständnisse?

Dank einer parlamentarischen Mehrheit hatte sie Versuche von SPD, PDS, Bündnis 90/Grüne im Bundestag, eine Änderung des Treuhandgesetzes zu erreichen, stets abblocken können. Zuletzt war das am 4. Juni 1992 geschehen. Alle drei Oppositionsparteien hatten entsprechende Gesetzesentwürfe eingebracht. Obwohl sich vieles in ihrem Korrekturverlangen glich – zu einem einheitlichen Oppositionspapier in dieser Schlüsselangelegenheit hatte es wieder mal nicht gereicht! Profilierungssucht und Abgrenzungsmanie sind offenbar nach wie vor wichtiger als das gelegentliche Zusammenstehen im Interesse eines Erfolgs für die Menschen.

Von gewissen Nuancen abgesehen, forderten alle drei Entwürfe Vorfahrt für die Sanierung, um den industriellen Kahlschlag zu stoppen und Arbeitsplätze zu erhalten, Gründung von Sanierungsgesellschaften verschiedenster Art bis zu Industrieholdings, soziale Verträglichkeit bei unvermeidbarem Stellenabbau, bevorzugter Verkauf von Unternehmensteilen an interessierte Beschäftigte, Überführung von Treuhandvermögen in staatliches Beteiligungsvermögen als eine Option. Übrigens plädierten auch nicht wenige Christdemokraten unter den ostdeutschen Parlamentariern für solcherart Gesetzeskorrekturen.

Vergleicht man diese Forderungen mit den Schwerpunkten, die die Treuhand neuerdings setzt, verstärkt sich die Vermutung einer politischen Regie. Die Inventur der Behörde zum 30. Juli 1992 hatte ergeben, daß 4340 Unternehmen aller Größenklassen noch in ihrer Obhut waren. Etwa 180 davon hatten mehr als 1000 Beschäftigte, 220 zwischen 501 und 1000 und annähernd 500 Unternehmen zwischen 251 und 500 Mitarbeitern. Der überwiegende Teil der Unternehmen wies typisch mittelständische Strukturen mit einem geringeren Personalbestand auf. Warum die Treuhand plötzlich ihr Herz für die »Eingeborenen« entdeckte, ob sie aus der (Käufer-)Not eine (Sanierungs-)Tugend machte oder ob es andere Motive gab, darüber läßt sich – wie gesagt – nur spekulieren.

Auffällig war erstens die »Initiative Mittelstand«. Sie zielte darauf, vor allem das unternehmerische Engagement ostdeutscher Bürger zu fördern. Dazu konnte der für viele oft unerschwingliche Kaufpreis gestundet, Grund und Boden zunächst auch nur gepachtet werden. Die Wertermittlung eines Unternehmens sollte durch den Einsatz unabhängiger Wirtschaftsprüfer in einem vereinfachten Verfahren erfolgen. Gedacht war daran, daß das beste Kaufpreisgebot, also das mit dem perspektivreichsten Unternehmenskonzept, den Zuschlag erhält, nicht das höchste. Die Anstalt öffnete sämtliche Schleusen für eine wahre Informationsflut. In allen ostdeutschen Tageszeitungen wurden Angebote für Mittelstandsgrundstücke publiziert. Öffentliche Beratungen zu Management-Buyout und Mitarbeiterkapitalbeteiligung fanden statt. Von einer solchen Veranstaltung, die ich im Juni 1992 in Berlin besuchte, wird in diesem Buch die Rede sein, wenn ich die Frage stelle »Warum treibt die Hefe nicht?«.

Zweitens rang sich die Treuhand nach langem Hin und Her und kerniger Polemik zu den längst von wissenschaftlichen Instituten, den Oppositionsparteien und Gewerkschaften geforderten Holdings als Sanierungsinstrument durch. In ihrem Sprachgebrauch hießen sie »Management Kommanditgesellschaften« (KG). Eine Kommanditgesellschaft ist eine Personengesellschaft. Sie besteht aus mindestens einem Komplementär und mindestens einem Kommanditisten. In unserem Fall fungiert die Treuhand als Kommanditist, der weiterhin 100 Prozent der Anteile der an die Gesellschaft übertragenen Unternehmen hält. Der Komplementär ist eine sogenannte Management KG, deren Geschäftsführer und zugleich Mehrheitsgesellschafter durch Sanierungs-Know-how ausgewiesene Manager sind. Minderheitsgesellschafter ist die Treuhand.

In den Bestand (auch Portfolio genannt) einer Management KG – so Treuhandvize Hero Brahms während eines Pressegesprächs am 7. Mai 1992 – werden solche Unternehmen eingebracht, für die kurzfristig keine vertretbaren Privatisierungsmöglichkeiten bestehen und die bei gegebener Sanierungsfähigkeit als »schwierige Sanierungsfälle« gelten. Gedacht ist vor allem an Unternehmen ab 400 bis 500 Beschäftigte. Sie werden über einen mehrjährigen Zeitraum von einem sanierungserfahrenen Top-Manager und der Treuhand »begleitet«, für Investoren »aufgepäppelt«. Zusammengefaßt werden jeweils zehn bis fünfzehn solcher Firmen verschiedenster Branchen mit insgesamt etwa 10 000 bis 15 000 Arbeitnehmern. Um als stellvertretender Chef der Privatisierungsbehörde das Gesicht zu wahren, fügte Brahms sogleich hinzu, die Aufnahme in eine solche Gesellschaft sei für das betreffende Unternehmen keine Bestandsgarantie und mit Interessenten könnten jederzeit Verkaufsgespräche geführt werden.

Die ersten beiden Sanierungs-Gesellschaften wurden Anfang Mai 1992 gegründet: die Horst W. Urban Management KG und die

Portfolio der Horst Plaschna Management KG

Portfolio	Unternehmen	Ort	Schwerpunkte der Produktpalette
1	Keulahütte Krauschwitz GmbH	Krauschwitz	Formteile, Armaturen
1	zirkon Druckmaschinen GmbH Leipzig	Leipzig	Druckmaschinen
1	Abus Getriebe GmbH Dessau	Dessau	Schiffsgetriebe, Tagebauausrüstungen, Zementanlagen, Gußtechnik
1	Getriebewerke Leipzig GmbH	Leipzig	Planetengetriebe
1	Altenburger Industrienähmaschinen GmbH	Altenburg	Industrienähmaschinen
1	Pactec GmbH	Dresden	Verpackungsmaschinen für Nahrungs- und Genußmittel
1	VEM-Antriebstechnik AG, Dresden	Dresden	Elektromaschinen, Elektromotoren
1	Freiberger Elektronik Werkstoffe GmbH	Freiberg	Siliziumscheiben, Siliziumwafer
1	Neubrandenburger Verkehrs-AG	Neubrandenburg	Kraftverkehrsleistungen im Gütertransport
1	Lautex GmbH Neugersdorf	Neugersdorf	Herstellung, Bearbeitung und Vertrieb von Garnen und Geweben, Konfektionserzeugnisse

Die angeführten Gesellschaften beschäftigen im Januar 1992 ca. 15 500 Mitarbeiter und hatten 1991 einen Umsatz von ca. 900 Mio. DM.

Portfolio der Horst W. Urban Management KG

Portfolio	Unternehmen	Ort	Schwerpunkte der Produktpalette
2	Saxonia AG, Freiberg	Freiberg	Blei und Bleilegierungen, Edelmetalle
2	Maschinenbau Halberstadt GmbH	Halberstadt	Viertaktschiffsdieselmotoren, Großkolbenkompressoren
2	Industriebau Ost GmbH	Eisenhüttenstadt	Hoch-, Tief- und Ingenieurbau
2	Schwedter Bau GmbH	Schwedt	Hoch-, Tief-, Spezial- und Ingenieurbau
2	Apparate- und Anlagenbau GmbH	Chemnitz	Kolonnen und Behälter, Druck und Spezialapparate für Chemische Industrie
2	Chemieanlagenbau Staßfurt AG	Staßfurt	Sodateilanlagen, Kaliausrüstungen, Verdampfer, Wärmeübertrager
2	K.A.B. Kraftwerks- und Anlagen AG	Berlin	KKW-Modernisierung, Stillegung und Kraftwerke (Braunkohle)
2	K.A.B. GmbH	Berlin	Energie- und Kraftwerksengineering, Anlagenkoordinierung
2	Maschinen- und Anlagenbau GmbH	Grimma	Anlagen f. Erdöl, Vakuumdestillation, Standard- u. Spezialapp. für Chem. Industrie
2	Ingenieurbetrieb Anlagenbau GmbH	Leipzig	Projektabwicklung, Engineering-Planung für Chemische Industrie
2	Schwermaschinenbau AG Wildau	Wildau	Walzwerkausrüstungen (auch Ersatzteile), Großkurbelwellen

Die angeführten Gesellschaften beschäftigten im Januar 1992 ca. 12 000 Mitarbeiter und hatten 1991 einen Umsatz von 1900 Mio. DM.

Horst Plaschna Management KG. Die Portfolios beider Gesellschaften umfassen Firmen, die kaum etwas Gemeinsames haben (vgl. Übersichten). Da erstreckt sich das Imperium über verschiedenste Branchen und alle neuen Bundesländer. Erinnerungen an die DDR-Dinosaurier kommen auf, ja, deren Mix wird noch übertroffen.

Kann das Argument überzeugen, weshalb man keine reinen Branchenportfolios, z.B. für die Werkzeugmaschinenbetriebe, bilden wollte? Aus Furcht, große homogene wirtschaftliche Einheiten zu schmieden, die zwar überlebensfähig und sanierbar, eventuell aber nicht als Ganzes privatisierbar seien und so unabsehbar lange Staatsfirmen bleiben? Mögen hier nicht eher Wettbewerber aus den alten Bundesländern ein Veto eingelegt haben, die angesichts des bevorstehenden gemeinsamen EG-Binnenmarktes keine zusätzliche lästige Konkurrenz wünschen? Zumal eine, die die kostensenkenden Effekte der Serienfertigung nutzen könnte? Der Hinweis, Sanierungs-Know-how sei branchenunabhängig, ist zwar richtig, aber als Rechtfertigung für ein Firmensammelsurium keineswegs ausreichend. Bei den Management KG von vornherein nur an die Schaffung mittelständischer Strukturen über Einzelprivatisierung zu denken, halte ich für einen zu engen Horizont.

Wenngleich vorgenannte Gesellschaften in gewisser Weise eine neue Qualität der Sanierungsbereitschaft der Treuhand andeuten, kann sie es dabei nicht bewenden lassen. Sollen die Industriebrachen nicht noch größer, die Wurzeln des produzierenden Gewerbes erhalten werden, dann geht es um ein breit gefächertes Rettungsprogramm. Bestandteile müßten u.a. sein

- die Bildung branchenorientierter Sanierungseinheiten mit dem Ziel, sie zu überlebensfähigen, im internationalen Wettbewerb resistenten Marktteilnehmern zu entwickeln,
- die Gründung von Investmentgesellschaften, die auch interessierten Bürgern aus den neuen Ländern ermöglichen, sich an den betreffenden Unternehmen zu beteiligen,
- Überführung von Treuhandvermögen in Bundes- oder Landeseigentum bzw. in eine Staatsbeteiligung,
- Begleitung der noch als Großbetriebe existierenden industriellen

Kerne des Maschinenbaus insbesondere durch Hilfe bei der Auftragsbeschaffung,
- Vorbereitung von sanierten Unternehmen zur Privatisierung über Aktienmärkte.

Um diese Aufgaben zu finanzieren, sollte ein Fonds zur Sanierung von Treuhandunternehmen geschaffen werden. Als Quellen könnten eine zinslose Investitionsanleihe bei Banken, Versicherungen und Handelsketten als den Hauptgewinnern der Einheit, aber auch privates Risikokapital in Frage kommen.

Der Gesetzgeber hat sich nicht zur Änderung des Treuhandauftrages entschließen können. Das Leben hat ihn korrigiert. Zu groß sind die Gefahren, die ökonomischen Kreisläufe in Ostdeutschland könnten vollends zusammenbrechen, weitere Hunderttausende von Menschen sozial entwurzelt werden. So wird die Behörde in die Endphase ihrer Entwicklung treten. Für die noch nicht verkauften Unternehmen sind die faktischen Besitzverhältnisse zu ordnen. Die entstehende Eigentümerstruktur wird noch geraume Zeit vielgestaltig sein. Die Anstalt selbst wird 1994 eine neue Organisationsform erhalten oder in eine private Gesellschaft umgewandelt werden.

Keine andere im Bereich der Wirtschaft tätige deutsche Behörde hat je eine solche Konzentration ökonomischer Macht verkörpert, in das Leben von Millionen Menschen eingegriffen, so starke Erwartungen geweckt und öffentliche Schelte erhalten wie die Treuhand. Der gegen diese Institution gerichtete Volkszorn hat oft im Fehlverhalten einzelner Treuhänder, in ihrem arroganten Umgang mit Arbeitnehmern und Betriebsräten seine Ursache. Auch ungenügende Transparenz, lange Bearbeitungswege für Kaufanträge, häufig wechselnde Verantwortliche, Formalismus und ähnliche Gründe spielen eine Rolle.

Das eigentliche Dilemma dieser Behörde liegt aber nicht in menschlichem Versagen oder organisatorischen Schwächen, sondern in ihrer Konstruktion durch den Gesetzgeber. Die ihr in die Wiege gelegte Philosophie der raschen und flächendeckenden Privatisierung sowie die Ballung ihr übertragener Aufgaben verhinderten die bestmögliche Bewirtschaftung der noch im öffentlichen Eigentum befindlichen Unternehmen. Das Tempo der Privatisierung wurde zum alleinigen Maßstab für den Transformationserfolg. Sprüche wie: »Schnelligkeit geht vor Perfektion«, »Privatisierung ist die beste Form der Sanierung« standen für diesen Kurs. Durch Besitzwechsel allein entsteht jedoch noch keine Marktwirtschaft. Auch ein privater Eigentümer hat ohne Märkte keine Überlebenschance. Deshalb war das Umfunktionieren der Treuhand zu einer vorrangigen Privatisierungsbehörde ohne gleichzeitige flankierende Maßnahmen zur Gewährung eines zeitweiligen Marktschutzes für ostdeutsche Unternehmen, zur Abmilderung des Risikos der Nachfrage Ausdruck von Politikversagen. Der Weg in die Sackgasse nahm dort den Anfang.

Das Urteil, das einst die Geschichte über die Treuhand als eine in der Welt beispiellose Behörde fällt, wird sich nicht danach richten, wie rasch ihr die *ordnungspolitische* Konversion der ostdeutschen Wirtschaft, also die Übertragung des Wirtschaftssystems der BRD auf das früher staatswirtschaftlich verfaßte Beitrittsgebiet gelang. Ob ihr Image das einer »Plattmacherin« und »Sterbehelferin« bleibt oder ob man sich an sie als Weichenstellerin für eine effiziente, in den Wirtschaftskörper Deutschlands integrierte Ökonomie der neuen Bundesländer erinnern wird, hängt davon ab, was die Treuhänder *realwirtschaftlich* hinterlassen, wie sie den Boden für einen sich selbst tragenden ökonomischen Aufschwung in den neuen Bundesländern bereiten. Nur wenn die erwerbsfähige Bevölkerung die Chance hat, ihr Einkommen durch eigene Leistung zu bestimmen, wird sie sich von der Vorteilhaftigkeit einer Wettbewerbswirtschaft überzeugen. Daher sind Erhalt und Neuschaffung konkurrenzfähiger Arbeitsplätze das eigentliche Kriterium für das Gelingen der Transformation.

B E F U N D E

Erbmasse

Imponiergehabe

»Die Trümmer von 40 Jahren Sozialismus können wir doch nicht in wenigen Monaten wegräumen!« Mit diesen oder ähnlichen Worten reagierten Treuhänder aus den alten Bundesländern häufig verwundert, bisweilen enttäuscht auf die Kahlschlagsvorwürfe von Betriebsbelegschaften, die wegen der Privatisierung um ihren Arbeitsplatz bangten oder ihn bereits verloren hatten und das prophezeite Licht am Ende des Tunnels nicht zu erkennen vermochten. Auch Politiker der Koalition pflegen den Zusammenbruch und den schleppenden Wiederaufbau der Wirtschaft in den neuen Bundesländern damit zu begründen, daß hier die »Hinterlassenschaft der Plan-Mißwirtschaft« zutage trete.

Einer solchen unausgewogenen Sicht steht eine andere, ebenso einseitige gegenüber. Noch immer wirkt in den Köpfen vieler gutgläubiger, ehrlicher Menschen in Ost, aber auch in West das verzerrte Bild nach, das über Jahrzehnte hinweg von der Leistungsfähigkeit der DDR-Wirtschaft und ihrem internationalen Rang gemalt und verbreitet worden ist. Tief sitzt das Wissen darum, daß die DDR im Rahmen des Rates für Gegenseitige Wirtschaftshilfe (RGW) auf vielen Gebieten ökonomisch und auch wissenschaftlich-technisch Favorit war und ihren westlichen Haupthandels- und Kooperationspartner seit Jahrzehnten in der BRD, also einem der leistungsfähigsten Länder der Welt, hatte.

Wie sollte da nicht Respekt, ja gar Stolz wachsen? Wie sollten die mitunter entmutigenden Erfahrungen des einzelnen in seinem begrenzten Erlebnisfeld sich nicht an einem solchen Gesamtresultat relativieren? Wem will man verübeln, wenn er rat- und verständnislos, gereizt und empört die Verkaufspraktiken der Privatisierungsbehörde verfolgt und Rechenschaft fordert, wieso das Volkseigentum plötzlich nichts mehr wert sein soll? Welchem als Verschleuderer von Vermögen, das ihm nicht gehört, an den Pranger gestellten Treuhänder kann man andererseits den Griff zu Schutzbehauptungen verdenken? Welcher Politiker gibt schon gern eigene Fehler und Irrtümer zu, solange er sich mit Legenden vom »Getäuschtwordensein« behelfen kann?

Psychologisch reagieren alle beteiligten Seiten erwartungsgemäß. Praktisch geholfen ist damit aber niemandem, am wenigsten den Ostdeutschen, die sich wie Figuren in einem politischen Schachspiel fühlen.

Anstatt den differenzierten Gegebenheiten der DDR-Wirtschaft Rechnung zu tragen, überzogene Urteile zu vermeiden, sensibel auf Befindlichkeiten der Bürger in den neuen Bundesländern zu reagieren und eine angemessene Aufklärung zu versuchen, fällt bezeichnenderweise auch mancher Intellektuelle aus der Ex-DDR in den Chor derer ein, die von einem »Schrotthaufen« sprechen. Ein Beispiel dafür liefern die Autoren der »Schlußbilanz – DDR«.[32] Jahrzehntelang selbst im Ökonomischen Forschungsinstitut der Staatlichen Plankommission oder in der Abteilung Planung und Finanzen des Zentralkomitees der SED tätig, haben sie den Wirtschaftsmechanismus ihres Landes theoretisch mit begründet, ausgestaltet und ihn öffentlich als »bewährt« propagiert. Noch als wir von der Hochschule im Frühjahr und Sommer 1989 unsere Studien mit Reformansätzen in den »Apparat« gaben, kann ich mich an Rückenwind und Ermutigung von dort nicht erinnern. Im Gegenteil: Man mahnte uns zu Vorsicht und Linientreue, zieh uns gar der Besserwisserei. Dabei verfügten wir gar nicht über den Fundus der als »Geheime Verschlußsache« deklarierten Informationen zur wirtschaftlichen Lage wie sie.

Nicht dem schonungslosen Bloßlegen von Schwachstellen durch Insider gilt meine Kritik, wenn es sich denn mit dem Eingeständnis mangelnder Courage zum rechten Zeitpunkt und früherer Beteiligung an der Desinformation der Menschen verbinden würde. Was ich vermisse, ist eine differenzierte Sicht. Ausgewogenheit hat nichts mit Verwaschenheit zu tun, eher doch wohl mit Sinn für Realitäten.

Trotz trauriger Hinterlassenschaft des Kommandosystems wird man der DDR-Wirtschaft nicht gerecht, wenn man sie als durchweg »marode« charakterisiert. Ein solch vernichtendes Urteil ist allzu durchsichtig. Damit läßt sich aber die fehlende Gestaltungskraft der

Koalitionspolitiker und ihres Trosses, ihr Versagen beim Zusammenschluß der beiden deutschen Staaten kaum verhüllen.

Zutreffend ist vielmehr, daß die DDR-Ökonomie inhomogen und in ihrer Dynamik blockiert war. Einem teilweise verrotteten Kapitalstock standen andernorts modernste Anlagen gegenüber. Das Innovationspotential war im internationalen Vergleich beachtlich. Die auf Autarkiestreben beruhenden Kombinatsstrukturen schränkten allerdings seine Wirksamkeit ein. Das Arbeitskräftereservoir war hinsichtlich Qualifikationsniveau, Lern- und Leistungsbereitschaft zumeist allererster Güte. Begrenzte Kreativitätsfreiräume, eingeengte Mobilität behinderten seine volle Entfaltungsmöglichkeit.

Was auf der Tagesordnung stand war also, Modernisierungs- und Wachstumsblockierungen zu lösen. Statt dessen suchte man nun nach Haaren in einer bereits versalzenen Suppe, nach Rechtfertigungsgründen für eine möglichst komplette »Entsorgung«. Dazu lieferte die frühere SED-Propaganda allerhand Anknüpfungspunkte, mit denen sie jahrzehntelang dem »Staatsvolk« etwas vorgegaukelt hatte. Die noch aus Ulbrichts Zeiten stammende Prestigethese, wonach die DDR dem absoluten Produktionsumfang nach Rang 10 unter den Industrienationen der Welt einnähme, hielt sich bis zum Sturz von Honecker. Sie wirkt zum Teil bis heute als geistige Barriere für das Verständnis des Geschehenen.

Nicht, daß sich für eine Reihe von Industrieerzeugnissen ein solcher Platz nicht hätte belegen lassen. Die internationalen Übersichten im Anhang des »Statistischen Jahrbuches der DDR« weisen für eine ausgewählte Produktpalette tatsächlich Spitzenpositionen des Landes aus. Das Problem war auch weniger, daß als Bezugsbasis die Industrienationen dienten und solche bevölkerungsreichen Entwicklungsländer wie China, Indien und Brasilien mit einem natürlich weitaus größeren Produktionsumfang außer Betracht blieben.

Die eigentliche »Schieflage« der genannten Aussage kam anders zustande: Wenn der internationale Produktionsvergleich bei einzelnen Erzeugnissen im Naturalausdruck, also in Tonnen, Kilogramm, Stück usw., möglich ist, so erfordert er für die Aggregation des Gesamtaufkommens eine Wertangabe. Und da verbergen sich zumindest zwei Pferdefüße. Die Mark der DDR war nicht konvertierbar. Daher hatte sie keine realen, sich am Markt herausbildenden Wechselkurse zum Dollar und zu den Währungen anderer Industrieländer. Das erschwerte internationale Bewertungen und machte Manipulationen möglich.

Hinzu kam, daß die respektablen jährlichen Zuwachsraten der Produktion zu einem Teil nicht Ausdruck vermehrten Güteraufkommens waren, sondern auf einem »Preiseffekt« beruhten. Vor allem Innovationen wurden häufig preislich überbewertet.

Selbst wenn man versucht, den Stolz der Partei- und Staatsoberen darauf nachzuempfinden, daß »ihr« kriegszerstörtes und spaltungsgeschädigtes Land zu einer wie auch immer definierten Länderspitzengruppe der Welt gehörte, auch wenn die DDR 1976 das Doppelte an Industrieerzeugnissen herstellte wie das ehemalige Deutsche Reich im Jahre 1936 – mit einem Viertel der damaligen Bevölkerungszahl –, so bleibt die Frage: Wem sollte auf die Dauer ein solches Imponiergehabe nützen? Wem hätte es geschadet, wer hätte Anstoß daran genommen, wenn die DDR statistisch etwas weiter hinten gelegen hätte? Haben etwa die Schweiz, Schweden, Luxemburg und andere Industrieländer international deswegen ein geringeres Ansehen oder eine verminderte Wettbewerbsfähigkeit, weil sie eine ungünstigere Platzziffer belegen? War der Aufwand, mit dem ein bestimmtes Produkt oder eine Maschine hergestellt werden konnte, nicht die wichtigere Kennziffer des Leistungsvermögens eines Landes als die produzierte Tonnen- bzw. Stückzahl? Vom Aufwand aber war öffentlich die Rede nicht.

Wie ich nach der Wende erfuhr, übergab die Staatliche Zentralverwaltung für Statistik Ende August 1989 an die Abteilung Planung und Finanzen im ZK der SED »Statistische Übersichten zur Charakterisierung der Stellung der DDR unter den führenden Industrienationen der Welt«. Dieses Papier räumte zwar nicht expressis verbis mit dem vorgenannten Slogan auf, aber wer lesen konnte, verstand. Es hieß dort, die DDR nehme, gemessen am Volumen des Nationaleinkommens, also des jährlichen Neuwertes – im weitesten Sinne dem Bruttosozialprodukt vergleichbar –, in der Rangfolge aller Länder der Welt gemeinsam mit Australien und Argentinien die 16. bis 18. Stelle ein. In Europa liege sie mit den Niederlanden auf den

Plätzen 9 bis 10. Je Einwohner erreiche die DDR beim Nationaleinkommen zusammen mit Japan und Belgien den 14. bis 16. Rang und innerhalb Europas gemeinsam mit Belgien Platz 8 bis 9.

Dieses respektable Ergebnis beim Nationaleinkommen - so hieß es - werde aber im Vergleich zu anderen entwickelten Ländern mit einem überdurchschnittlich hohen Einsatz an Arbeitskräften und Arbeitszeit erreicht. So seien 1987 in der DDR im produzierenden Bereich Arbeitskräfte in einem Umfang eingesetzt gewesen, der 71 Prozent der Bevölkerung im arbeitsfähigen Alter entsprach.[33] In den wichtigsten kapitalistischen Ländern betrage dieses Verhältnis - Japan mit 57 Prozent ausgenommen - zwischen 40 und 47 Prozent.

Verhältnis der im produzierenden Bereich der Volkswirtschaft eingesetzten Berufstätigen zur Bevölkerung im arbeitsfähigen Alter
(Bevölkerung im arbeitsfähigen Alter = 100)

	1970	1987
DDR	78	71
BRD	64	47
Frankreich	56	40
Großbritannien	59	45
Italien	51	42
Japan	61	57
Kanada	44	46
USA	45	45

Mit dem höheren Arbeitskräfteeinsatz und Arbeitszeitaufwand - so lautete der Schluß - kompensiere die DDR teilweise die Rückstände im Niveau der Arbeitsproduktivität. Von 7 in den Vergleich einbezogenen führenden kapitalistischen Industrieländern hätten 6 ein höheres Produktivitätsniveau als die DDR, darunter die USA, Frankreich, die BRD und Kanada in beträchtlichem Umfang. Das gegenwärtige Produktivitätsniveau der DDR entspreche dem Japans. Zwischen 1980 und 1988 habe sich der absolute Produktivitätsabstand der DDR erhöht.

Niveaurelation der volkswirtschaftlichen Arbeitsproduktivität 1987/88
(DDR = 100)

USA	155	Großbritannien	107
Frankreich	145	Italien	105
BRD	140	Japan	100
Kanada	135		

Auch das Produktivitätsniveau weiterer Industrieländer wie z. B. Schwedens, der Schweiz, Luxemburgs, Belgiens und der Niederlande liege über dem der DDR.

Diese Fakten bilden einerseits den Hintergrund für Äußerungen von Treuhändern, mit der Privatisierung würde die »verdeckte Arbeitslosigkeit« nun offen zutage treten. Andererseits scheinen sie im scharfen Kontrast zu den Erfahrungen der Arbeiter und Angestellten zu stehen, die zeitlebens in von Arbeitskräftemangel geprägten Bereichen und Betrieben tätig waren. Sie können mit der These von der verdeckten Arbeitslosigkeit nichts anfangen. Als ich einmal in einem Rundfunkinterview diesen Begriff verwandte, erhielt ich Briefe mit der erstaunten Frage, weshalb ich mich »Breuelschen Vokabulars« bediene. Offenbar hatte ich mich nicht präzise genug ausgedrückt. Entsprechend internationalen Vergleichsmaßstäben waren die DDR-Industrie und -Landwirtschaft tatsächlich »überbeschäftigt«, während z. B. Bauwesen, Handel, Dienstleistungswesen und Reparaturhandwerk an permanenter Unterbeschäftigung litten. Zum Erbe der Vergangenheit gehört also eine disproportionale Arbeitskräftestruktur.

Das Problem hat mehrere Dimensionen. Zunächst wird es in der Verteilung der Arbeitskräfte auf die drei großen Sektoren der Wirtschaft sichtbar. Während Ende der achtziger Jahre in der DDR noch knappe 11 Prozent der Arbeitskräfte im primären Sektor (Bergbau, Landwirtschaft) tätig waren, belief sich die entsprechende Größe in der BRD auf 5 Prozent. Im sekundären Sektor (verarbeitendes Gewerbe) lauteten die betreffenden Ziffern 50 bzw. 40 Prozent. Dabei hatte es gerade in diesem Bereich in der DDR über ca. 20 Jahre hinweg kaum merkliche Veränderungen gegeben. Auf den tertiären

Sektor schließlich (Dienstleistungswesen) entfielen in der DDR 38 und in der BRD knappe 55 Prozent der Gesamtbeschäftigten. In diesem für die Produktivitätsentwicklung bedeutsamen Bereich hatte es innerhalb von zwei Jahrzehnten in Westdeutschland einen Anstieg um 14, in Ostdeutschland hingegen nur um 3 Prozent gegeben.

Es bedurfte keiner Hellseherei, daß sich nach Bildung eines geschlossenen deutschen Wirtschaftskörpers tiefe Einschnitte in die Arbeitskräfteverteilung der Ex-DDR ergeben würden. Natürlich müssen die Strukturen sich nicht hundertprozentig an die der Alt-BRD angleichen. Das Schrumpfen des sekundären Sektors war dort zum großen Teil möglich, weil umweltschädigende Produktionen oder Lohnfertigungen ins Ausland, vornehmlich in die Dritte Welt, verlagert worden sind. Aber auch wenn man von dieser Tendenz absieht, bleibt es Fakt, daß – wie in anderen hochentwickelten europäischen und außereuropäischen Industriestaaten – durch starke Produktivitätsentwicklung eine Umgruppierung von Arbeitskräften zugunsten des tertiären Sektors möglich wurde. In der DDR hingegen gab es sowohl in den Dienstleistungs- und Betreuungsbereichen als auch im Handel ein permanentes Arbeitskräftedefizit. Es war im Grunde künstlich und resultierte aus einer uneffektiven Einsatzstruktur der Humanressourcen.

Überbesetzt waren die Sicherheitsorgane. Das traf auch auf die Leitungen und Verwaltungen in den Kombinaten und Betrieben sowie den Apparat der Parteien und gesellschaftlichen Organisationen zu. Rund 280 000 Beschäftigte, 17 Prozent der in der Industrie Tätigen, waren allein für Instandhaltungsarbeiten eingesetzt. Der Aufwand hierfür erreichte mit 4 Milliarden Mark etwa den für die Erneuerung der Produktion. Für die Arbeitsproduktivität hatte das fatale Konsequenzen.

Die Hauptursache für die chronische Unterbeschäftigung im Dienstleistungswesen war die Mißachtung dieser Zweige für eine moderne Wirtschaft. Handel und Dienstleistungen sind nicht nur für Versorgung und Lebensqualität der Bevölkerung erstrangig, sondern als Signalgeber der Kundenwünsche und »Produzent« von Märkten auch notwendige Bedingungen für eine kontinuierliche und effektive Produktion. Natürlich, wo Warenmangel herrscht, also nur ein

Nachfragemarkt besteht, scheint die Funktion des Handels unproduktiv, weil ja sowieso die Käufer der Ware und damit den Produzenten nachjagen, statt umgekehrt.

Die Übersichten der Staatlichen Zentralverwaltung für Statistik legten den Finger noch auf eine andere wunde Stelle: das unzureichende wissenschaftlich-technische Niveau der Erzeugnisse der metallverarbeitenden Industrie (mvI). Als Indiz hierfür wurde angeführt, daß die Erlöse je Kilogramm in die BRD gelieferter Erzeugnisse dieser Branche um ein Mehrfaches niedriger lagen als die Aufwendungen der DDR je Kilogramm aus der BRD bezogener Erzeugnisse. In den achtziger Jahren habe sich die Diskrepanz verschärft.

Erlöse je kg im Handel DDR – BRD (in DM)

	Export der DDR		Import der DDR	
	1980	1988	1980	1988
Erzeugnisse der mvI	4,12	4,69	15,11	26,54
dar. Maschinenbauerzeugnisse	7,20	9,50	29,74	50,12
Werkzeugmaschinen	6,43	13,25	37,73	83,26
elektrotechnische Erzeugnisse	4,73	5,80	25,87	37,84
Erzeugnisse der Feinmechanik/Optik	72,81	39,34	122,78	170,59
Büromaschinen, EDV-Geräte und -einrichtungen	14,88	20,94	46,59	291,96

Diese Aussagen waren für mich weder neu noch überraschend. Verstärkt seit Beginn der achtziger Jahre hatten Volks- und Außenwirte unserer Hochschule eigenständige Analysen auch zu den sogenannten »Kilogramm-Preisen« angestellt. Als Quelle diente die Zollstatistik der BRD mit ihren Gewichtsangaben zu den Lieferungen und Bezügen und zu den Vertragswerten. Die Ergebnisse wertete so wie ich manch anderer Kollege in den Vorlesungen und Seminaren aus, wenngleich auch für das Hochschulwesen die Weisung galt, daß alle nicht aus der offiziellen Statistik der DDR über die Wirtschaftsentwicklung stammenden Informationen in der Lehre tabu zu sein hatten. Wir wußten genau, auf welch abschüssigem Pfad wir wanderten.

Ich erinnere mich einer Begebenheit Mitte der siebziger Jahre. Zwei meiner Kollegen, Eugen Faude und Jürgen Klose, hatten in der Wochenzeitung »Horizont«, Nr. 31/1975, einen Artikel mit dem Thema »Weltmarktpreise, Terms of Trade und sozialistische Volkswirtschaft« veröffentlicht. Anhand internationaler Statistiken und von Angaben der Auslandspresse wiesen sie nach, daß bei krassen Unterschieden zwischen der Import- (Dominanz von Roh- und Brennstoffen) und der Exportwarenstruktur (Überwiegen von verarbeiteten Erzeugnissen) erhöhte Aufwendungen für die Erdöleinfuhr einen rascheren Anstieg der durchschnittlichen Importpreise gegenüber den Exportpreisen bewirken. Somit erleide die DDR – wenn nicht Konsequenzen abgeleitet würden – durch den Außenhandel Verluste.

Der Beitrag wäre möglicherweise im »Sommerloch« untergegangen, hätte nicht vom 30. Juli bis 1. August 1975 in Helsinki die KSZE-Gipfelkonferenz stattgefunden. Gespräche zwischen Erich Honekker und dem damaligen Bundeskanzler Schmidt standen am Ort bevor. Honecker genoß die internationale Reputation der DDR. Fotos, auf denen er am Konferenztisch neben Gerald Ford, dem seinerzeitigen Präsidenten der USA, saß, gingen um die Welt. Natürlich war er von Journalisten umlagert, und im Hinblick auf sein glorreiches Bild, das er stets von der DDR zeichnete, wollte einer wissen, warum er denn nicht einmal auf die Schwierigkeiten einginge, von denen schon in den Zeitungen zu lesen sei.

Der geschockte Staatsratsvorsitzende wiegelte erst mal ab und tat so, als hielte er alles für spinnige Ansichten von irgendwelchen Theoretikern. Doch seine Paladine kurbelten und veranstalteten mit dem Hauptautor eine Art Gehirnwäsche, bezichtigten ihn gar des Geheimnisverrats. Auf vielen Seiten mußte er die Quellen zusammentragen, aus denen er geschöpft hatte, und entging lediglich deshalb einer disziplinarischen Maßnahme, weil die Hochschulleitung zu ihm stand.

Trotz ähnlicher »Übertretungen« und »Unterlassungen« kommt niemand von uns auf die Idee, sich heute für einen Regimegegner auszugeben. Vieles war ein Drahtseilakt. Aber mit ein bißchen Courage mußte man nicht in der Nische sitzen und die Faust nur in der Tasche ballen.

Zurück zu den genannten Übersichten. Heute mag man beim Lesen mancher Ziffer mitleidig den Kopf schütteln über die wohlwollend anmutende internationale Plazierung der DDR. Bemerkenswert an dem Material ist aber, daß es wenige Wochen vor den geplanten Jubelfeiern zum 40. Jahrestag der DDR die Prestigethese von deren 10. Platz unter den Industrienationen der Welt widerlegte.

Dennoch verzichtete die betonköpfige und imponiersüchtige Partei- und Staatsführung in den offiziellen Verlautbarungen nicht auf ihren Lieblingssatz. Wenn sie meinte, damit international Respekt zu erheischen, war das einfach dumm. Schwerer wiegt aber, daß der Bevölkerung die chronischen Geschwüre verheimlicht wurden, an denen die Wirtschaft litt und die früher oder später, auch bei Fortexistenz der DDR als selbständiger Staat, aufgebrochen wären.

Eine sachliche Analyse kann an diesem Hintergrund nicht vorbei, will man treuhänderisches Tun gerecht bewerten. Genauso deutlich aber muß man sagen, die politisch Verantwortlichen hätten der Treuhand, dem Hauptinstrument für die Konversion der DDR-Wirtschaft, einen adäquaten Auftrag erteilen müssen: anstelle einer Hals-über-Kopf-Privatisierung die vorrangige Sanierung überlebensfähiger Betriebe.

Mein Name ist Hase

Gewiß ist es zutreffend, daß die Politiker manche Einsicht erst später gewonnen haben, viele Details ihnen nicht bekannt waren. Natürlich braucht es seine Zeit, bis der mentale Zugang zur Funktionsweise eines fremden Wirtschaftssystems gelingt. Auch hat das praktische Leben mehr Facetten, als je von wissenschaftlichen Instituten aufs Papier gebannt werden können. Darüber hinaus war die offizielle Statistik der DDR bis zum Herbst 1989 – wie schon gesagt – dürftig und mitunter allein durch das Weglassen unliebsamer Fakten »geschönt«.

Seit den siebziger Jahren galt in der Staatlichen Zentralverwaltung für Statistik eine spezielle Weisung des Mannes, der bis Mitte Oktober 1989 im Politbüro der SED für Wirtschaftsfragen zuständig war. Auf Geheiß von Günter Mittag durfte dieses Amt aus der statistischen Berichterstattung gewonnene Informationen nur entsprechend einem von ihm persönlich genehmigten Verteiler weitergeben. Auch der Segen für das »Statistische Jahrbuch« wurde von der ihm unterstellten Abteilung Planung und Finanzen erteilt. Das gleiche betraf die bis ins Instinktlose getriebenen monatlichen Produktionserfolgsmeldungen in den Medien. Was mag nur im Kopf des Wirtschaftspapstes vor sich gegangen sein, als er dem Leser seines Buches »Um jeden Preis« weiszumachen versuchte, er selbst sei im Politbüro im Grunde immer mißverstanden und an die Wand gedrückt worden, habe sich mit seinen warnenden Signalen zur Wirtschaftslage der DDR kein Gehör verschaffen können?

Gerade das auf Subjektivismus beruhende Weglassen unliebsamer Angaben aus der Statistik war auch für die Wirtschaftswissenschaftler der DDR und besonders für uns Außenwirte ein ständiges Ärgernis. So gab es z. B. weder Aussagen zu den Devisenreserven noch zur Zahlungsbilanzsituation. Über den Ausweis der Länderstruktur des Außenhandels wurde aus Prestigegründen willkürlich entschieden. Wie Informationen über die Terms of Trade waren auch solche über die Außenhandelsrentabilität streng vertraulich. Die Warenstruktur des Ex- und Imports wurde nicht nach in UN-Organisationen gebräuchlichen Nomenklaturen, sondern nach einem speziellen, international nicht kompatiblen, nur im Inland bzw. im RGW verwendeten Warenverzeichnis ausgewiesen. Daher waren internationale Vergleiche der Güterstrukturen und Spezialisierungen kaum möglich. Schließlich erschwerte auch die Bewertung der Außenhandelsströme in Valuta-Mark internationale Querschnittsanalysen, da die Valuta-Mark nur eine reine Recheneinheit darstellte. Das Fehlen eines realistischen Wechselkurses ließ jeden Versuch scheitern, aussagekräftige Export- und Importquoten zu bestimmen.

Aber gegen das Routine-Urteil, die DDR-Ökonomie sei für

Außenstehende und insbesondere für die politischen Entscheidungsträger eine Blackbox gewesen, erhebe ich Einspruch.

Erstens legte bereits die Modrow-Regierung auf der Arbeitsberatung mit den Generaldirektoren von Kombinaten und Betrieben der Industrie, des Bauwesens und des Außenhandels am 9. Dezember 1989 Fakten zur Wirtschaftslage offen, über die die Stoph-Regierung stets Stillschweigen bewahrt hatte;[34] und am 23. Januar 1990 stellte der Vorsitzende des Wirtschaftskomitees, Prof. Dr. Karl Grünheid, der Volkskammer einen detaillierten Bericht über die Lage der Volkswirtschaft und Schlußfolgerungen zur Stabilisierung vor.

Zweitens: In der bilateralen Kommission zur Vorbereitung der Währungsunion kamen frühzeitig die Konfliktpotentiale zur Sprache, die bei einem Aufprall der internationalen Konkurrenz auf einen ungeschützten Markt der DDR entstehen würden. In einem Report der Arbeitsgruppe »Wirtschaftsreform/Wirtschaft« vom 28. 2. 1990 heißt es z. B.:

»Die BRD-Seite[35] *schätzte ein, daß die Beantwortung der Fragen zu den Außenhandelsbeziehungen zwischen der DDR und den RGW-Ländern noch weiterer Vertiefung und Beratung bedürfte.*

Das betrifft u. a. folgende Fragen:

- *Welche Möglichkeiten bestehen für die Umwandlung der Liefer- und Bezugsverpflichtungen der DDR in langfristige Verträge der Unternehmen*
- *Bewertung der Exporte und Importe zu Weltmarktpreisen, Anwendung marktüblicher Zahlungsbedingungen in den Beziehungen der DDR zu den RGW-Ländern*
- *Fortführung der Verpflichtungen bei Investitionsbeteiligungen*
- *Einhaltung der EG-Bestimmungen für den Import von Fertigerzeugnissen, auch aus Drittländern.*

Daraus wurde die Frage abgeleitet, ob nicht die Möglichkeiten für die Schaffung einer Quasi-Zollgrenze zwischen DDR und BRD in einer Übergangsphase ins Auge gefaßt werden müsse...

Intensiv wurde die Notwendigkeit von Anpassungsmaßnahmen und eines zeitweiligen Schutzes der Betriebe der DDR in einer Übergangsperiode von 4 bis 5 Jahren diskutiert, um zu vermeiden, daß zum

Stichtag der Einführung der DM schätzungsweise mehr als 50 Prozent der Kombinate/Betriebe in Konkurslage kommen. Von der DDR-Seite wurde dargelegt, daß dazu ökonomische Hilfe in Form von
- *Investitionsförderungen*
- *Steuererleichterungen (insbesondere bei Körperschafts- und Gewerbesteuer)*
- *Vorzugsabschreibungsbedingungen*
- *Überbrückungskrediten*
- *Verlust- und Gewinnvorträgen auf zukünftige Zeiträume*

erforderlich ist. Um Massenarbeitslosigkeit zu verhindern, ist hierzu eine bedeutende Unterstützung seitens der BRD erforderlich.

Es wurde herausgearbeitet, daß dazu eine Art Strukturprogramm für einen Zeitraum von 4–5 Jahren als notwendig eingeschätzt wird. In diesem Zusammenhang sollten Festlegungen und Fristen für den zielgerichteten Abbau der Unterstützung und die Verpflichtung zur Ausarbeitung von Maßnahmen für die Erreichung der internationalen Wettbewerbsfähigkeit getroffen werden.«

Mit Tolerierung der de-Maizière-Regierung ist der hier deutlich artikulierte Handlungsbedarf später offenbar auf das Knüpfen eines Netzes für die soziale Mindestsicherung der aus dem Arbeitsprozeß freigesetzten Menschen beschränkt worden. Dabei hatte der Kabinettschef selbst in seiner Regierungserklärung vor der Volkskammer am 19. April noch von mit der BRD zu vereinbarenden notwendigen Schutzmechanismen für die Wirtschaft der DDR gesprochen.

Drittens haben sich einzelne Bundesministerien vor der Währungsunion spezielle Gutachten von wissenschaftlichen Einrichtungen der BRD anfertigen lassen. Sie schätzten aus marktwirtschaftlicher Sicht die ökonomische Lage der DDR ein und enthielten eine Fülle von Faktenmaterial. Schwachstellen waren nicht ausgespart.[36]

Viertens hatte über Jahrzehnte hinweg kein anderes westliches Industrieland sowohl auf Regierungs- als auch auf Unternehmensebene so enge Kontakte zur DDR wie die BRD. Sie war Handels- und Kooperationspartner Nummer 1 im sogenannten nichtsozialistischen Wirtschaftsgebiet. Aus den Alltagserfahrungen war die Technologie- und Produktivitätslücke der DDR wohlbekannt und ebenso, daß sich die Schere in den Wertschöpfungsbeiträgen in der Industrie der beiden deutschen Staaten seit den siebziger Jahren drastisch geöffnet hatte.

Fünftens konnte das Bonner Koalitionskabinett nach den Volkskammerwahlen vom 18. März 1990 in Ostberlin auf eine Regierung zählen, die von Kräften aus Schwesterparteien dominiert war. Diese hatten aber eher ein politisch motiviertes Interesse daran, die DDR-Wirtschaft in den düstersten Farben zu malen, als eine sorgfältige Analyse solcher aufrüttelnder Signale vorzunehmen, die sich aus der beginnenden Überflutung des ostdeutschen Marktes durch westdeutsche Waren ergaben.

Im ersten Monat, in dem die neue Regierung durchgehend im Amt war, im Mai 1990, fiel die Industrieproduktion gegenüber April 1990 um 5,1 Prozent und damit weitaus stärker als in allen vorangegangenen Monaten des Jahres (der Gesamtrückgang von Januar bis Mai hatte 9 Prozent betragen). Von einem überdurchschnittlichen, 20prozentigen Rückgang betroffen waren 540 Unternehmen. Davon gehörten 147 der Lebensmittelbranche, 135 der Textilindustrie, 140 dem Maschinen- und Fahrzeugbau und 44 der chemischen Industrie an.

Natürlich war ein Teil des Produktionsabfalls auch dem Arbeitskräfterückgang geschuldet. Im Mai 1990 hatte die Zahl der Übersiedler in die BRD rund 11 000 betragen. Zumeist handelte es sich um Facharbeiter. Aber der Rückgang der Produktion fiel stärker aus als der der Arbeitskräfte, d. h. die Produktivität der DDR-Wirtschaft sank.

Aus solchen Signalen wurden nicht die notwendigen Schlußfolgerungen in Vorbereitung auf die Währungsunion gezogen. Das Wirtschaftsministerium lehnte es sogar ausdrücklich ab, Zuarbeiten der Staatlichen Zentralverwaltung für Statistik zu verwenden.

In den alten Bundesländern hatte sich zwischen dem ersten Halbjahr 1948 und Ende 1950, also nach der Währungsreform im Juni 1948, das Sozialprodukt mehr als verdoppelt. Dieses Wirtschaftswunder beruhte fast ausschließlich darauf, daß vorhandene Kapazitäten effizienter genutzt und Arbeitskräfte produktiver eingesetzt wurden. Ich sehe keinen Grund, dem Mitherausgeber der »Wirtschaftswoche« zu widersprechen, wenn er konstatiert: »Auch in den neuen Bundesländern gibt es einen Produktionsapparat, der in der Planwirtschaft höchst ineffizient genutzt wurde; auch hier wurden Arbeitskräfte falsch eingesetzt und schlecht motiviert; auch hier gab es Engpässe, die mit geringen Zusatzinvestitionen zu beheben wären. Aus den vorhandenen Maschinen und Arbeitskräften hätte man vielleicht 20, vielleicht auch 50 Prozent mehr Leistung herausholen können, wäre das Problem nur gescheit angegangen worden«.[37]

Wem das Urteil eines Professors zu kulant erscheint, möge den früheren und erneut amtierenden Präsidenten des Bundes der deutschen Industrie (BDI), Tyll Necker, zu Rate ziehen. Er begründete seinen Vorschlag, den Unternehmen von der Treuhandanstalt oder der Bundesregierung zeitweilig Lohnkostenzuschüsse zu zahlen, wie folgt: »Viele Produktionsanlagen in Ostdeutschland sind nicht partout Schrott, sie werden nur zu Schrott, wenn die dazugehörige Arbeit fast so teuer ist wie im Westen.«[38]

Zahlreiche Ökonomen aus der DDR haben sich vor der Währungsunion zu den Ursachen für deren Produktivitätsrückstand geäußert. Mein Kollege Hans Knop von der Hochschule für Ökonomie z. B. stellte auf einem gemeinsam besuchten Symposium zur »Wirtschaftsreform in der DDR und in Osteuropa« an der Universität Köln am 19. und 20. Juni 1990 u.a. fest: »Häufig wird in diesem Zusammenhang nur auf die Überalterung und den teilweise schlechten Zustand der Produktionsanlagen verwiesen. Es wird jedoch übersehen, daß nach Angaben von Kennern der Wirtschaft weit mehr als die Hälfte des Produktivitätsrückstandes mit den vorhandenen Produktionsanlagen bei effektiverer, ökonomisch motivierter Leitung und Organisation, bei Schaffung zuverlässiger Zulieferbeziehungen auf einem funktionierenden Produktionsmittelmarkt und (damit im engen Zusammenhang stehend) bei besserer Ausnutzung der Arbeitszeit sowie größerem persönlichem Engagement ausgeglichen werden könnte.«[39]

Vernunft und Realitätssinn bei den politisch Verantwortlichen unterstellend, schlußfolgerte er: »Die genannten Bedingungen werden sich mit der Einführung der D-Mark unter marktwirtschaftlichem Wettbewerbsdruck und bei funktionierendem Produktionsmittelmarkt sehr schnell verbessern.«[40] Damit dies hätte Wirklichkeit werden können, wären politischer Wille und ein entsprechendes Konzept erforderlich gewesen, das die Integration der DDR-Wirtschaft in einen gesamtdeutschen Wirtschaftsraum zum Ziel gehabt und ihre Behandlung als unliebsames Anhängsel, gar lästiges Erbe verhindert hätte. Genau daran aber hat es gemangelt.

Es ist ein schwerwiegendes Versäumnis, daß keine Stärkenanalyse der DDR-Wirtschaft – wenn sie denn überhaupt je von den neuen Verantwortungsträgern in Auftrag gegeben wurde – zur Handlungsgrundlage der Koalitionspolitiker avancierte. Das ist wiederum Ausdruck der Strategie, die ich weiter vorn als Imitation statt Innovation bezeichnet habe. Die internen Ausgangspunkte wurden vernachlässigt, gar ignoriert. Sie sind aber für den Verlauf von Veränderungsprozessen ebenso wichtig wie das, was von außen in Form von Strukturen, Technologie oder Kapital übernommen werden kann.

Zu den ausbaufähigen Entwicklungspotentialen der ostdeutschen Wirtschaft gehörten unmittelbar nach der Wende[41]
- Erfahrung, Tradition und ein hohes Qualifikationsniveau der Beschäftigten
- ein »Überhang«, ein bis dahin nicht genutzter Vorrat an wissenschaftlich-technischen Erkenntnissen
- die über lange Zeit gewachsenen guten Marktpositionen in den Ländern des Ostens, insbesondere der UdSSR
- die bedeutenden Entwicklungsmöglichkeiten bei der Kooperation mit der BRD in einem vertraglich geregelten Wirtschaftsverbund und der Beteiligung am EG-Binnenmarkt
- eine insgesamt leistungsfähige Landwirtschaft auf genossenschaftlicher Grundlage mit hohen Viehbeständen
- entwickelte genossenschaftliche und zum Teil auch private Eigentumsformen sowie die Erfahrungen mit privatem und halbstaatlichem Eigentum bis 1971
- die Lage als Transitland von West nach Ost sowie von Nord nach Süd und umgekehrt sowie als potentielles Reiseland
- die Möglichkeiten weiterer Rüstungsbegrenzung.

Mit der Währungsunion relativierte sich manches, was in einem selbständigen Staat als komparativer Vorteil, als Entwicklungspotential angesehen worden war. Aber einen Grund dafür, die DDR-Wirtschaft wie eine zu entsorgende Altlast zu behandeln, gab es dennoch nicht.

Die Schrotthypothese

Eine der vor und nach der Währungsunion am meisten kontrovers diskutierten, bis heute aber ohne schlüssige Antwort gebliebenen Fragen ist die nach dem Wert des Volkseigentums der DDR. Differenziert sind die Interessen und Ausgangspositionen der Fragesteller, vielfältig die Motive und Standpunkte derer, die zu antworten versuchen. Entsprechend unterschiedlich fallen die Ansichten aus.

Ostdeutsche Bürger wollen wissen, womit sie denn als Sparer für den bei der Währungsumstellung reduzierten Betrag an verbrieften Anteilsrechten am volkseigenen Vermögen rechnen können, nachdem seine Bestandsaufnahme erfolgt, seine Ertragsfähigkeit ermittelt und anderen vorgesehenen Verwendungszwecken entsprochen worden ist. Eine solche Erwartungshaltung ist bei ihnen sowohl durch das Treuhandgesetz vom 17. Juni 1990 als auch durch die Paragraphen 10 und 25 des Einigungsvertrages vom 31. August 1990 geweckt worden. Sie hören von Betriebsverkäufen für den symbolischen Preis von 1 DM und sind über derartige »Verschleuderungspraktiken« der Privatisierungsbehörde empört. Viele sind frustriert, weil man sie für »Nassauer«, »Almosenempfänger« und »Faulenzer in der Hängematte« hält. Sie machen eigene Rechnungen auf über die Mitgift, die die DDR in die deutsch-deutsche Ehe eingebracht hat.

Die Irritationen erreichten ihren Höhepunkt, als ab Sommer 1992 aus der Treuhand immer häufiger zu hören war, sie werde nach Beendigung ihrer Arbeit nicht mit einer – und sei sie noch so bescheiden – positiven Bilanz, sondern mit einem Minus abschließen. Der Gesetzgeber, die frei gewählte und CDU- dominierte Volkskammer der DDR, war noch von erheblichen Einnahmen der Privatisierungsbehörde ausgegangen. Paragraph 5 des Treuhandgesetzes sieht vor, daß sie »vorrangig für Strukturanpassung der Unternehmen . . ., in zweiter Linie für Beiträge zum Staatshaushalt und zur Deckung laufender Ausgaben der Treuhandanstalt verwendet« werden. Als laufende Ausgaben waren z.B. Zinszahlungen für Altschulden sowie für neu aufgenommene Kredite zum Zweck der Sanierung von Betrieben erwartet worden.

Die neue Lage ließ auch die Bürger in den alten Bundesländern nicht kalt. Sie befürchteten, die Zinslasten aus den angekündigten Schuldenbergen würden ohne Steueranhebungen und andere Opfer nicht zu begleichen sein. Politiker der Bonner Koalitionsregierung blickten von Anfang an skeptisch, zumeist geringschätzig auf die »Mitbringsel« der DDR. Für die Privatisierungsbehörde lag es nahe, den vermeintlichen Wert des zu veräußernden Volkseigentums möglichst niedrig anzusetzen, um sich nicht laufend wegen zu geringer Erlöse rechtfertigen zu müssen.

Alles in allem – bei der »Bewertung« des Volkseigentums vermischen sich viele Aspekte:

– Emotionales und Rationales

Da waren die ehemaligen »Besitzer« der volkseigenen Betriebe. Sie kannten deren Schwachstellen, Engpässe und Defizite. Aber sie wußten auch um die eigenen Entbehrungen, Überstunden, Improvisationen, damit die Produktion am Laufen blieb. Sie hatten eine innere Beziehung zu den Sachwerten. Es ging ihnen wie dem Besitzer eines selbstgebauten Eigenheimes, der die darin steckende Arbeit und die investierte Geldsumme kennt und entsetzt ist über das Kaufpreisgebot der Interessenten.

Auf der anderen Seite waren die professionellen Verkäufer. Viele kamen aus den alten Bundesländern und konnten eine eigene Bindung zum treuhänderisch verwalteten und zu veräußernden Vermögen gar nicht haben. Es gehörte zu ihrem Job, die nackte Elle der Kapitalverwertung anzulegen.

– Planwirtschaftliches und Marktwirtschaftliches

Unter planwirtschaftlichen Bedingungen waren Grund und Boden keine Handelsware, hatte es einen Produktionsmittelmarkt so gut wie nicht gegeben. Für die zu staatlich festgesetzten Preisen zugeteilten Maschinen, Ausrüstungen bzw. Baulichkeiten galten lange normative Nutzungszeiten und folglich äußerst niedrige Abschreibungssätze. Die Betriebsbilanzen wiesen Sachwerte aus, die entsprechend marktwirtschaftlichen Kriterien bereits mehrfach abgeschrieben gewesen wären. Die Unternehmen hatten es nach der Währungsunion nicht nur mit dem Substanz- oder Bilanzwert zu tun. Da Vermögenswerte nicht mehr per Beschluß anderen Kombinaten zugeordnet, sondern gehandelt werden konnten, spielten plötzlich Markt- und Ertragswert eine Rolle.

Der Ertragswert ist der Wert eines Vermögensobjekts, z.B. eines Geschäftsanteils oder eines ganzen Unternehmens, im Hinblick auf seine zukünftigen Reinerträge. Die Ertragswertmethode bei der Ermittlung des Vermögenswertes geht davon aus, daß ein gekauftes Unternehmen den Kaufpreis in einer gewissen Zeit selbst wieder »einspielen« muß. Meist werden dafür fünf bis zehn Jahre angesetzt. Der Unternehmenswert wird dann aus dem kapitalisierten Zukunftsgewinn, also dem Ertragswert, nach verschiedenen Verfahren errechnet. Diese Methode bietet sich dann – und nur dann – an, wenn die Erträge des Unternehmens mindestens mittelfristig einigermaßen klar voraussehbar und durch Ist-Werte aus der Vergangenheit verifizierbar sind.

In der Treuhandpraxis spielte dieses Verfahren aus zwei Gründen eine untergeordnete Rolle: Zum einen sind die vergangenheitsbezogenen Daten aus der Gewinn- und Verlustrechnung der Betriebe infolge völlig neuer Bewertungskriterien nur beschränkt aussagefähig. Zum anderen haben viele Betriebe ihre früheren Märkte verloren, so daß die hinreichend genaue Einschätzung der künftigen Ertragschancen auf Grenzen stößt.

Ist ein Ertrag – wie bei vielen ostdeutschen Firmen – ungewiß bzw. nicht auszumachen oder liegt wegen notwendiger Umorganisation der Wert des Unternehmens überwiegend in seiner Substanz, so wird z.B. von der Treuhand im wesentlichen die Substanzwertmethode für Unternehmensverkäufe angewendet. Hierbei werden Grundstücke, Gebäude, Anlagen und Vorräte nach Markt- oder Verkehrswerten berechnet und aus der Addition dieser Werte ein Verkaufswert für das Unternehmen gebildet.

– Statisches und Dynamisches

Ein stichtagbezogen ermittelter Substanzwert gilt im Grunde nur am Tage seiner Feststellung. In der Folgezeit führen technischer und moralischer Verschleiß der Sachwerte zu seiner Verminderung, Investitionen hingegen zu einer Erhöhung. Außerdem ist die Schuldenentwicklung zu berücksichtigen.

Ein berechneter Ertragswert wird sofort obsolet, wenn unvorhergesehene Absatzrisiken auftreten, wenn Märkte wegbrechen. Verschleppte Privatisierung und verzögerte oder versagte Sanierung eines Unternehmens führen unweigerlich zur Entwertung seines Anlagevermögens und seiner sonstigen Ressourcen. Versäumte Maßnahmen zur Markterhaltung haben das gleiche Resultat. Der gesetzliche Auftrag der Treuhand, sozusagen eine ganze Volkswirtschaft binnen kurzer Zeit zu verkaufen, bringt zwangsläufig Wertverluste mit sich und führt zu dem, was der Volksmund »verscherbeln« nennt.

All diese verschiedenen Aspekte kamen in den vergangenen zwei Jahren bei den Versuchen, das Volkseigentum zu bewerten, zum Tragen. Teilweise griffen sie ineinander, überlagerten sich.

Je nach Art des Herangehens und dem Zeitpunkt der Schätzungen fallen die Ergebnisse sehr unterschiedlich aus.

Einen der allerersten mir bekannten Versuche, eine annähernde Vorstellung vom *Substanzwert* des Volkseigentums zu bekommen, hatte die Modrow-Regierung veranlaßt. Er hing mit der Gründung der Treuhandanstalt zusammen. Aus den 1989er Bilanzen der volkseigenen Betriebe wurde deren Vermögen aggregiert. Die Hochrechnung der Staatsbank und des Finanzministeriums ergab 900 Milliarden Mark der DDR. Dieser Betrag verstand sich ohne den Wert des von den Betrieben genutzten Grund und Bodens. Der war damals nicht handelbar.

Niemand sollte sich im nachhinein über diese Rechnung mokieren oder sie wie Christ und Neubauer einfach marktwirtschaftlich »aberwitzig« nennen.[42] Die Beteiligten wußten um die Unzulänglichkeiten. Dennoch war ein Anfang geboten. Der Verschleißgrad der Grundmittel – etwa identisch mit dem Begriff Sachanlagevermögen –

war Ende der achtziger Jahre mit gut 46 Prozent, darunter bei Ausrüstungen mit 55 Prozent, in den produzierenden Bereichen sehr hoch.[43] Er überschritt statistisch um rund 10 Punkte die in Industrieländern international üblichen Werte. Nicht unberücksichtigt bleiben durften darüber hinaus die viel zu langen Nutzungsfristen und insofern zu geringe und zudem lineare Abschreibungssätze.

Ausgehend davon, hatte das bei unserer Regierung tätige Wirtschaftskomitee im Vorfeld der bilateralen Verhandlungen zur Vorbereitung der Währungsunion Mitte Februar 1990 bereits ein Schema für die überschlägige Berechnung des Gewinns der Kombinate und Betriebe beim Übergang auf marktwirtschaftliche Strukturen entworfen. Die Umbewertung der Grundmittel durch erhöhte Abschreibungssätze – getrennt nach Baulichkeiten und Ausrüstungen – war dabei ein entscheidender Punkt.[44]

Die vorgenannte Schätzung sah noch von den ökologischen Altlasten der Industriebetriebe ab. Das war nicht schlechthin dem Zeitmangel geschuldet. Es lagen einfach keine brauchbaren Analysen und Bewertungskriterien vor. Natürlich haftete diesem ersten Versuch viel Unfertiges und Vorläufiges an. Aber davon waren die folgenden auch nicht frei.[45]

Ich erinnere mich an eine Beratung des Haushaltsausschusses der Volkskammer am 6. Juni 1990. Als Vorsitzende dieses Gremiums hatte ich leitende Vertreter des Finanzministeriums zur Aussprache über einen Entwurf des Treuhandgesetzes geladen. Auf eine Frage nach der Höhe des unter die Treuhandschaft fallenden Vermögens nannten sie – nun schon für die de-Maizière-Regierung tätig – die Summe von einer Billion Mark der DDR. Sie gingen davon aus, daß dieser *Substanzwert* sich am Markt – also bei Handelbarkeit der betreffenden Objekte – um etwa 30 bis 40 Prozent verringern würde. Neben einer Aufwertung des Grund und Bodens müsse mit einer Abwertung der Sachwerte gerechnet werden.

Die Treuhand nannte im Herbst 1990 einen *Ertragswert* von 600 Milliarden D-Mark, den sie aus ihrem Vermögen erlösen könne.[46]

Der ehemalige Treuhandfinanzvorstand Wolfram Krause, Anfang 1990 noch in der Modrow-Regierung an der ersten Bewertung beteiligt, mutmaßte später: »Anhand ganz grober Schätzungen dürfte der *Substanzwert* der Betriebe zwischen 180 und 250 Milliarden D-Mark liegen«.[47] In dieser Zahl seien Grund und Boden enthalten, nicht aber der Aufwand für das Beseitigen ökologischer Altlasten. Dafür gäbe es noch keine Schätzungen.

Aus einer Rechnung des Bundesjustizministeriums im Frühjahr 1991 läßt sich im Analogieschluß folgern, daß der *Verkehrswert* des Volksvermögens der DDR auf ca. 280 Milliarden DM beziffert wurde. Die Bundesbehörde hatte den Verkehrswert der betrieblichen Restitutionsansprüche auf 120 Milliarden DM veranschlagt und damit eine Entschädigungslösung vor dem Bundesrat für nicht finanzierbar gehalten.[48]

Von Doris Cornelsen, einer DDR-Spezialistin des Deutschen Instituts für Wirtschaftsforschung in Berlin, stammt der Überschlag, daß die Naturalrestitution, also die Besitzrückgabe an die früheren Eigentümer, auf etwa 30 Prozent der volkseigenen Wirtschaft der DDR zutreffen könne. Diese Schätzung beruht auf dem Umstand, daß 70 Prozent der Produktionskapazität von 1948 auf die von sowjetischer Seite enteigneten Unternehmen entfallen, die von Rückgabeansprüchen ausgenommen sind.[49] Die vorgenannten Ziffern des Bundesjustizministeriums in Ansatz gebracht, ergäbe sich für das zu privatisierende Volksvermögen ein Verkehrswert von 280 Milliarden DM.

Im Frühjahr 1991 versuchten mein Kollege Eugen Faude und ich eine Bewertung, die in der »Berliner Zeitung« vom 23. Mai 1991 veröffentlicht wurde. Natürlich haften unserer Analyse Haken und Ösen an, da uns die DM-Eröffnungsbilanzen der Unternehmen nicht verfügbar waren. Ebenso mußte der Bestand an Treuhandvermögen mangels exakter Angaben z.T. geschätzt werden. Unberücksichtigt blieben ökologische Altlasten. Auch gingen wir nicht von einer begrenzten Aufnahmefähigkeit des Marktes für landwirtschaftliche Nutzflächen und Forsten aus und abstrahierten von dem zu reprivatisierenden und zu kommunalisierenden Volksvermögen. Einbezogen wurden ebenfalls Vermögenswerte, die nicht unter Treuhandverwaltung stehen. Dennoch wagten wir einen Überschlag, ging es uns doch um folgendes:

– erstmals sollte dem Leser eine relativ komplette Zusammenstellung aller sich im Treuhandbesitz befindlichen Sachvermögenswerte präsentiert werden

- speziell erfaßt war der völlig unverschuldete Grund und Boden, ein für marktwirtschaftliche Verhältnisse ungewöhnliches Phänomen
- einbezogen waren Gebäude, Ausrüstungen und Liegenschaften der Nationalen Volksarmee und der Sowjettruppen
- berücksichtigt waren die Botschaftsgebäude, Dienstwohnungen und Villen usw. im Ausland

Unsere Berechnung ergab einen *Substanzwert* des Volksvermögens von 1,3 Billionen Mark.

Viele andere Schätzungen liegen vor. Was bis heute fehlt, ist eine offizielle DDR-DM-Eröffnungsbilanz mit Datum vom 1. 7. 1990. In einem vom Bundeskabinett am 31. Oktober 1991 verabschiedeten Bericht zur Tätigkeit der Treuhandanstalt heißt es im Abschnitt »Vermögen und Schulden der Treuhandanstalt«:

»Nach einer mit vielen Vorbehalten zu versehenden ersten Rechnung der Treuhandanstalt könnte deren Bruttovermögen ca. 200 Mrd. DM betragen. Dieser Wert wird aber wohl nicht unerheblich nach unten zu korrigieren sein, da er wegen fehlender Rentabilität zahlreicher Unternehmen durch Privatisierungs-/Liquidationserlöse nicht zu erzielen sein wird. Bei den darin enthaltenen, mit ca. 110 Mrd. DM bewerteten land- und forstwirtschaftlichen Vermögen und Immobilien muß eine begrenzte Aufnahmefähigkeit des Marktes berücksichtigt werden, welche die Verwertung nur in einem längeren Zeitraum erwarten läßt. Den Vermögenswerten stehen heute annähernd bezifferbare Schulden von etwa 167 Mrd. DM gegenüber. Es handelt sich hierbei vor allem um von der Treuhandanstalt zu übernehmende Altschulden der Unternehmen sowie von der Treuhandanstalt zu erfüllende Ausgleichsforderungen. Hinzu kommen Verpflichtungen gegenüber dem Kreditabwicklungsfonds, Zuschüsse zu Sozialplänen finanzschwacher Unternehmen und andere der Treuhandanstalt auferlegte Belastungen. Aus einem bisher in etwa bezifferbaren Vermögensüberschuß von rund 30 Mrd. DM sind die heute im einzelnen noch nicht einschätzbaren, aber voraussichtlich höheren Verpflichtungen zu decken, die vor allem aus der Beseitigung ökologischer Altlasten, aus Entschädigung und Reprivatisierung auf die Treuhandanstalt zukommen.

Bei dieser heute noch sehr unscharfen Momentaufnahme von der Vermögens- und Finanzlage der Treuhandanstalt ist davon auszugehen, daß bei ihr in den nächsten Jahren erhebliche Finanzierungsdefizite – bis Ende 1991 rund 25 Mrd. DM mit steigender Tendenz auf 30 Mrd. DM in den Folgejahren – auflaufen, die das Ergebnis der maroden Staatswirtschaft der vorangegangenen 40 Jahre in Zahlen widerspiegeln. Die finanzielle Last der Sanierungsaufgabe wird allein im Jahr 1991 durch Ausgaben von über 9 Mrd. DM erkennbar.«

Sicher wird der Streit, was denn die Erbmasse der DDR, das zu privatisierende Volksvermögen, tatsächlich wert war, noch lange andauern. In der Tat gebührt dem Thema aus Gründen der historischen Wahrheit, der sozialen Gerechtigkeit und der Moral hohe Aufmerksamkeit. Aber Debatten darüber helfen nur, wenn sie emotionslos und vorurteilsfrei, also sachlich sind. Das Motiv für meine Teilnahme daran ist, weder eine einmal getroffene Wertangabe auf Heller und Pfennig verteidigen zu wollen, noch einen neuen Überschlag anzubieten. Vielmehr will ich versuchen, die Aussagekraft von Schätzungen zu interpretieren, und vor politisch motivierten Fehldeutungen warnen.

So halte ich es z.B. für geboten, den Wert des von der DDR in den einheitlichen deutschen Wirtschaftsraum eingebrachten Volksvermögens stichtagbezogen zum 1. 7. 1990 nach der *Substanzwertmethode* zu berechnen. Angesichts der in Ostdeutschland gegebenen konkreten, historisch einmaligen Umstände der Privatisierung von Gemeineigentum führt die Anwendung der *Ertragswertmethode* zwangsläufig zu ungerechtfertigten, weil verzerrenden Aussagen:

- Zum einen trat, bedingt durch die Modalitäten der Währungsunion und den damit programmierten Verlust großer Teile des Binnenmarktes sowie den absehbaren Zusammenbruch der traditionellen Handels- und Kooperationsbeziehungen mit den früheren RGW-Ländern, eine unter anderen Bedingungen vermeidbare rasch fortschreitende Entwertung des Volksvermögens ein. Es fand und findet eine für Friedenszeiten beispiellose Ressourcenvergeudung und -vernichtung statt. Das hat mit dem Zustand der DDR-Wirtschaft nichts zu tun.

- Zum anderen hat die im politischen Auftrage von der Treuhand verfolgte Strategie der totalen Privatisierung – Kenner der Kommando- und der Wettbewerbswirtschaft nennen sie einen »peinlichen Kunstfehler für gelernte Marktwirtschaftler«[50] – zu einer weltgeschichtlich nie dagewesenen Angebotsschwemme an Sachvermögen und Grund und Boden geführt. Für den *Ertragswert* der Treuhandobjekte, also des größten Teils des Volksvermögens, mußten die Folgen katastrophal sein. Der für den raschen Barverkauf erforderliche enorme Umfang an Finanzierungsmitteln war weder aus den Ersparnissen ostdeutscher Bürger noch aus Eigenkapitalbeständen westdeutscher oder ausländischer Interessenten verfügbar. Er konnte nur durch Kreditaufnahme am Kapitalmarkt aufgebracht werden.

Diese aufgeblähte Nachfrage nach Kredit erhöhte folgerichtig den Kapitalmarktzins. Das wiederum vermindert automatisch den *Ertragswert* der zu veräußernden Objekte. Bekanntlich reagiert dieser auf Änderungen des Zinssatzes ebenso wie auf wachsende Ertragschancen des betreffenden Objekts. Mit steigendem Zins fällt der *Ertragswert*. Es reduziert sich die Bereitschaft der Käufer, hohe Preise zu bieten.

Im Juli 1992 hat die Deutsche Bundesbank den Diskontsatz auf die Nachkriegsrekordhöhe von 8,75 Prozent angehoben. Es handelt sich dabei um ein Instrument, mit dem sie die Nachfrage von Unternehmen nach Krediten dämpfen will. Das Mißverhältnis zwischen den Ertragsaussichten unternehmerischer, also Sachkapitalverwertung und Zinserträgen auf Wertpapiere oder Schuldtitel wird größer. Die Investitionsbereitschaft in Ostdeutschland kann darunter noch stärker leiden.

Bei rascher Privatisierung gleichzeitig hohe Verkaufserlöse zu erzielen war schon von der Konstruktion her ein Zielkonflikt. Ihn hätten selbst Treuhänder mit den edelsten Motiven und besten Verkaufsfähigkeiten nicht lösen können. Die Tübinger Wissenschaftler Gerlinde und Hans-Werner Sinn kommen zu dem Schluß, den ich teile: »Von der ganzen Anlage her war die Verkaufspolitik ein ökonomischer Irrweg, der wohl nur deshalb begangen wurde, weil auf äußerst vordergründige Weise marginale mikroökonomische Privatisierungsstrategien, die anderswo erfolgreich praktiziert worden sind, auf die gesamte Volkswirtschaft übertragen wurden, ohne dabei makroökonomische Beschränkungen überhaupt zu erwägen.«[51]

Von diesen Tatsachen ausgehend, ist es einfach absurd, an einer »Schrotthypothese« festzuhalten. Ein stärker als laut internationaler Erfahrung vom *Substanzwert* abweichender *Ertrags*- oder *Marktwert* kann nicht kommentarlos mit »maroder« Hinterlassenschaft der DDR gleichgesetzt werden. Er bedeutet auch nicht, daß die Privatisierer ihr Handwerk schlecht verstanden und etwas verschleudert hätten. Bei einem Angebotsstau sitzt immer der Nachfragende am längeren Hebel. So sind Beispiele dafür bekannt, daß Unternehmen, nur um überhaupt einen Käufer zu interessieren, ihre ursprünglichen DM-Eröffnungsbilanzen stark »heruntergerechnet« haben. Nichtsdestotrotz dürfen die Skandalfälle nicht übersehen werden, bei denen seitens einzelner »Treuhänder« Schlendrian, Korruption oder Ausstechen der Konkurrenz im Spiel waren.

Auffällig lange haben auch Meldungen über verschlissene Grundmittel, verseuchte Böden und Gewässer das Informationsgefüge dominiert, anhand dessen auswärtige, insbesondere ausländische Interessenten sich ein Bild davon machen sollten, ob sich der Erwerb von Produktivvermögen in Ostdeutschland lohnt. Thesen vom rundweg desolaten Kapitalstock der Ex-DDR waren selbst aus der Privatisierungsbehörde zu vernehmen. Das ist um so merkwürdiger, als normalerweise ein Eigentümer sein zum Verkauf stehendes Gut nicht öffentlich schmäht. Kaufanimierend hat das nicht gewirkt, sondern eher Skepsis und Zurückerhaltung erzeugt. Das Privatisierungstempo wurde künstlich verzögert, der mögliche Verkaufserlös gedrückt. Christoph Urban, der Direktor des New Yorker Treuhandbüros, stellte in einem Gespräch mit dem »Handelsblatt« am 13. August 1992 denn auch frank und frei fest: »Ausländische Unternehmen ließen sich ... oft schon im Vorfeld von Berichten über die Schwierigkeiten abschrecken, die sie auf dem neuen Markt zu gewärtigen haben würden.«

Ein Betrieb wird aber nicht nach volkswirtschaftlichen oder

branchenbezogenen Durchschnittswerten beurteilt, sondern nur anhand der für ihn konkret zutreffenden Parameter. Und so ist es sogar in den völlig verrufenen Leunaer und Merseburger Chemiebetrieben vorgekommen, daß sich Kaufinteressenten nach Inaugenscheinnahme eines Objektes verwundert, ja überrascht vom unerwartet guten Zustand der vorgefundenen Anlagen zeigten.

Warum nur, so frage ich mich, hat es nicht frühzeitig Informationen der Art gegeben, durch die potentielle Investoren in aller Welt auf die Stärken und Entwicklungspotentiale in ostdeutschen Betrieben und ganzen Branchen aufmerksam gemacht wurden? Im Gegenteil! Mit ihrer anfänglichen Haltung – was nicht privatisierbar ist, wird liquidiert – hat die Treuhand über viele Unternehmen das Damoklesschwert gehängt. Die extreme Verunsicherung führte zu Auflösungserscheinungen und damit zum Sinken des Ertragswertes.

Eine solche schmerzliche und vom technisch-technologischen Zustand der Objekte unabhängige Tendenz ergab sich auch, wenn die Treuhand Unternehmen mit für Jahre gefüllten Auftragsbüchern zu einem völlig unerwarteten Zeitpunkt international ausschrieb. Vorher waren oft Kaufinteressenten nach langwierigen Verhandlungen von der Anstalt abschlägig beschieden worden. Verständlich, daß eine plötzliche, eilige öffentliche Investorensuche dann den Eindruck hervorrief, das Schicksal des betreffenden Unternehmens sei ungewiß. Das veranlaßte Besteller, Verträge zu stornieren. Bisherige Kunden begannen, sich anderweitig zu orientieren, und verzichteten auf das Plazieren neuer Order. Die Auftragsbücher schmolzen, und schon war das Unternehmen unverschuldet und sozusagen über Nacht am Markt viel weniger wert.

Extrem ertragsmindernd wirken schließlich die Arbeitsplatzzusagen, die die Treuhand von den Käufern ihrer Betriebe verlangt. Um den Garantien Nachdruck zu verleihen, werden vertraglich hohe Strafen, sogenannte Poenalen, vereinbart. Sie betragen um die 40 000 DM pro zugesagten und dann nicht geschaffenen oder nicht erhaltenen Platz. Ein solches Procedere ist betriebswirtschaftlich natürlich nicht kritikwürdig. Nur: Der Käufer hält sich in aller Regel für den Eventualfall schon vorher schadlos und reduziert sein Kaufpreisgebot um den möglicherweise drohenden Strafbetrag. Er verringert prophylaktisch den Ertragswert des Objekts. Was betriebswirtschaftlich seine Räson hat, führt volkswirtschaftlich zum »Ausverkauf«.

Die Erfolgsstatistik der Treuhand nimmt sich – die Zahl der Objektverkäufe betreffend – gut aus. Im Hinblick auf die Privatisierungserlöse ist sie bescheiden. Nach einer vom Bundesfinanzministerium am 21. Juli 1992 in Bonn vorgestellten Zwischenbilanz hat die ihm unterstellte Behörde bis Ende des ersten Halbjahres 1992 über 8000 ostdeutsche Unternehmen und Betriebsteile privatisiert. Die daraus erzielten Einnahmen beliefen sich auf 29,3 Milliarden DM. Selbst wenn man die früher volkseigenen Vermögensteile berücksichtigt, die zu Vorzugsbedingungen reprivatisiert oder kommunalisiert wurden, ist das Ergebnis alles andere als glorreich.

Sollte die Treuhand – wie sie mitteilt und wie inzwischen nicht mehr zu bezweifeln ist – ihre Verkaufstätigkeit mit einem Minus beenden, gibt das keinen Grund, die »Schrotthypothese« wieder aufzuwärmen. Erstens spiegelt sich in dem Defizit der gegen allen ökonomischen Verstand und jede marktwirtschaftliche Logik gestartete, aber gescheiterte Versuch, eine ganze Volkswirtschaft innerhalb kurzer Zeit am »Markt für Unternehmen« gewinnbringend zu veräußern. Da ein Markt mit einer entsprechenden Aufnahmefähigkeit nicht existiert, sind offenbar von Anfang an Schleuderpreise einkalkuliert worden.

Zweitens birgt das Minus auch Wirkungen von unlauteren Preisbildungen beim Verkauf von Vermögensteilen. Nicht alle Veräußerungen für eine symbolische DM lassen sich mit internationalen Gepflogenheiten rechtfertigen.

Drittens – und da zitiere ich Gerlinde und Hans-Werner Sinn – wird bei dem Urteil über die aktuelle Schuldenlage der Treuhand die Tatsache übersehen, »daß der ideale Marktwert der Treuhandobjekte dem Kapitalwert der Sanierungsinvestitionen gleicht und daß schon die reinen Landwerte des Treuhandvermögens alles übersteigen, was sich aus den bisherigen Verkaufserlösen hochrechnen läßt«[52]. Mit anderen Worten: Die zur defizitären Lage der Treuhand beitragenden Kreditaufnahmen für Modernisierungsinvestitionen in ihren Unternehmen sind nur ein Vorgriff auf deren künftige Wertschöpfung.

Mir als einer von marktwirtschaftlichen Reformen überzeugten Wissenschaftlerin wird niemand zu unterstellen wagen, ich wolle die DDR-Wirtschaft im nachhinein »schön«-reden. Aber es gab Betriebe, Betriebsteile, Forschungsabteilungen usw., deren Leistungspotential und Stärken durch Kapitalzufuhr hätten voll erschlossen werden können. Das aber hätte einer anderen als der nur auf die Selbstheilungskräfte des Marktes setzenden Politik bedurft. Natürliche Ressourcen wären geschont, die Arbeitskraft Hunderttausender nicht derartig entwertet worden. Die vierzigjährige, oft uneigennützige Arbeit vieler ostdeutscher Menschen wäre nicht - wie inzwischen eingetreten - in Mißkredit geraten, der *Ertragswert* nicht unüblich weit vom *Substanzwert* des Volkseigentums abgewichen. Die Sparer wären entsprechend dem Treuhandgesetz und dem Einigungsvertrag zu ihrem Recht gekommen.

Totaloperation oder »schöpferische Zerstörung«?

Das Mezzogiorno-Gespenst

»Schöpferische Zerstörung« hat der berühmte österreichische Ökonom Joseph Alois Schumpeter einst als Voraussetzung für eine dynamische Wirtschaft bezeichnet. Er meinte damit, in einer Volkswirtschaft müsse stetig Altes verschwinden, damit Neues entstehen könne. Die Wortkombination ist fraglos ungewöhnlich. Aber gerade sie bringt genial den Esprit der Absicht zum Ausdruck. Es geht nicht um Destruktion, sondern um Abriß mit einer kreativen Vision, dem Ziel der Innovation, des strukturellen Umbaus. Ohne diese schöpferische, kreative Sinngebung gerät Zerstörung zum puren Niedergang, führt sie ins wirtschaftliche Aus. Das gilt um so mehr, wenn sie nicht wie in funktionierenden Marktwirtschaften zwar beständig, aber partiell erfolgt, sondern abrupt und flächendeckend.

Gerade das jedoch trat mit der von der Treuhand verfolgten Privatisierungsstrategie in den neuen Bundesländern ein. Erstaunlich, wie unkommentiert die Schumpeter-These selbst in Arbeiten wissenschaftlicher Forschungsinstitute bei der Interpretation der Privatisierungspraxis in Ostdeutschland herhalten muß. So heißt es z.B. gläubig in einer Analyse des Instituts für Angewandte Wirtschaftsforschung Berlin: »Die Privatisierung und der mit ihr verbundene und beabsichtigte strukturelle Umbau bedeutet Zerstörung der obsoleten, ineffizienten Produktions- und Marktstrukturen und zugleich Neuaufbau neuer Strukturen von Grund auf.«[53]

Während ich an diesem Buche schreibe – zwei Jahre nach Inkraftsetzung des de Maizièreschen Treuhandgesetzes –, finde ich keine Argumente, die wirtschaftlichen und sozialen Vorgänge in Ostdeutschland als »schöpferische Zerstörung« mit Anzeichen eines sicheren Aufschwungs einzustufen. Ich will die Frage weder unterdrücken, noch kann ich sie endgültig beantworten, ob das, was hier vor sich geht, nicht eher auf eine Totaloperation mit dauerndem Fruchtbarkeitsverlust hinausläuft.

Dies mag schockierend und auch provozierend klingen. Aber

deutliche Symptome dafür sind vorhanden: Entindustrialisierung ganzer Regionen, Verödung der Forschungslandschaft, Mangel an bodenständigem Unternehmertum, Degradation von Betrieben zu verlängerten Werkbänken westdeutscher Konzerne, Verunkrautung ausgedehnter landwirtschaftlicher Nutzflächen, millionenfache Vernichtung von Arbeitsplätzen, Massenarbeitslosigkeit mit Demotivierungs- und Resignationstendenzen betroffener Menschen, extreme Vermögenspolarisierung. Wenn eine Trendwende nicht gelingt, hätte eines der wohlhabendsten Länder der Welt sein eigenes »Mezzogiorno«. Dieser Terminus bezeichnet geographisch den unterentwickelten Süden Italiens. Wirtschaftspolitisch meint er die mißglückte Integration zweier Landesteile, im genannten Falle des südlichen und des nördlichen.

»Das schlimmste Szenario für Ostdeutschland bestünde darin«, meinte der Präsident des damaligen Instituts für Angewandte Wirtschaftsforschung Berlin im April 1991, »daß sich ein Großteil des Beitrittsgebietes zu einer Region mit dauerhaft hoher Arbeitslosigkeit entwickelt, aus der die jungen und dynamischen Arbeitskräfte abwandern. Ostdeutschland würde auf längere Zeit zu einem Subventionsgebiet werden, das von seinen reichen Nachbarn ausgehalten würde. Eine Mezzogiorno-Entwicklung ist keineswegs vorherbestimmt, aber unter den gegenwärtigen Perspektiven auch nicht mehr unwahrscheinlich.«[54] Elmar Altvater, Professor für Politische Wissenschaften an der Freien Universität Berlin, fragt, ob nicht die Gefahr einer dauerhaften, strukturell angelegten Segmentierung, also Einteilung der neuen Bundesrepublik besteht. Eines Gemeinwesens also, das sich nicht mehr allein mit dem Schlagwort von der »Zweidrittel-Gesellschaft« umschreiben läßt, sondern zusätzlich durch sein »Mezzogiorno« in den östlichen Bundesländern charakterisiert ist.[55]

Die Spekulationen darüber, ob der DDR ein süditalienisches Schicksal bevorstünde, setzten kurz nach der Währungsunion ein. Ich erinnere mich an ein vom New Yorker Goethe-House Mitte September 1990 veranstaltetes Kolloquium zu den Konsequenzen der deutschen Vereinigung für Sozialpolitik, Wirtschaft und Erziehung. Zu jedem dieser Aspekte waren je ein Wissenschaftler aus der DDR und aus der BRD als Referenten eingeladen. Mein Gegenpart war Stephanie Wahl vom Bonner Institut für Wirtschaft und Sozialpolitik. Die Diskussion verlief über weite Strecken kontrovers. Frau Wahl leitete ihr Statement mit der von ihr wohl für besonders clever gehaltenen Replik ein, Frau Luft habe auch zu denen gehört, die früher Nebelschleier um die DDR-Wirtschaft gehängt und die Leser über deren eigentlichen Zustand im unklaren gelassen hätten. Die Mühe, das zu belegen, machte sie sich erst gar nicht. Dafür tat sie kund, ihr Institut habe schon immer die DDR-Erfolgsmeldungen in Zweifel gezogen. Also hätte die Bundesregierung – dachte ich so bei mir – wenigstens dort eine »verläßliche« Informationsstelle gehabt.

Frau Wahl gab mir das Manuskript ihres Beitrages vor Beginn der Diskussion mit der Bemerkung, ich solle ihr die Eingangsspitze nicht krummnehmen. Soviel Gewicht hätte ich der Sache ohnehin nicht beigemessen. Ich registrierte nur erneut, was mir nach der Wende bereits bei anderen Gelegenheiten aufgefallen war: Es gehörte für Vertreter westdeutscher Institutionen offenbar zur »Norm«, bei gemeinsamen Auftritten mit Kollegen aus dem östlichen Teil erst einmal einen »moralischen Hieb« anzubringen.

Die Abgesandte aus Köln kam in ihrem Beitrag auch auf das Mezzogiorno-Gespenst zu sprechen und wies den Gedanken weit von sich, es könne je Realität werden. Schlagend ihre Argumentation: Das Grundgesetz gebiete immerhin gleiche Lebensbedingungen für alle Deutschen. Ob sie sich wohl noch an ihre flotten Sprüche von damals erinnert? Inzwischen wirbt Kurt Biedenkopf, in dessen Nähe sie zeitweilig gearbeitet hat, öffentlich für die Akzeptanz von mehr Ungleichheit unter den deutschen Bundesländern. Auf dem »Forum für Deutschland« am 18. März 1992 in Berlin rechnete er vor, »daß eine baldige Angleichung der Lebensverhältnisse in Ost- und Westdeutschland objektiv nicht erreichbar ist. ... Nicht gleiche Lebensbedingungen zu sichern, muß dann das verfassungsrechtlich vorgegebene Ziel sein, sondern die Gewährleistung vergleichbarer Lebensverhältnisse.«[56]

Ich habe damals schon nicht mit Ja oder Nein auf die Frage nach einem drohenden Mezzogiorno-Szenario geantwortet. Mir schien es wichtiger, unverzichtbare Bedingungen zu benennen, damit es vermeidbar würde: Anknüpfen an erhaltenswerte, auch in der Zukunft tragfähige Potentiale in Industrie und Landwirtschaft anstelle einer rigorosen »Entsorgung«; Konsolidierung der Ostmärkte als der traditionellen Absatzgebiete vieler Unternehmen anstatt der pauschalen und oft aussichtslosen Orientierung auf alternative Märkte; Finanzierung der Arbeit statt der Arbeitslosigkeit; Erstellung eines industriepolitischen Konzepts, nicht tatenloses Warten auf die Selbstheilungskräfte des Marktes.

Es ist nicht nur der Streit um das Mezzogiorno-Gespenst, an den ich mich erinnere, wenn ich an meinen 1990er New-York-Aufenthalt denke. Just zu der Zeit, als ich den zurückhaltend, fast schüchtern wirkenden Programmreferenten des gastgebenden Instituts, Dr. Peter Seel, kennenlernte, setzte seine »Babs« auch gegen meine Hochschule die Abrißbirne in Gang. Frau Barbara Riedmüller-Seel, Professorin für Politische Wissenschaften und von März 1989 bis Februar 1991 SPD-Senatorin für Wissenschaft und Forschung des Landes Berlin, hatte es auf die Hochschule für Ökonomie ganz besonders abgesehen. Vormals, von 1983 bis 1986, dem Lehrkörper der Bundeswehrhochschule in München zugehörig, hatte auf sie offenbar ein auf absoluten Gehorsam zählender Kommandoton abgefärbt. Als ich nach meiner Abgeordnetentätigkeit an die Hochschule zurückkehrte, war ich leicht belustigt, wie devot mancher in der Leitungsetage von der späteren »Berlin-Krimi«-Schreiberin[57] als der »obersten Dienstherrin« sprach. Wir waren plötzlich »Dienstkräfte« geworden. Ein solch unterwürfiges Vokabular hatte es nicht einmal in der oft als »Feudalstaat« apostrophierten DDR gegeben.

Im Vorfeld der Vereinigung war in den ostdeutschen Landen eine Weile die Hoffnung umgegangen, in der Wissenschaft endlich zu Autonomie, Pluralität und Staatsferne zu gelangen. Sollte daraus so schnell eine Illusion werden? Als Riedmüller & Co. so inbrünstig über die Politikferne der Wissenschaft philosophierten und DDR-Wissenschaftler wegen »Politiknähe« disqualifizierten und desavouierten, maßten sie sich selbst politisch motivierte Entscheide über das Schicksal akademischer Einrichtungen und deren Personal an. Nicht selten schossen sie damit die Bahn frei für nach Professuren strebende Privatdozenten aus den alten Bundesländern. Rund 1000 Professoren und Dozenten haben seit 1991 bis Mitte 1992 im Rahmen des sogenannten Hochschulerneuerungsprogramms – als Beamte unkündbar – die Arbeit an einer Universität oder Fachhochschule in Ostdeutschland aufgenommen.

Was ist nun inzwischen aus dem »Gespenst« geworden?

Leibhaftig hat es sich nicht sehen lassen, aber es spukt und grollt und dräut beängstigend.

Für Realisten war vorauszusehen, daß der Umbau einer Staats- in eine Marktwirtschaft Zeit kosten und mit Produktionseinbrüchen einhergehen würde. Naiv wäre gewesen anzunehmen, ein solcher Umbruch ginge ohne Betriebskonkurse, Arbeitsplatzverluste, Entwertung von Berufserfahrung, Umschulung, Weiterbildung, Unannehmlichkeiten, Reibungen und auch Opfer vonstatten. Die Frage stellt sich nur nach dem Maß, nach der Dauer und der Lastenverteilung.

Das ostdeutsche Bruttoinlandsprodukt ist zwischen 1989 und 1991 fast um die Hälfte gesunken. Mit rund 20 Prozent Bevölkerungsanteil trägt Ostdeutschland ca. 7 Prozent zur gesamtdeutschen Wertschöpfung bei. Die Schere in der Leistungsfähigkeit beider Teile Deutschlands schließt sich noch nicht. Eine wachsende Anzahl Ex-DDR-Bürger lebt von Sozialtransfers. Von 9,9 Millionen Erwerbstätigen Mitte 1989 haben etwa 3,5 Millionen ihren Arbeitsplatz verloren. Nur noch gut 6 Millionen Personen hatten nach Berechnungen des Deutschen Instituts für Wirtschaftsforschung im Sommer 1992 Arbeit oder Arbeitsersatz. Schwerpunkte des Beschäftigungseinbruchs sind die Landwirtschaft und das verarbeitende Gewerbe. Vor der Wende waren im verarbeitenden Gewerbe Ostdeutschlands mehr als ein Drittel der Beschäftigten tätig. Der Anteil dieses Bereichs an der Zahl der Erwerbspersonen ging auf etwa ein Fünftel zurück. Lediglich im Dienstleistungsbereich sind Belegschaften aufgestockt worden. Arbeitsplatzverluste in den übrigen Bereichen konnten jedoch nicht kompensiert werden.

Insgesamt war die ostdeutsche Arbeitsmarktsituation Mitte 1992 dadurch gekennzeichnet, daß sich der dramatische Beschäftigungsrückgang mit gut 1,2 Millionen nur zu einem Drittel

- in offener Arbeitslosigkeit niedergeschlagen hat. Etwa 3 Millionen Menschen belasten die Arbeitslosenstatistik nicht, weil sie

- von Ost- nach Westdeutschland umgezogen sind (mindestens 600 000),
- in Ostdeutschland wohnen und als Pendler in Westdeutschland arbeiten (mindestens 550 000),
- in den vorzeitigen Ruhestand (ab dem 55. Lebensjahr) gegangen sind (knapp 800 000),
- sich in Vollzeitmaßnahmen der beruflichen Weiterbildung befinden (ca. 400 000),
- auf Arbeitsplätzen arbeiten, die durch Kurzarbeit erhalten werden (ca. 340 000),
- in Arbeitsbeschaffungsmaßnahmen (ABM) eingebunden sind (ca. 400 000).

Ohne den massiven Einsatz arbeitsmarktpolitischer Instrumente würde die Erwerbslosenzahl in Ostdeutschland heute bei etwa 3 Millionen (statt 1,2 Millionen) liegen, die Arbeitslosenquote nicht 15 Prozent, sondern knapp 40 Prozent betragen. Die Arbeitsmarktpolitik trägt damit in Ostdeutschland zu einer Entkrampfung der Lage auf dem Arbeitsmarkt bei, wie das im internationalen Vergleich einmalig und nicht wiederholbar sein dürfte. Die reine Marktlösung hat also versagt.

Infolge Abwicklung wissenschaftlicher und künstlerischer Potentiale verarmt der Osten Deutschlands geistig-kulturell. Führungspositionen in allen Bereichen der Gesellschaft werden in der Regel von Altbundesdeutschen eingenommen, anstatt gemischte Teams zu bilden. Die Einkommens- und Vermögensdifferenzierung und -polarisierung zwischen den Ostdeutschen sowie zwischen Ost- und Westdeutschen schreitet voran. Nach meiner Ansicht dauert der Umbau länger, wird teurer und ist mit mehr menschlichem Leid verbunden, als bei politisch weitsichtigerem und weniger selbstgerechtem Herangehen unvermeidbar gewesen wäre. Somit wird das Gespenst auch noch weiter spuken.

Das war die kurze Formel, auf die Dieter Franzen, Direktor für Privatisierung in der Treuhandniederlassung Potsdam, im Juni 1992 den bisherigen Verlauf der marktwirtschaftlichen Umgestaltung der früheren volkseigenen Betriebe brachte. »Die Schwächsten und die Grenzanbieter scheiden aus«, lautete emotionslos sein nach Art einer Lehrbuchweisheit vorgetragener Schluß.

Welche Sensibilität im Umgang mit ostdeutschen Belegschaften und ihren Betrieben – so fragte ich mich beim Zuhören – mag man von jemand erwarten können, der wie Franzen im Berliner Congreß Center von der Kanzel herab die Hinterlassenschaft der DDR wörtlich so charakterisierte: kein Mittelstand, keine wettbewerbsfähigen Produkte, keine konkurrenzfähigen Innovationen, keine Absatzinstrumente, weil ja verteilt wurde, keine Motivation der Menschen, weil sie zu »Fehlervermeidern« und nicht zu »Machern« erzogen waren, kein Management-Know-how.

Nun wußte ich natürlich, daß all diese Makel tendenziell zutrafen. Aber in dieser Ballung, Undifferenziertheit und Ausschließlichkeit vorgetragen, erschien mir das Bild arg überzeichnet. Kein Wort vom existenzgefährdenden Schock der Währungsunion, vom Fehlen jeglicher Abminderung brutaler Konkurrenz.

Offenbar hatte nicht nur ich eine Gänsehaut ob solcher Globalverurteilung. Hans-Michael Lezius, Geschäftsführer der in Kassel ansässigen Arbeitsgemeinschaft zur Förderung der Partnerschaft in der Wirtschaft e.V. (AGP), z.B. meinte in der Diskussion, mancher habe hier den Ostdeutschen schon Unzumutbares zugemutet. Und Dr. Wolf Klinz, Vorstandsmitglied der Treuhandzentrale, betonte in seinem Schlußwort wohl nicht unabsichtlich, daß die treuhänderisch verwalteten ehemaligen VEB neben Defiziten auch Stärken hätten. Die Qualifikation ihrer Mitarbeiter und deren Leistungsbereitschaft, ja Motivation nannte er obenan.

Wie sah die »natürliche Unternehmensauslese« à la Darwin nun im Treuhandalltag aus? Bestimmte sich die Überlebenschance der ostdeutschen Betriebe tatsächlich nach den unbestechlichen, den objektiven Maßstäben des Marktes? Spielten nicht auch subjektive

Interessen, Gnade und Ungnade von Menschen mit, gaben sie mitunter nicht sogar den Ausschlag? Ein einfaches Ja oder Nein gibt es darauf nach meiner Erfahrung kaum. Aber allein die Praxis der »Von-Hand-Verkäufe« der Privatisierungsbehörde, das Verfahren der Einzelfallprüfung legt die Vermutung nahe, daß individuelles Urteil, Wohlwollen oder Nichtwohlwollen, personelle Verquickungen eine gehörige Rolle spielten und spielen. Folgende Fakten sprechen für diese Annahme:

Erstens: Laut Gesetz und entsprechend Selbstverständnis steht die Treuhand unter Zeitdruck bei der Privatisierung. Eine auf ein hohes Verkaufstempo zielende Strategie gerät naturgemäß in Konflikt mit der Aufgabe, wettbewerbliche Branchen- und Betriebsstrukturen zu entwickeln. Nicht selten legen westdeutsche bzw. ausländische Erwerber Produktionen still oder nehmen sie nicht auf, obwohl sie wettbewerbsfähig sind. Sie wollen Konkurrenz zu ihren Stammbetrieben vermeiden. In diesem Fall haben wir es mit einer wettbewerbsverzerrenden, subjektiven Intervention zu tun, nicht aber mit dem »Scharfrichter« Markt.

Zweitens: Die Treuhand kann ihren Auftrag nur erfüllen, wenn sie exzellentes Branchenwissen sammelt, um marktgerecht entflechten, zu angemessenen Konditionen privatisieren und entscheiden zu können, ob und wie lange eine Sanierung möglich bzw. nötig ist. Das veranlaßt sie, die Aufsichtsgremien ihrer Unternehmen so zu besetzen, daß ihnen dieses branchenspezifische Know-how zugeführt wird. Die natürliche Quelle für solche Managementkapazitäten sind westdeutsche Unternehmen, in der Regel die aktuellen oder potentiellen Wettbewerber für die ostdeutschen Firmen. Experten des renommierten Hamburger Instituts für Wirtschaftsforschung (HWWA) drücken den Befund, zu dem auch ich komme, folgendermaßen aus: »In diesem Fall erscheint es wenig wahrscheinlich, daß aktive oder ehemalige Manager und Aufsichtsräte westlicher Unternehmen daran interessiert sind, die von ihnen betreuten Unternehmen in den neuen Bundesländern zu potenten Wettbewerbern ihrer ›Heimatfirmen‹ um die Anteile des gleichen Marktes zu machen. Viel wahrscheinlicher – und das sei hier völlig wertfrei bemerkt – ist es, daß die westlichen Manager aus gleicher Branche die Übernahme des Ostunternehmens durch ihre Westunternehmen unterstützen oder gegebenenfalls sogar eine Liquidation der Veräußerung an Dritte vorziehen.«[58] Die Interessenkonflikte und Entscheidungssituationen der betreffenden Manager vergleichen die Hamburger Kollegen sinnigerweise mit denen von Doppelagenten. Auch hier sind also nicht unbestechliche Marktkriterien für das Schicksal ostdeutscher Unternehmen ausschlaggebend, sondern subjektives Verhalten.

Drittens: Noch größer sind die Risiken für einen vorurteilsfreien, marktkonformen Verkauf ostdeutscher Betriebe, wenn westdeutsche Manager dort Verantwortung übernehmen, wo die Privatisierung der ihrem Know-how entsprechenden Branche erfolgt – in der Treuhandanstalt. Man muß den betreffenden Experten gar nicht subjektives Fehlverhalten, menschliche Schwäche unterstellen. Allein ihr Informationszugang versetzt sie in eine exponierte Lage. Sie erhalten Einsicht in die Wettbewerbsfähigkeit, das Marktverhalten, die Kundenkartei aktueller und potentieller Konkurrenten und können dies für die Strategie ihres »Stammhauses« ausnutzen.

Weitaus verworrener wird die Lage, wenn Treuhandinsider selbst zum besten Kunden der Anstalt werden oder in eine Rechtsanwaltskanzlei wechseln, die sich auf Verfahren gegen die Behörde spezialisiert hat. Die »Insiderregeln« der Treuhand sind zwar streng, betreffen aber nur einen winzigen Ausschnitt möglicher interner Kenntnisse. Mitarbeitern der Anstalt und ihren Verwandten (»in auf- und absteigender Linie, voll- und halbbürtige Geschwister der betreffenden Personen oder ihrer Ehegatten sowie die Ehegatten dieser Personen«) ist es danach de jure fast unmöglich, ein Unternehmen zu kaufen. De facto legen die genannten Regeln aber den Sumpf eines Kaufs über Strohmänner oder Karrierezusagen nicht trocken.

Viertens: Von »natürlicher« Auslese kann auch deshalb keine Rede sein, weil für die ostdeutschen Industrieunternehmen im internationalen Wettbewerb jegliche Chancengerechtigkeit gegenüber ihrer westlichen Konkurrenz fehlt. Tyll Necker, Vollblutunternehmer und langjähriger Präsident des Bundes der Deutschen Industrie (BDI), charakterisiert die Situation in der von ihm bevorzugten bildhaften Sprache folgendermaßen: »Was soll ich mir unter einem

Boxwettbewerb zwischen einem Amateur im Leichtgewicht und einem Profi im Schwergewicht vorstellen? Ein solcher Wettbewerb kann höchstens als Prügelei bezeichnet werden, weil der Ausgang von vornherein feststeht.«

Der erneut amtierende Chef des BDI gab auf der schon erwähnten Arbeitskonferenz von Bündnis 90/Grüne am 25. April 1992 in Rostock ein Statement ab zum Thema »Stimmt das Konzept der Treuhandanstalt noch?«. Westdeutschland, Schweden und Dänemark – so Necker – haben nach Berechnungen des Kölner Instituts der Deutschen Wirtschaft die höchsten Lohnstückkosten der industrialisierten Länder. Die Arbeitskosten je Produkteinheit liegen in Japan und Frankreich um rund 20 Prozent, in den USA und Großbritannien um etwa 25 Prozent niedriger als in den alten Bundesländern. In Ostdeutschland hingegen beliefen sich die Lohnstückkosten Ende 1991 ungefähr auf 170 Prozent und inzwischen durch die 1992 erfolgten Tarifanhebungen auf über 200 Prozent des westdeutschen Niveaus. Sie überstiegen damit die internationale Marge um mehr als das Zweieinhalbfache.

Einige reine Theoretiker der Marktwirtschaft verlangen, so fuhr Necker fort, daß die Unternehmen in den neuen Bundesländern mit all ihren Handicaps eines veralteten Produktionsapparates, eines weitgehenden Verlustes ihrer Kunden im Osten ohne Unterstützung im Wettbewerb bestehen sollten. »Ich bin entschieden für Wettbewerb, aber bei halbwegs gerecht verteilten Chancen«, war sein Plädoyer. Und dazu folgte noch ein Gleichnis: Man könne nicht veraltete Segelboote und moderne Segelyachten in eine Regatta schicken und dann den Segelmannschaften der alten Schiffe die Schuld geben, wenn sie verlieren. Nur ein befristeter, degressiv gestaffelter Nachteilsausgleich könne der guten Mannschaft im alten Boot die Chance geben, ihre Fähigkeiten unter Beweis zu stellen.

Fünftens: Geraume Zeit hatte es gedauert, bis die Treuhand internationale Bieteverfahren für den Verkauf ihrer Unternehmen installierte. Erst dadurch wurde es möglich, die potentiellen Vorteile ausländischen Engagements zu nutzen. Ausländer haben in der Regel ein größeres Interesse, die neuen Bundesländer als Produktionsstandort für handelbare Güter zu nutzen. Westdeutsche Produzenten solcher Güter hingegen suchen oft nur die ostdeutschen Vertriebsmöglichkeiten. Auch verringert ein Unternehmenskauf durch einen ausländischen Investor das Risiko von Wettbewerbsbeschränkungen, wie sie häufig durch »konzertierte Aktionen« westdeutscher Lobbyisten zustandekommen.

Sechstens: Das Fehlen klarer, gesetzlich definierter Kriterien für Privatisierung und Sanierung setzt die Treuhand logischerweise einem ständig wachsenden politischen Druck aus. Regionale Ballungen von Betriebsstillegungen, die Schließung der einzigen Arbeitsstätte am Ort führen – auch wenn sie aus Wettbewerbssicht noch so gerechtfertigt sind – zu Protestaktionen. Immer häufiger wird die Treuhand in ein System unterschiedlicher politischer Institutionen eingebettet. Runde Tische und Regionalkonferenzen gehören dazu. Die hierdurch zustande kommenden Privatisierungslösungen entsprechen eher einem Kompromiß zwischen volks- und betriebswirtschaftlichen Erfordernissen als reinem, vom Markt abgeleitetem unternehmerischem Verhalten. Durch politische Aktionen erreichte »Kompromisse«, mitunter auch »Lernprozesse« belegen zweifelsfrei die Fehlkonstruktion des Treuhandauftrages. Auf regionaler Ebene wird gelegentlich erzwungen, was Auftrag der Behörde hätte sein müssen: die ostdeutsche Ökonomie aus gesamtwirtschaftlicher Sicht, nicht unternehmerischem Kalkül in die soziale Marktwirtschaft zu führen. Der Volkszorn ist also – wenn auch spontan und oft unzulänglich – ein »dumpfes« Korrektiv der per Gesetz verordneten Strategie. Eine in differenzierten Formen verlaufende Reorganisation des früheren Volkseigentums erweist sich als weitaus realistischer denn die hektische Privatisierung im großen Rahmen und die viel gepriesene »Schocktherapie«. Diese Metapher übrigens ist von Hause aus ein Terminus der Medizin. Dort aber ist der Schock durchaus nicht das gängige Heilverfahren für einen Kranken, sondern die ausnahmsweise angewandte Methode mit genauer vorheriger Kenntnis des Ausgangs. Daraus nun ein Gesundungsverfahren für Tausende von Betrieben mit Millionen betroffener Menschen zu machen ist nicht nur riskant, sondern auch zynisch. Anstatt Heilungsanzeichen erkennen zu lassen, ist der Patient depressiv, lebt mit Beruhigungsmitteln.

Die Grundidee des auch von mir vertretenen Reformkonzeptes – eine so zügig wie mögliche, aber so moderat wie notwendige Konversion der Wirtschaft – ist bislang nicht widerlegt.

Gesundschrumpfung oder Auszehrung?

»Die Braut für den Gang zum Altar schön herrichten«, sie für die Hochzeit »frisieren«, »schlankmachen«, »entschlacken«, »gesundschrumpfen« – das waren nur einige Töne der Musik, mit der Treuhänder und von ihnen bestellte Wirtschaftsprüfer und Unternehmensberater die Privatisierung ostdeutscher Betriebe zu begleiten suchten. Dem alltäglichen Leben entlehnt, waren das zumindest bekannte Klänge, hatten sie etwas Vertrauenerweckendes, bisweilen sogar Einleuchtendes an sich. Von einem anderen »Renner«, dem in keine Fremdsprache übersetzbaren »Abwickeln«, konnte man das nicht sagen.

Ohne Zweifel: Wer einen Bräutigam sucht, also »unter die Haube kommen« will, muß etwas tun, um zu gefallen. Abspecken überflüssiger Pfunde gehört dazu. Was aber, wenn Fasten der Gesundheit zu schaden beginnt, die Leistungsfähigkeit vermindert, wenn falsche Diät gar zur Auszehrung führt? Wer wirbt dann noch, wer wählt einen solchen Partner, wagt mit ihm eine feste Bindung?

Zutreffend ist: Die meisten Betriebe der neuen Bundesländer waren in ihrer Ausgangsform am Markt kaum existenzfähig und folglich schwer bzw. nicht verkäuflich. Das resultierte aus einer

- für westeuropäische Verhältnisse branchenunüblichen Größe. Im Maschinenbau zum Beispiel hatten noch Mitte 1991 22 Prozent aller Unternehmen 1 000 und mehr Beschäftigte. In den alten Bundesländern entfielen auf diese Größengruppe ganze 3 Prozent aller Betriebe. Umgekehrt machte der Anteil von Unternehmen bis zu 200 Beschäftigten in Ostdeutschland 31 Prozent, in Westdeutschland hingegen 80 Prozent am Gesamtbestand aus;
- unter marktwirtschaftlichen Bedingungen unnötigen und viel zu aufwendigen Fertigungstiefe. Um möglichst unabhängig von Zulie-

ferungen zu sein, stellten Kombinate in eigener Regie einen Großteil der erforderlichen Baugruppen, Komponenten, Vorprodukte usw. selbst her, anstatt sie von Spezialfirmen zu beziehen. Zukauf ist hierbei in der Regel billiger als Eigenproduktion;
- ineffizienten Kostenstruktur. Der Anteil der Kosten für lebendige Arbeit am Umsatz, also für Löhne und Lohnnebenkosten, war mit durchschnittlich 25 Prozent und mehr um das Doppelte höher als in den alten Bundesländern, wo er bei rund 12 Prozent lag;
- einer Produktpalette, die sich zu langsam erneuerte und oft nur auf den Ostmärkten verkäuflich war. 1990 befand sich ein knappes Viertel aller Industrieerzeugnisse in der Einführungs- und Wachstumsphase des Produktlebenszyklus. Drei Viertel aber waren in der Stagnations- und Schrumpfungsphase. Ihre Verweildauer auf den westlichen Märkten klang also bereits ab. Die analogen Ziffern für die alten Bundesländer betrugen einer Analyse des Münchener IFO-Instituts zufolge 48 und 52 Prozent.[59]

Gesundschrumpfen, Reduktionskost, auch operative Eingriffe waren zur Gewichtsverminderung unvermeidbar. Aber Sinn konnte das nur machen, wenn gleichzeitig ein verändertes Profil des Unternehmens mit neuen Produkten für neue Märkte entstand.

Wie ist es damit in den neuen Bundesländern bestellt?

Eine verbreitete Tendenz ist, daß ostdeutsche Unternehmen ihre Gesundschrumpfungsstrategie auf Kostenersparnis reduzieren. Sie bauen Personal ab, führen Kurzarbeit ein, straffen die Produktpalette. Kurzfristig bringt das für Höhe und Struktur der Ausgaben durchaus gewollte Resultate. Längerfristig tritt jedoch das Gegenteil ein, wenn die Kostenersparnisstrategie nicht von Anfang an mit einem Konzept für die Modernisierung der Produktionsverfahren und das Hervorbringen neuer Produktideen gekoppelt wird. Fehlentwicklungen sind dann programmiert. Gerade die Reduzierung des Forschungs- und Entwicklungspersonals oder gar das Ausgründen der entsprechenden Bereiche hatte und hat in aller Regel negative Konsequenzen. Dem Unternehmen geht innovatives Potential verloren. Das Anbieten von Neuheiten, eine Innovationskonkurrenz – für ostdeutsche Produzenten oft die einzige Möglichkeit, um im Verdrängungswettbewerb neue Märkte zu erringen – bleibt ohne Chance. Damit hat sich das Unternehmen für die Zukunft selbst die Füße weggeschlagen.

Eine vom Hallenser Institut für Wirtschaftsforschung im Januar 1992 durchgeführte Befragung von 260 ostdeutschen Industriefirmen offenbart die Dramatik der entstandenen Lage: Innerhalb von zwei Jahren, von Anfang 1990 bis Anfang 1992, wurden die Kapazitäten im Bereich Forschung und Entwicklung in den noch treuhänderisch verwalteten Betrieben auf 36 Prozent abgebaut. In den schon privatisierten ostdeutschen Unternehmen schrumpften sie gar auf 27 Prozent. Letztere Ziffer bestätigt als übergreifende Tendenz, was ich an vielen Einzelbeispielen vorgefunden habe: Die verkauften Firmen sind überwiegend zu reinen Fertigungsstätten degradiert worden. Im Bereich der chemischen Industrie zum Beispiel sind die Forschungs- und Entwicklungsabteilungen der privatisierten Unternehmen nahezu beseitigt.

In der bisherigen Privatisierungspraxis der Treuhand spielte der gezielte Erhalt innovativer Potentiale offensichtlich eine untergeordnete Rolle. Besonders qualifizierte Arbeitsplätze gehen somit unwiderruflich verloren, intelligenzintensive Arbeitsbereiche werden vernichtet. Die Gefahr einer Verödung der Forschungslandschaft in den neuen Bundesländern ist kein Gespenst, sondern real. Sie wird auch nicht dadurch abgemildert, daß noch treuhänderisch verwaltete ehemalige Kombinate ihre Forschungs- und Entwicklungsbereiche wirtschaftlich und juristisch verselbständigen, »ausgründen«. Diese nun auf sich gestellten, auf Fremdaufträge angewiesenen Einrichtungen sind damit konfrontiert, daß ihre »Mutterunternehmen« – oft entgegen früher gemachten Zusagen – kaum Bedarf an F- und E-Leistungen anmelden. Die mit den ostdeutschen Firmen kooperierenden Westunternehmen haben ihr eigenes Innovationspotential. So bleibt als einzige Überlebenschance zumeist nur eine konsequente Nischenstrategie, also das Ausweichen auf Angebotslücken, was oft mit aufwendigem Marketing und der langwierigen Suche nach neuen Vertriebsstrukturen verbunden ist.

Auf dem Gebiet der Forschung haben wir es augenscheinlich mit der gleichen Tendenz zu tun wie in der Produktion: In Bereichen, in denen es ein Überangebot an Kapazitäten in den alten Bundesländern gibt, ist das Interesse von Investoren gering, sich eine zusätzliche Konkurrenz »heranzuzüchten«. So wird ein allgemein anerkannter Standortvorteil Ostdeutschlands – gut ausgebildetes Personal im Bereich Forschung und Entwicklung – unwirksam, ja zunichte gemacht. Von den Anfang 1990 noch 74 000 in der industrienahen Forschung Beschäftigten war Mitte 1992 mit 23 000 nur noch ein knappes Drittel übriggeblieben. Und auch das Restpotential ist nicht sicher. Zum 30. Juni 1992 drohte 51 noch im Treuhandbesitz befindlichen Forschungs-GmbHs die Liquidation.

Das schreckte nun selbst den Bundeswirtschaftsminister auf. In bekannter PR-Manier warnte Jürgen Möllemann beschwörend, dieser negative Trend müsse unbedingt aufgehalten und umgekehrt werden. Die kreativsten Köpfe dürften nicht in die alten Bundesländer oder gar ins Ausland abwandern. Deshalb müsse die Förderung von Kernbereichen der Industrieforschung in den neuen Ländern auf hohem Niveau bis 1996 fortgesetzt werden. Viele Unternehmen, so Möllemann, scheuten derzeit wegen fehlender konkreter Wachstumsperspektiven Forschungs- und Entwicklungsaufwendungen, weil sie nicht wüßten, »wohin die Reise geht«.

Nun also, da nicht abzusehen war, wann die ostdeutsche Industrie in die so oft prophezeite Aufschwungsphase eintreten würde, sollte für die erhaltenswerten F- und E-Potentiale »Zeit gekauft« werden. Möllemann forderte die Treuhand auf, ihre Investitionspolitik zu ändern. Sanierungsfähige Forschungs- und Entwicklungsbereiche müßten die Chance erhalten, durch eine gezielte Förderung wettbewerbsfähig zu werden.[60] Warum, frage ich mich, hat es Vernunft so schwer? Ein solch vehementer ministerieller Fürspruch zu Beginn der massenhaften Privatisierung hätte die Auszehrung der ostdeutschen Industrie verhindern helfen können. Mehr leistungsfähige Wissenschaftler und Ingenieure hätten die Chance, an Produkt- und Verfahrensinnovationen zu arbeiten, gewiß zugleich als große geistige Herausforderung verstanden. In Wahrheit aber sind viele Forscher nicht nur durch die ungewisse Perspektive der Treuhandunternehmen verunsichert worden, sondern zusätzlich durch die von der Behörde veranlaßte Mehrfachbefragung nach Zusammenarbeit mit der Staatssicherheit. In Chemieanlagenbauunternehmen zum Beispiel gab es Fälle, da bis zu siebzehn Mal diesbezügliche Fragebogen auszufüllen waren. Für nicht wenige der Betroffenen – zumeist mit internationalem Renommee – war das Grund, in die Forschungsabteilungen von westdeutschen Großkonzernen überzuwechseln bzw. in den neuen Bundesländern als Repräsentanten internationaler Anlagenbauunternehmen tätig zu werden.

Durch diesen Aderlaß geht auch der Standortvorteil des ostdeutschen Chemieanlagenbaus für das Ostgeschäft mit der Zeit verloren, weil die wissenschaftlich-technische Intelligenz natürlich ihre Geschäftsverbindungen und persönlichen Kontakte z. B. zur GUS in ihre neuen Unternehmen einbringt.

Die Abspeckpraxis der Treuhand reduziert sich nicht auf den Personalabbau im F- und E-Bereich. Sie schließt die Aufsplittung und Ausgründung anderer Sparten und Geschäftsfelder ihrer Unternehmen ein. Dadurch sollen Einheiten mit überschaubarem, eigenständigem Produktionsprofil entstehen. Ausgegliedert werden in der Regel der Fuhrpark, Reparatur- und Bauabteilungen. Die Geschäftstätigkeit wird auf einen Kernbereich konzentriert, die Fertigungstiefe reduziert. Bei der Aufsplittung von Großunternehmen sind oft Lösungen möglich, die die Funktionstüchtigkeit der Teile nicht gefährden. Im Maschinenbau kann das z. B. bedeuten, das Mutterunternehmen auf die Produktion von Großteilen zu konzentrieren. Die Bereiche Härterei und mechanische Fertigung hingegen werden in juristisch und wirtschaftlich selbständige Tochterunternehmen überführt. Letztere können als Zulieferer oder Dienstleister auch für Fremdunternehmen tätig werden.

Aber die Zergliederung von Großunternehmen kann auch die Lebensfähigkeit einzelner Einheiten beeinträchtigen bzw. bedrohen. Schnellschüsse von Beratungsfirmen, in Mode gekommenes undifferenziertes Gerede von zu großen Unternehmen, egoistisches Überlebensinteresse des einen und des anderen Betriebsleiters führen mitunter zu Teilungsprojekten, die ganze technologische Zyklen zerreißen oder Rumpf und Gliedmaßen trennen. Wie anders soll man z. B. Vorschläge bezeichnen, die Hauptmechanik eines Betriebes von seinen anderen Bereichen zu verselbständigen?

Begonnen hat das »Gesundschrumpfen« in Ostdeutschland nicht selten damit, daß spontan und ungezielt Unternehmensteile abgestoßen wurden. Sie gingen zumeist in Liquidation. Die Lage des Mutterunternehmens verbesserte sich nicht automatisch. Der Aufbau neuer Kooperationsketten forderte seinen Tribut. Für eine veränderte Produktpalette fehlten die Vertriebswege und die Verkaufskonzepte.

Zum Verzehr von Substanz kam es auch noch durch weitere Maßnahmen: Ostdeutsche Unternehmer, die große Teile des Binnenmarktes und der Exportmärkte verloren haben, sahen sich gezwungen, ihren Absatzverlust und damit Erlösausfall durch Verkauf von Betriebsvermögen wenigstens teilweise auszugleichen. Sie veräußerten Anlagen, Rohstoffe und Vorprodukte. Auch beschafften sie sich Mittel zur Lohnfortzahlung, indem sie mitunter nicht einmal kostendeckende Lohnaufträge übernahmen. Eine Hypothek für künftige Wettbewebsfähigkeit ist außerdem, daß die Lehrlingsausbildung stark eingeschränkt wurde.

Mit einem Wort: Das unabdingbare Schrumpfen der Produktpalette und des Personalbestandes hat die Überlebensfähigkeit der Betriebe nicht automatisch gestärkt. Oft ist nur eine Lebensverlängerung auf Zeit eingetreten. Kurzfristige Kostenersparnis bzw. das schnelle Einspielen von Einnahmen wurden längerfristig – oft unbewußt und ungewollt – mit der Auszehrung der Substanz bezahlt.

Warum treibt die Hefe nicht?

500 000 neue Arbeitsplätze in der mittelständischen Wirtschaft noch 1990, wenn man ihm denn nur das Ruder in die Hand gäbe. Das war eine der aufsehenerregenden Visionen von Elmar Pieroth, mit der er sich für das Amt des Wirtschaftsministers in der de-Maizière-Regierung bereits öffentlich handeln ließ. Der umtriebige Vorsitzende der CDU/CSU-Mittelstandsvereinigung wußte die Trommel zu rühren. Siegessicher rühmte er sein Rezept gegen allerorten befürchtete Arbeitslosigkeit.

Als mittelständisch gelten – so habe ich es gelernt – Betriebe, die im Industriebereich bis zu 500 Mitarbeiter haben, im Gewerbe bis zu 200 und im Handwerk bis zu 50. Der Mittelstand wird häufig die »Hefe« der Marktwirtschaft genannt. Das meint sein Reaktionsvermögen auf neue Entwicklungen des wissenschaftlich-technischen Fortschritts, seine Anpassungsfähigkeit an veränderte Markttendenzen, seine Innovationsaktivität. Mittelständler entlasten große Unternehmen von wirtschaftlichen Teilfunktionen, insbesondere im Bereich der Dienstleistungen und der Zulieferungen. Sie bilden somit in einer leistungsfähigen Marktwirtschaft auch eine notwendige Voraussetzung für florierende Großunternehmen.

Geklappt hat es mit dem von Pieroth ins Visier genommenen Posten nicht. Er mußte sich mit der wirtschaftspolitischen Beratung des Ministerpräsidenten begnügen. Das von ihm angestrebte Ressort wurde an einen »Laienspieler«, seinen ostdeutschen CDU-Parteifreund Dr. Gerhard Pohl, vergeben. Pieroth kann immerhin das Argument für sich in Anspruch nehmen, er habe keine Chance bekommen, zu zeigen, was er könne. Aber auch als späterer Wirtschaftssenator von Ost-Berlin und schließlich Finanzsenator von ganz Berlin hat er es in Sachen Arbeitsplatzbeschaffung zu besonderem Lorbeer nicht gebracht.

War die Vision von einer halben Million mittelständischer Jobs nun von Anfang an Phantasterei, falsche Prophetie oder gar Scharlatanerie? Nein, Gerechtigkeit will ich auch Elmar Pieroth widerfahren lassen, wenngleich er mit mir keineswegs zimperlich umgegangen ist. Über mein Reformkonzept z.B., das ich wenige Wochen nach meinem Amtsantritt in einem Vortrag Mitgliedern der Westberliner Industrie- und Handelskammer vorstellte, mokierte er sich öffentlich. »Tischredenreformismus« war alles, was ihm dazu einfiel.

Damals habe ich schon einen großen Teil der Disproportionen und Spannungen im Wirtschaftsgefüge der DDR auf die Agonie des Mittelstandes zurückgeführt. Seit Beginn der siebziger Jahre, so führte ich aus, sei die Anzahl der klein- und mittelständischen Betriebe dramatisch zurückgegangen. Allein in der Industrie seien von den ehemals über 12 000 Firmen weniger als 3500, also nur etwa ein Viertel, erhalten geblieben. Innerhalb von zwei Jahrzehnten sank der Anteil der Betriebe bis zu 100 Beschäftigten an der Industrieproduktion von gut 10 Prozent auf wenig mehr als 1 Prozent, d.h. auf ein Zehntel des ursprünglichen Niveaus. Wettbewerb, Flexibilität und Angebotsvielfalt wurden dadurch stark beeinträchtigt. Nun gilt es, so fuhr ich fort, nicht nur die eingetretene Fehlentwicklung wettzumachen. Wir erachten Gewerbefreiheit und den daraus entspringenden Wachstums- und Innovationsschub als ein Schlüsselproblem der in der DDR zu gestaltenden Marktwirtschaft. Ein leistungsstarker, flexibler Mittelstand, in dem private Unternehmen ihr Gewicht haben, ist für das Gelingen unserer Reform unverzichtbar.

Das zu erkennen brauchte ich also Herrn Pieroth nicht. Mir war gut bekannt, daß die kleinen und mittleren Unternehmen das Rückgrat der westeuropäischen Wirtschaft bilden. Allein in der EG gibt es 13,5 Millionen solcher mittelständischer Firmen. Sie beschäftigen rund 70 Prozent der dortigen Arbeitskräfte. Rund 40 Prozent der neugeschaffenen Arbeitsplätze entstehen durch Unternehmensgründungen.

Die Ziffer für die neuen Arbeitsplätze, mit der Pieroth operierte, ergab sich gewissermaßen aus einer Rechenaufgabe: Die Proportion zwischen den in der mittelständischen Wirtschaft Tätigen und den Gesamtbeschäftigten der alten Bundesländer wurde auf die entsprechenden ostdeutschen Verhältnisse projiziert. Der sichtbar werdende Abstand sollte schnell aufgeholt werden.

So weit, so gut. Nur versäumten es die nach den Wahlen am 18. März 1990 politisch Verantwortlichen, gezielt die tatsächlich existentiellen Bedingungen für den Mittelstand zu schaffen. Sie beschränkten sich im wesentlichen auf Maßnahmen zur finanziellen Förderung von Unternehmensgründungen und Kapitalbildung in Ostdeutschland. Diese Maßnahmen haben eine ansehnliche Breite und sind sehr vielgestaltig. Sie umfassen Zuschüsse zur Verringerung von Anschaffungskosten, darunter Investitionszulagen für Ausrüstungen und zusätzliche Vergünstigungen für Bausparer. Gewährt werden besondere Steuererleichterungen wie zusätzliche Sonderabschreibungen für Ausrüstungsgüter und gewisse Steuerbefreiungen. Zu den Förderbedingungen gehören auch die Bereitstellung von Sonderkrediten und Bürgschaften, z.B. Niedrigzinskredite für einen bestimmten Investitionsanteil und Kredite für Vorhaben im Bereich der Existenzgründung. All dies hat rein quantitativ Spuren hinterlassen. In der DDR existierten 1989 82 200 private Handwerksbetriebe und 39 200 private Händler. Ende Dezember 1991 hatte sich die Zahl der Gewerbebetriebe mit 350 000 gegenüber 160 200 zum gleichen Zeitraum des Vorjahres mehr als verdoppelt. Es kam also Bewegung in den Mittelstand. Und dennoch, was alles verbargen diese Ziffern! Mit 98 500 betrugen die Gewerbeabmeldungen 1991 ein gutes Drittel der 288 300 Anmeldungen. Von Monat zu Monat hat sich der Überschuß der Gründungen ständig verringert. Ungenügendes Eigenkapital, fehlende Banksicherheiten, explodierende Gewerberaummieten, kurze Laufzeiten für Kreditverträge, kaum Chancengleichheit bei der Vergabe öffentlicher Aufträge – das sind nur einige der Ursachen, die vielen Erststartern zum Verhängnis werden. Auch sagte die stattliche Zahl der Anmeldungen nichts aus über die Neueinsteiger. Sie enthält ebenso Um- und Ausgründungen oder bloße Änderungen der Rechtsform einer schon bestehenden Firma. Mitunter haben statistisch erfaßte Newcomer ihre Tätigkeit gar nicht aufgenommen. Von einem »Gründungsboom« kann also keine Rede sein.

Unternehmerische Initiative ist immer auch mit Risiken behaftet. Nach Heinrich von Moltke, dem Generaldirektor der EG-Kommission, überleben 40 bis 50 Prozent der Neugründungen in den marktwirtschaftlichen Industrieländern die kritischen ersten fünf Jahre nicht. In den alten Bundesländern verschwindet mehr als ein Drittel der Neuanzeigen spätestens nach drei Jahren wieder vom Markt. In den jungen Ländern ist die Jahresabgangsrate mindestens doppelt so hoch. Die Mehrzahl der neuen Existenzen in Ostdeutschland sind Einmannfirmen, darunter nicht wenige im Straßenhandel und in der Versicherungsbranche. Zeitweilig schossen auch »Havarie«-Verbrauchermärkte, »Restpostenvertreter« und andere in der Juristerei »Billig GmbH« genannte Firmen wie Pilze aus der Erde.

Warum kommt der Mittelstand so schwer und im produktiven Bereich sehr kärglich in Gang? Warum treibt die Hefe nicht? Die Antwort ist nicht schwierig: Die eigentlichen, mittelständische Lebensfähigkeit sichernden Fragen waren bzw. sind gar nicht oder unbefriedigend gelöst. Hätte ein solcher »Mittelstandsfan«, als den ich den damaligen Bundeswirtschaftsminister, meinen Amtskollegen

Helmut Haussmann, kennengelernt habe, sich bei den Einigungsvertragsverhandlungen nicht stärker machen müssen für die potentielle FDP-Klientel im Osten Deutschlands?

Da ist zunächst das schon erwähnte leidige Prinzip »Eigentumsrückgabe vor Entschädigung«. Es behinderte lange massiv die Übereignung kleiner und mittlerer Unternehmenseinheiten an investitionsbereite Käufer. Immerhin lagen auf 80 Prozent aller Immobilien in den neuen Bundesländern Rückübertragungsansprüche. In einigen Fällen ging die Reprivatisierung der 1972 enteigneten privaten und halbstaatlichen Betriebe zügig voran. Einer meiner Oberschulkameraden, den ich kürzlich nach 37 Jahren bei einem Klassentreffen wiedersah, erzählte mir stolz und auch um meine Rolle bei dem entsprechenden Gesetz wissend, daß er bei der Treuhandniederlassung Rostock unter den Reprivatisierern die Nummer 1 trägt. Bereits am 2. April 1990 – da habe ich noch amtiert – hat er mit Brief und Siegel das Tiefbauunternehmen seines Vaters wieder als Eigentum übernommen. Er war all die Jahre in der Firma leitend tätig gewesen.

In der Mehrzahl der Fälle kam und kommt die Rückübertragung jedoch nur schleppend voran. Bis Mitte September 1991 wurden nach Treuhandangaben nur rund 420 Unternehmen reprivatisiert bzw. teilreprivatisiert. An den ca. 10 000 gestellten Anträgen zur Wiederaufnahme der unternehmerischen Tätigkeit gemessen, war das ein verschwindend geringer Anteil.

Verzögerungen bei der Gründung mittelständischer Firmen entstanden auch durch die späte Annahme des Spaltungsgesetzes. Erst damit ergab sich für die Treuhand die Möglichkeit, ihren Unternehmensbestand neu zu ordnen. Die Veräußerung von Betriebsteilen konnte vorbereitet und nicht betriebsnotwendiges Vermögen abgetrennt werden. Kleinere, selbständig am Markt lebensfähige Einheiten standen zum Verkauf. Selbst wenn mit dieser Auf- und Abspaltung eine Vielzahl unliebsamer, sogar negativer Konsequenzen verbunden war, ergaben sich für den Mittelstand gewisse Impulse.

Nur zaghaft freundete die Treuhand sich mit dem Verkauf von Unternehmen oder Betriebsteilen an das Leitungspersonal, also mit dem sogenannten Management-Buyout-Konzept (MBO), an. Zu lange hielt man an der These fest, das gereiche nur früheren SED-

Günstlingen zum Vorteil. Spät wurden Möglichkeiten, Zweckmäßigkeit und Konditionen einer Mitarbeiterkapitalbeteiligung (MKB) popularisiert. Der erste öffentliche, von der Treuhand hierzu organisierte Erfahrungsaustausch fand am 20. Juni 1992 im Berliner Congreß Center statt, im Volksmund »Tischkasten« genannt. Das ist eine Anspielung auf den Bauherrn, FDGB-Chef und SED-Politbüromitglied Harry Tisch. Weil ein solches Forum eine Novität war, habe ich mir das nicht entgehen lassen. Außerdem bot sich Gelegenheit, die Treuhandpräsidentin in Aktion zu erleben. Vor zwei Jahren, im Juli 1990, hatten wir beide auf einem Podium an der Universität Osnabrück zu den Folgen der Währungsunion streiten sollen. Als Befürworterin des Kurses der Bundesregierung war die CDU-Finanzministerin von Niedersachsen gewonnen worden. Ihr Gegenpart aus der Volkskammer-Opposition sollte ich sein. So lauteten die Ankündigungen, bis Frau Breuel über Nacht absagte. Nach der Niederlage ihrer Partei bei der Landtagswahl waren ihr alle öffentlichen Auftritte leid. Kurzfristig »rettete« Wolfgang Roth, der wirtschaftspolitische Sprecher der SPD im Bundestag, das Podium. Nur mein Streit mit ihm hielt sich in Grenzen, weil wir auf vieles eine ähnliche Sicht hatten.

Die Entwicklungen in der DDR boten Frau Breuel wie vielen anderen in den alten Bundesländern abgewählten Politikern überraschend die Chance zu einem Wiederaufstieg. Hier nun in Berlin hörte ich sie mit sonorer Stimme und fast beschwörend für die Mitarbeiterkapitalbeteiligung werben. Dies sei eine hervorragende Möglichkeit, an der sozialen Marktwirtschaft aktiv teilzuhaben, ihre Vorzüge selbst zu erfahren. Auch könne der »Webfehler« des sozialistischen Systems – das fremd gebliebene Volkseigentum – jetzt ausgemerzt werden. Jeder dritte Arbeitnehmer sei nach Umfragen bereit, sich mit eigenen Ersparnissen an der Privatisierung »seines« Betriebes zu beteiligen. Eine solch hohe Bereitschaftsquote habe es in den alten Bundesländern nie gegeben.

Die Treuhandpräsidentin versäumte nicht, auch die Unwägbarkeiten einer MKB zu benennen: Eine Arbeitsplatzgarantie sei damit nicht verbunden. Und neben dem Risiko des Arbeitsplatzverlustes gehe der betreffende Arbeitnehmer im ungünstigsten Fall auch das des Einlagenverlustes ein. Aber insgesamt machte sie den Anwesenden Mut, rief sogar dazu auf, Neuland zu beschreiten. Der Weg der MKB sei in Westdeutschland nicht sehr populär geworden, aber man müsse ja nicht alle »Verkrustungen«, die die soziale Marktwirtschaft dort kennzeichnen, einfach nachahmen.

Ein solcher Akzent aus dem Munde der Rednerin ließ aufhorchen. Offenbar war die nunmehrige Wirtschaftspraktikerin dabei, über die frühere Politikerin die Oberhand zu gewinnen. An der Schaltstelle für die Wirtschaftskonversion in Ostdeutschland stehend, würde sie mit der ihr eigenen Courage im Interesse des ganzen Deutschlands sicher noch die Übernahme weiterer Verkrustungen auf seinen östlichen Teil zu verhindern wissen, ging mir durch den Kopf.

Ich bin in den vergangenen zwei Jahren des öfteren Menschen aus den alten Bundesländern begegnet, die hier im Osten längerfristig tätig sind, ihn in natura erleben. Mit manchem von ihnen bin ich in laufendem Kontakt und möchte ihn nicht mehr missen. Zumeist gelangten die Betreffenden nach kurzer Zeit zu der Einsicht, daß die gängigen marktwirtschaftlichen Erfahrungen aus ihrer früheren Praxis unter den hiesigen Verhältnissen nur teilweise anwendbar sind und manches davon in einem Transformationsprozeß überhaupt nicht paßt. Eine solche Nachdenklichkeit schien mir auch in dem Vortrag von Frau Breuel anzuklingen.

Zwei Wochen später übrigens, am 14. Juli 1992, schrieb sie in einem Brief an die Belegschaft der Treuhandzentrale: »In diesen Tagen wird leidenschaftlich diskutiert, ob die Bürger aus den neuen Bundesländern eine faire Chance beim Aufbau der Wirtschaft und der Gesellschaft haben. Ich kann diese Diskussion heute viel besser verstehen als vor achtzehn Monaten, als ich zur Treuhand kam. Die richtige Antwort darauf muß unsere Arbeit in der vor uns liegenden Zeit noch stärker bestimmen als in der Vergangenheit. Gerade die Wessis müssen jeden Tag hinzulernen, auch wenn das schmerzlich ist und liebgewordene Vorurteile über Bord geworfen werden müssen.«

In den Veranstaltungspausen im Congreß Center wurde heftig darüber debattiert, weshalb der Privatisierungsweg über MBO und

MKB nicht von Anfang an beschritten oder sogar favorisiert worden war. Dabei hatte der Treuhandvorstand bereits im Frühjahr 1991 Grundsätze für eine mittelstandsorientierte Privatisierung verabschiedet. Nur war in der Praxis davon kaum etwas zu spüren gewesen. Wie sonst hätte es passieren können, daß beim Verkauf von Brauereien, Zuckerfabriken, Bäckereien usw. – also Objekten mit lokalen Märkten und guten Absatzperspektiven – so wenig »Ortsansässige« eine Chance erhielten? Warum wurden für das Wachsen eines Mittelstandes geeignete Objekte nicht vor dem Zugriff der Großen bewahrt? Nur weil letztere eine Lobby und die besseren Kontakte hatten? Weil sie schnell den fetten Braten rochen?

Ein aufschlußreiches Beispiel sind in diesem Zusammenhang die westdeutschen Brauereien. Nach rund fünfzehn Jahren Stagnation steigerten sie im Jahr der Einheit den Ausstoß von 93 auf über 104 Millionen Hektoliter. 1991 kam die Produktion auf mehr als 110 Millionen Hektoliter. 1992 wird sich der Boom jedoch nicht fortsetzen, da die Bürger in den neuen Bundesländern wieder zunehmend alte Marken trinken. »Der gesamtdeutsche Biermarkt wird nicht mehr weiter wachsen«, lautete denn auch die Prognose von Fritz Michael Klein, Vorstand bei der Bavaria-St.Pauli-Brauerei AG in Hamburg.[61] Mit dieser Auffassung steht er in der Bierbranche nicht allein.

Auf die Marktsättigung haben die Brauereimanager schon reagiert. Sie versuchen, das Wachstum durch den Zukauf ostdeutscher Braustätten zu sichern. So befinden sich viele der Ostbrauereien inzwischen unter westlichen Konzerndächern.

Warum, so fragte ich mich, wurden hochmoderne Ausrüstungen aus »abzuwickelnden« Betrieben nicht zuerst einheimischen Existenzgründern zum Kauf angeboten, sondern gleich der ausländischen Konkurrenz? So geschehen in thüringischen Textilfabriken, deren ausgeschlachteter, voll funktionsfähiger Kapitalstock den Weg in den Nahen und Fernen Osten nahm. Einhellig kamen die Teilnehmer der Veranstaltung denn auch zu dem Urteil, ein solches Forum hätte mit zu den ersten Aktivitäten der Treuhand gehören müssen. Sie sahen in der MKB einen Weg zur Sicherung mittelständischer Existenzen und intensiveren Identifikation der Beschäftigten mit

»ihrem« Unternehmen. Der Geschäftsführer der Bau Königs Wusterhausen GmbH, Jörg Neuendorff, nannte das »Belegschaftsmodell der Privatisierung« ein Instrument, um aus den früher so deklarierten jetzt tatsächlich »volkseigene« Betriebe zu machen.

Ende April 1992 – so erfuhren wir auf der Veranstaltung – waren 1265 Unternehmen aus Treuhandbesitz an leitende Mitarbeiter privatisiert worden (MBO). Von diesen Betrieben beteiligten 138 eine mehr oder weniger große Zahl ihrer Mitarbeiter am Unternehmenskapital. Die MKB fand ausschließlich im mittelständischen Bereich statt. Schwerpunkte waren die Betriebsgrößen bis 100 Mitarbeitern. Angesiedelt waren sie vor allem im Dienstleistungswesen (50 Prozent) und in der Bauwirtschaft (21 Prozent).

Bei allem Anteil, den die bisher genannten Hemmnisse an der spärlichen, ja schmalbrüstigen Entwicklung eines Mittelstandes haben, drei weitere Umstände dürfen nicht außer Betracht bleiben: Auch in den alten Bundesländern ist das umfangreiche Geflecht mittelständischer Unternehmen nur im Umfeld leistungsfähiger Großbetriebe entstanden und lebensfähig. Die Großindustrie tritt als stabiler Auftraggeber für Zulieferungen, Komponenten, Normteile, spezielle Dienstleistungen auf. Gerade diese Säule aber ist in der ostdeutschen Wirtschaft nicht fest gefügt. Noch vorhandene Reste drohen sogar einzustürzen. So nimmt es kaum wunder, daß ein industrie- und gewerbetypischer Mittelstand sich schwertut, aus der Talsohle herauszufinden. Hinzu kommt, daß er anstelle eines gut ausgebildeten zweiten Standbeines eine eher wenig belastbare Prothese hat: Finanzkräftige Kommunen, die normalerweise zu den Hauptnachfragern an mittelständischer Leistung gehören, sind in den neuen Bundesländern immer noch rar.

Und schließlich: Durch die Vergabe öffentlicher Mittel nach dem Gießkannenprinzip entstehen am Rande Tausender Gemeinden Gewerbegebiete. Angenommen, in jedem von ihnen siedeln sich ein bis zwei Märkte an. Wer soll dann noch innerhalb der Orte den Mut haben zu investieren, sein Haus mit den darin befindlichen Ladengeschäften herzurichten? Wer soll sie denn mieten? Hier wird dem Mittelstand der Boden entzogen, noch bevor er sich aufrichten könnte.

Alles in allem war es eine Illusion zu glauben, Mittelständler würden sich in Ostdeutschland gewissermaßen automatisch durch die Privatisierung der großen Staatsunternehmen, der industriellen »Dickschiffe«, und eingeräumte Gewerbefreiheit entwickeln.

Herberge der Töchter

Ein hervorstechendes Merkmal des Privatisierungsprozesses in Ostdeutschland war in den ersten beiden Jahren, daß die Unternehmen Tochtergesellschaften westdeutscher Firmen wurden. Das traf auf über 90 Prozent der bis Mitte 1992 verkauften Unternehmen zu. Unter den Augen der Treuhand, von ihr geduldet, ja gefördert, zumindest nicht Einhalt geboten, entstand ein spezifisches sozialökonomisches Resultat: eine »Filialökonomie« westdeutscher Konzerne, Banken, Versicherungsgesellschaften und Handelsketten.

Auf dieses Phänomen hin angesprochen, reagieren in solchen Firmen Beschäftigte häufig spontan, es sei doch egal, ob man bei der Mutter oder einer Tochter arbeite. Hauptsache, man habe überhaupt einen Job. Aus Sicht der Betroffenen kann eine solche Haltung nicht verwundern. Die Investitionszusagen des Käufers lassen zunächst auf den Erhalt der übernommenen Arbeitsplätze hoffen. Von Vorteil ist auch, daß die Tochter am technischen und kaufmännischen Know-how der Mutter teilhaben kann. Sie wird zumeist in deren leistungsfähige Logistik eingebunden. Häufig übernimmt ein auf dem Gebiet der Produktion, des Marketings, der Finanzierung und der Dienstleistungen erfahrenes Management die Leitung des östlichen Ablegers.

Aber wo ein Plus ist, ist gewöhnlich auch ein Minus. Hier kommt hinzu, daß das Plus eher ein kurzzeitiger Vorteil, das Minus aber eine langfristige Unwägbarkeit ist. Tochtergesellschaften sind in ihren Existenzgrundlagen immer bedrohter als selbständige Unternehmen. Sie werden vielfach zu »verlängerten Werkbänken«, zu reinen Produktionsstätten, zu Herstellern von Vorprodukten mit meist geringer Wertschöpfung. Nicht selten führen sie nur Lohnaufträge für ihre Muttergesellschaften aus. Forschung wird bei ihnen verzichtbar. Die Filialen machen den Stammwerken keine Konkurrenz. Ihre

Hauptfunktion besteht sogar in deren Abschottung gegen Konjunkturschwankungen. Insbesondere in Zeiten stagnierenden oder rückläufigen Wachstums fallen Unternehmensentscheidungen oftmals zuungunsten der Töchter aus, werden sie zur konjunkturellen Manövriermasse. Produktionseinschränkungen, Kurzarbeit, Betriebsstillegungen und Arbeitslosigkeit sind die Folge.

Nicht übersehen werden darf auch der sogenannte ALDI-Effekt, den Filialen hervorbringen. Damit wird die verzerrende Wirkung auf das regionale Steueraufkommen bezeichnet. Die großen Handelsketten z.B. versteuern die Lieferungen und Leistungen für ein neues Bundesland in der Regel am Hauptsitz im Altbundesgebiet. Das gleiche Abführungsprinzip wie für die Mehrwertsteuer gilt für die Bund und Land zustehende Körperschaftssteuer aller Kapitalgesellschaften, unabhängig davon, wo sich ihre Niederlassungen befinden.[62] Da die Geschäftsleitung in der Regel ihren Sitz im alten Bundesgebiet hat, vermehren ostdeutsche Tochterunternehmen entsprechend ihrem wirtschaftlichen Ergebnis die dort zu entrichtende Steuer. Umgekehrt vermindern sich die potentiellen Steuereinnahmen eines neuen Bundeslandes um so mehr, je ungünstiger die Proportion zwischen Filialen und selbständigen Firmen ist.

Nach Informationen des Leiters der Besitz- und Verkehrssteuerabteilung der Oberfinanzdirektion Cottbus, Ulrich Mütig, brachte die Umsatzsteuer auf Grund des »ALDI-Effekts« im Jahre 1991 mit 1,23 Milliarden DM nur 37 Prozent der erhofften Summe in die Brandenburger Landeskasse;[63] Transferzahlungen aus den alten Bundesländern zur Sanierung der ostdeutschen Landeshaushalte sind vorherbestimmt. Ein sich selbst tragender ökonomischer Aufschwung im Beitrittsgebiet wird behindert. Nur wenn die Bildung eines bodenständigen Unternehmertums in den neuen Bundesländern bewußt gefördert wird, lassen sich solche wie die genannten Probleme eindämmen. Wege dazu sind:

– Weitere schnelle Reprivatisierung.

Das Primat der Rückgabe der Vermögenswerte an die Alteigentümer vor anderen Formen der marktwirtschaftlichen Verwertung hat bislang oft die Neuordnung der Besitzverhältnisse der 1972 enteigneten

Betriebe verzögert. Unterschiedliche Positionen zwischen Treuhand und Alteigentümer zu zwischenzeitlich eingetretenen Wertveränderungen und damit zum Rückkaufpreis, Unentschlossenheit von Erben hinsichtlich der weiteren Vermögensnutzung sind einige der Gründe. Die dem Vermögensgesetz zugrunde liegende Annahme, die Alteigentümer würden ihr Vermögen mit offenen Armen zurücknehmen, hat sich nicht bestätigt. Tempo in die Reprivatisierung könnte kommen, die Identifikation der Belegschaft mit dem betreffenden Unternehmen gestärkt werden, wenn von der Treuhand auch hierfür MBO und MKB zugelassen würden.

- Förderung der Privatisierung kleiner und mittelständischer Betriebe, von Betriebsteilen durch Verkauf an das eigene Führungspersonal oder an interessierte Belegschaftsangehörige.

Besonders in Branchen mit relativ gesicherten Zukunftsaussichten wären solche Projekte erfolgversprechend. Hier darf nicht gewartet werden, ob sich vielleicht doch noch ein externer Käufer findet. Mittelständische Unternehmen, die auf regionalen und nicht vermachteten, also bereits aufgeteilten Märkten operieren, Marktnischen besetzt halten oder dezentrale Dienstleistungsangebote erbringen, sind für nicht ortsansässige Investoren oft weniger interessant. Ortskenntnis und ausgeprägter Bezug zur Region prädestinieren Belegschaftsangehörige oder das Führungspersonal als Übernahmekandidaten. Ihre Bevorzugung bei Vorliegen mehrerer vergleichbarer Kaufangebote muß von intensiver Beratung über die zweckmäßigste Rechtsform bis zu den geeignetesten Möglichkeiten der Einlagensicherung reichen.

- Verkauf von Vermögenswerten (Liegenschaften, Produktionsanlagen usw.) aus Treuhandbestand an aufstrebende ostdeutsche Unternehmen.

Das ist wie die vorgenannten Privatisierungsrichtungen ein Weg, um die Ausuferung der Filialökonomie einzudämmen. Damit kann auch dem weiteren Abbau der Industrieforschung in den privatisierten Unternehmen und der Abwanderung qualifizierter, junger Menschen ein Stop gesetzt werden.

Zwei Jahre nach der Währungsunion war die früher von der Kombinatsstruktur dominierte Industrie der Ex-DDR im wesentlichen in drei »Rumpfwirtschaften« zerfallen. Nach einem Klassifikationsversuch von Experten des Wissenschaftszentrums Berlin für Sozialforschung, der sich mit meinen eigenen Analyseergebnissen deckt, handelt es sich dabei erstens um die »defensiven Nischenverteidiger«. Das sind zumeist noch in Treuhandbesitz befindliche Betriebe, die es wegen Entlassung ihres Forschungspersonals schwer haben, neue Produkte anzubieten, und stärker denn je auf den Export eines veralteten Sortiments nach Osteuropa angewiesen sind.

Als »Kathedralen in der Wüste« werden zweitens jene privatisierten Betriebe bezeichnet, die vor allem wegen ihrer Fertigungstiefe und ihrem »systemischen Wissen« bei West-Käufern begehrt sind. Der Nachteil: Die Ost-Töchter werden dann direkt an die Strukturen der West-Mutter angekoppelt und von dort auch versorgt. Die regionale Arbeitsmarktausstrahlung auf Zulieferer in den neuen Ländern bleibt gering.

Dritte Rumpfwirtschaft Ostdeutschlands sind die »isolierten Pioniere«, Firmengründer mit dem Wagemut zur Selbständigkeit auf einem Feld mit hoher Fluktuation.

Das radikale Zerschlagen der alten Planungs- und Produktionsstrukturen, aber auch aller informellen Netzwerke, die das ausgepowerte Produktionssystem am Laufen hielten, scheint genau das nicht zu leisten, womit es gerechtfertigt wird: die Entfaltung freier Marktkräfte.

Freie Scholle

In Mecklenburg geboren und aufgewachsen, bin ich Land und Leuten bis heute eng verbunden. Neben dem Schiffbau, in dem auch mein Vater tätig war, ist die Landwirtschaft der Haupterwerbszweig. Als Schulmädel habe ich – zumindest in der Reflexion der Erwachsenen – die Bodenreform miterlebt, als Studentin den schmerzhaften Beginn der Genossenschaften, die schließlich das Bild der Landschaft prägten. Selbst manch ehedem vergessenes Dorf veränderte fortan sozial und kulturell sein Antlitz. Kindergärten und Arztstationen wurden von den gemeinschaftlich wirtschaftenden Betrieben eingerichtet, Kultur- und Bildungsveranstaltungen organisiert, Verkehrswege gebaut. Die Bauern lernten kennen, was Urlaubsanspruch und eine geregelte Arbeitszeit ist. Nirgends fiel der Fortschritt nach dem zweiten Weltkrieg deutlicher ins Auge als auf dem Lande.

Wenn ich heute durch meine engere Heimat fahre, fallen neue Bilder auf. Sie sind zwiespältig und zumeist bedrückend: Bunte Einkaufszentren, riesige Baumärkte und manche Ferienidylle auf der einen Seite, stillgelegte Flächen, verfallende Ställe, verödende Dörfer auf der anderen.

In allen neuen Bundesländern zusammengenommen, »ruhte« 1990/91 auf einer Fläche von 600000 Hektar die Bewirtschaftung, das waren rund 13 Prozent des Ackerlandes. 1991/92 waren etwa 360000 Hektar in die ein- und fünfjährige Stillegung einbezogen. Damit entfielen auf die neuen Länder 73 Prozent der gesamten deutschen Brache. Infolge dezimierter Rinderbestände – von 1989 bis Ende 1991 sanken sie auf 57 Prozent – wurden darüber hinaus ca. 500000 Hektar Grünland nicht bewirtschaftet. Angesichts des Hungers in der Welt ist das eine unfaßbare Entwicklung, ganz zu schweigen von den bitteren Folgen für die Landbevölkerung selbst.

Was war geschehen?

Gravierender noch als in anderen Bereichen waren in der Landwirtschaft die Unterschiede zwischen Ost- und Westdeutschland. In der DDR dominierte mit den landwirtschaftlichen Produktionsgenossenschaften (LPG) die gemeinschaftliche Produktion. Allerdings waren solche für das Genossenschaftswesen typischen Merkmale wie Eigenverantwortung und Selbständigkeit durch eine subjektivistische Agrarpolitik stark deformiert.

Besonders in den siebziger Jahren wurden Pflanzen- und Tierproduktion voluntaristisch getrennt. Die Durchschnittsgröße einer auf Pflanzenbau spezialisierten LPG betrug 4400 Hektar. Eine auf Tierhaltung ausgerichtete LPG zählte an die 1500 Stück Großvieh. Hohe Kosten für Verwaltung und Transport, aber auch starke Umweltbelastungen waren der Preis.

In der BRD-Landwirtschaft herrschte der private Betrieb vor. Seine durchschnittliche Größe beläuft sich auf 29 Hektar, sofern es sich um Vollerwerbsbetriebe handelt. Die Betreiber arbeiten in der Regel mehr als 60 Stunden pro Woche und erzielen Einkommen, die etwa ein Viertel unter denen in der gewerblichen Wirtschaft liegen. Die Zahl der jährlichen Liquidationen ist entsprechend hoch und ansteigend.

Bei einer solch differenzierten Ausgangslage mußte die auf pure Imitation und Nachvollzug altbundesdeutscher Gegebenheiten gerichtete Agrarpolitik im östlichen Teil Deutschlands mit unverhältnismäßig tiefen Einschnitten und unnötigem menschlichem Leid verbunden sein. Unvermeidbar, aber auch sinnvoll wäre es gewesen, die Mammutgebilde zu entflechten, sie auf überschaubare Einheiten zu reduzieren, die mit geringerem Leitungs- und Kontrollaufwand hätten geführt werden können. Die Großbetriebe aber schlechthin in Acht und Bann zu tun und statt dessen Klein- und Kleinstbetriebe zu hätscheln, konnte keine Lösung sein. Die Bundesregierung jedoch favorisierte als Leitbild für die landwirtschaftliche Umgestaltung in den neuen Bundesländern den kleinbäuerlichen Familienbetrieb. Das war allerdings erstens riskant, weil es nicht den Intentionen der ostdeutschen Bauern entsprach. Bis Anfang 1992, also nach Ablauf der vom Einigungsvertrag gesetzten Frist für die Umstrukturierung der 4530 genossenschaftlichen Betriebe, hatten sich 1378 Eingetragene Genossenschaften (nach dem Genossenschaftsrecht der BRD) mit durchschnittlich 1700 Hektar landwirtschaftlicher Nutzfläche (LN), 1200 GmbH (mit je etwa 1000 Hektar LN), 600 Personengesellschaften mit durchschnittlich 550 Hektar LN, 16 000 private Bauernwirtschaften, darunter nur knapp jede zweite als Vollwertbetrieb, gebildet. Damit war die Strategie der Anpassung der ostdeutschen an die westdeutschen Landwirtschaftsstrukturen am Willen der Bauern gescheitert.

Zweitens: Den aus vergangenen Zeiten herrührenden kleinbäuerlichen Familienbetrieb ausgangs des 20. Jahrhundert zu präferieren, widerspricht offensichtlich Zukunftserfordernissen. Gerade in der Landwirtschaft hätte, im östlichen Teil beginnend, eine Innovation, ein Neuansatz für ganz Deutschland erfolgen können. Eine bodenständige Landwirtschaft hat eine sichere Perspektive nur durch die Entwicklung moderner bäuerlicher Gemeinschaftsunternehmen. Das freiwillige Zusammenwirken der Bauern in vielfältigen kooperativen Formen, von der Maschinengemeinschaft bis zur Genossenschaft, garantiert eine Wirtschaftsweise, in der der Bauer als Eigentümer und Produzent seine Zukunft hat. Der genossenschaftliche Weg ist eine Alternative zum Familienbetrieb, weil er das Eigentum der Bauern wahrt, ihre Mitwirkung bei der Verwertung und Mehrung des Eigentums garantiert und die sozialen Grundrechte einer modernen Gesellschaft gewährleistet. Das war wohl auch der Grund dafür, daß seinerzeit westdeutsche Studiendelegationen, aber auch solche aus anderen EG-Ländern, die LPG besuchten und oft tief beeindruckt waren.

Nicht unbesehen akzeptiert werden kann drittens das oft strapazierte Argument, Formen gemeinsamer Bewirtschaftung, wie z.B. in Produktionsgenossenschaften, seien weniger wettbewerbsfähig als Familienbetriebe. Außer acht gelassen wird dabei, daß es in anderen EG-Ländern (Italien, Frankreich, Spanien) schon über Jahrzehnte erfolgreiche Formen gemeinschaftlicher Arbeit im Agrarsektor gibt. Für das Bestehen im Wettbewerb geben weder die Größe noch die Rechtsform der Betriebe allein eine Garantie. Entscheidend sind vielmehr

- rasches und flexibles Reagieren am Markt,
- Bewältigung der saisonalen Arbeitsspitzen,
- ein Grundkonsens zur Unternehmensperspektive und damit zur Gewinnverwendung.

Diese Anforderungen können Genossenschaften häufig sogar besser als bäuerliche Familienbetriebe realisieren. Hinzu kommt, daß die Größe der Betriebe maßgeblich die Rentabilität der Produktion beeinflußt. Durch große Einheiten bei Produktion und Absatz, einheitliche Qualitäten, verbesserte Verwertung von Arbeit und Kapital sind die betreffenden Unternehmen im Vorteil. Das beweisen auch ökonomische Ergebnisse in Westdeutschland. Im Wirtschaftsjahr 1990/91 erzielten die größeren Vollerwerbsbetriebe den doppelten Gewinn je Arbeitskraft wie die kleinen Betriebe. Deshalb vollzieht sich in Westdeutschland, wie in der EG überhaupt, ein Strukturwandel. In der letzten Dekade haben in der früheren BRD jährlich rund 3 Prozent der Familienbetriebe aufgegeben, in den 12 Staaten der Europäischen Gemeinschaft ist fast die Hälfte, das sind 4,5 Millionen Landwirte, über 55 Jahre alt und ohne Hofnachfolger.

Entgegen dem Mehrheitswillen der ostdeutschen Bauern und sich abzeichnenden Zukunftstrends favorisierte die Politik – wie in den alten Bundesländern so auch für die neuen – ein zwar respekterheischendes, aber dennoch auslaufendes Modell. Wieder hatte Ideologie Vorrang vor der Ökonomie!

Obwohl offiziell stets von einer vielseitig strukturierten Landwirtschaft die Rede war, benachteiligen die ökonomischen und rechtlichen Rahmenbedingungen für den Agrarbetrieb Formen gemeinschaftlichen Wirtschaftens. Das Steuer- und Abgaberecht der BRD für Genossenschaften fußt auf einem Gesetz von 1889, das die Form der Produktivgenossenschaft nicht erfaßt. Deshalb sind sie ungünstiger gestellt als der Familienbetrieb. Die Fördermittel und Überbrückungshilfen, Subventionen, Zuschüsse, zinsgünstigen Kredite – ohnehin nicht ausreichend – begünstigen ebenfalls wieder die Familienbetriebe. Dazu kommt noch das langwierige, schwerfällige, bürokratische Vorgehen bei der Bereitstellung dieser Mittel.

Aus DDR-Zeiten stammende Kredite müssen bei der Umstrukturierung von den Nachfolgebetrieben der LPG, nicht aber von den aus ihnen hervorgehenden bäuerlichen Familienbetrieben übernommen werden. Tilgung und Kapitaldienst haben nur Genossenschaften und GmbH zu leisten. Auch das gesamte Regelwerk der Treuhand ist in die Agrarpolitik der Bundesregierung eingebunden. So übernimmt die Behörde zwar bei der Privatisierung früherer staatlicher Landwirtschaftsbetriebe die Altschulden. Für die LPG hingegen ist nur Teilentschuldung nach Einzelfallprüfung vorgesehen. Das bringt für die Nachfolgebetriebe automatisch erhebliche finanzielle Lasten.

Noch schwerwiegender aber sind für sie die Konsequenzen, die sich aus dem Umgang mit dem treuhänderisch verwalteten staatlichen Bodenfonds ergeben. Dieser Fonds umfaßt etwa 1,5 Millionen Hektar landwirtschaftlicher Nutzfläche und stammt hauptsächlich aus der Bodenreform. Die genannte Fläche wurde in der DDR von den LPG unentgeltlich genutzt. Zusammen mit dem von den Bauern selbst eingebrachten Grund und Boden bildete sie anteilig etwa mit einem Viertel die Nutzfläche der LPG. In den Jahren 1991/92 hat die Treuhandanstalt über diesen Boden nur einjährige Pachtverträge abgeschlossen, was für einen Landwirtschaftsbetrieb untragbar ist und ihm die Möglichkeit einer langfristigen konzeptionellen Arbeit zur Anbau- und Fruchtfolgegestaltung und damit zur Konsolidierung nimmt. Darüber hinaus wird die Kreditgewährung seitens der Banken und der Zugang zu Fördermitteln behindert.

Im Gegensatz dazu hatten bis zum Jahresende 1991 bereits 1075 westdeutsche Agrarbetriebe von der Treuhandanstalt 250 000 Hektar sowohl durch Kauf oder langfristige Pachtverträge in Nutzung. Davon sind etwa 130 sogenannte Tiefladerbauern, die ihre Betriebe in Westdeutschland haben, zusätzlich diese Flächen zur Marktfruchtproduktion nutzen und dazu teilweise ihre Maschinen durch die Lande fahren. Sie – wie übrigens auch Landwirte aus anderen EG-Ländern – wissen um die Vorteilhaftigkeit großer Flächen für eine rentable Produktion. So hat z.B. die britische Velcourt Group Plc, Ledbury, eine Gesellschaft für Management und Kapitalbeteiligungen im Agrarsektor, im Leipziger Becken fast 5800 Hektar gepachtet, davon 3400 Hektar von 1200 privaten Landbesitzern, den Rest von der Treuhandanstalt bzw. zwei weiteren privaten Eigentümern.

Die Perspektive, auf großen Flächen durch Konzentration des Getreideanbaus auf besonders leistungsstarke Sorten optimale Ernten zu erhalten, machte auch Frankreichs größte Bauerngenossenschaft mobil. Die Union Champagne Céréales, Reims, pachtete in Mecklenburg-Vorpommern 25 000 Hektar Land. Für 50 Millionen DM errichtet sie in Rostock eine Mälzerei. In diesen Kategorien unternehmerisch zu denken war nach Auskunft der Union-Manager in der EG bislang nicht möglich.[64]

Die prinzipielle Entscheidung über die Nutzung und Verwertung der treuhänderisch verwalteten Flächen ist für die Strukturentwicklung in Ostdeutschland von erheblicher Bedeutung. Einen Schwerpunkt bilden dabei die in der damaligen Sowjetischen Besatzungszone Deutschlands 1945/46 auf der Grundlage des Potsdamer Abkommens entschädigungslos enteigneten Ländereien. In der Anlage zum

Einigungsvertrag zwischen der BRD und der DDR ist festgelegt, daß die Enteignungen, die nach Besatzungsrecht erfolgten (1945 bis 1949), nicht mehr rückgängig zu machen sind. Das Bundesverfassungsgericht bestätigte diesen Grundsatz, allerdings mit der Maßgabe, dafür Entschädigungen zu zahlen. Das Vorhaben der Treuhand, diese Flächen über Ausschreibungen zu verwerten, würde bedeuten, daß die kapitalkräftigen, auf Entschädigung wartenden ehemaligen Besitzer wiederum das Eigentum an diesem Boden erwerben. Weder die Mitglieder von Nachfolgebetrieben der LPG noch einzelbäuerliche Betriebe verfügen über das notwendige Kapital, um sich aussichtsreich an einer solchen Ausschreibung zu beteiligen.

Zur Stabilisierung der Landwirtschaft und der Betriebe in Ostdeutschland müssen daher Lösungen gefunden werden, die den Übergang des treuhänderisch verwalteten Bodens in das Eigentum der Bauern ermöglichen. Eine gute Methode dafür ist der Pachtkauf.

Wird hingegen das sogenannte Siedlungskaufmodell beschlossen, werden Alteigentümer, darunter Großgrundbesitzer, beim Landerwerb bevorzugt. Die Agrargenossenschaften jedoch würden ausgeschlossen. Sie könnten auf dem »freien Bodenmarkt« mitbieten. Das wäre aber für viele von ihnen das Aus. Von vielgepriesener Chancengleichheit wiederum keine Spur! Zu den 200 000 offiziellen Arbeitslosen in ostdeutschen Dörfern kämen weitere hinzu. Die Quasiarbeitslosen – Nullstunden-Kurzarbeiter, Vorruheständler, Empfänger von Altersübergangsgeld – mitgerechnet, ergibt sich eine bedrückende Situation auf dem Lande.

Die Strukturveränderungen brachten zwar den notwendigen Produktivitätszuwachs, doch verliefen sie in einem Tempo, das die Schaffung alternativer Arbeitsplätze im Dorf nicht zuließ. In Westdeutschland hat die Halbierung der Beschäftigtenzahl auf dem Lande (auf volle Arbeitskräfte umgerechnet) immerhin zwanzig Jahre gedauert. In Ostdeutschland schrumpfte sie innerhalb von zwei Jahren auf ein Drittel. Auf Grund des geringen Einkommens zu DDR-Zeiten und der gegenwärtig praktizierten Nichtanrechnung von Erlösen aus der individuellen Hauswirtschaft sind Zigtausende auf dem Lande von Armut bedroht.

Im Gegensatz zu den anderen Treuhandobjekten fällt bei Grund

und Boden der schleppende Verkauf auf. Bei der Privatisierung land- und forstwirtschaftlicher Flächen – so die damit befaßten Treuhänder – braucht man einen langen Atem. Sie kann eine Generation – also 25 bis 30 Jahre – in Anspruch nehmen. Der Grund: Der Ertrag aus landwirtschaftlicher Nutzfläche ist, gemessen an ihrem Verkehrswert, ungünstig.

Auf einer von der PDS-Bundestagsfraktion am 14. Mai 1992 organisierten öffentlichen Anhörung zur Arbeit der Treuhand brillierte Hans-Jürgen Rohr, Generalbevollmächtigter der Unternehmensgruppe Land- und Forstwirtschaft in der Behörde, mit seinem Know-how der Privatisierung. Der exzellente Kenner der Materie berichtete, der Verkehrswert eines Hektars landwirtschaftlicher Nutzfläche betrüge in den alten Bundesländern etwa 30 000 DM. Der Gewinn bei der Bewirtschaftung beliefe sich vor Steuerabzug auf rund 450 DM. Damit erziele das beim Kauf eingesetzte Kapital eine Verzinsung von 1,5 Prozent. Bei Forsten eine ähnliche Lage: Ein Hektar brächte beim Verkauf an die 30 000 DM. Der Reingewinn des Betriebes liege bei 150 DM und die Verzinsung damit bei 0,5 Prozent. Da der Verkehrswert in den neuen Bundesländern nach Rohr niedriger sei, fielen auch Reingewinn und Verzinsung geringer aus. Demnach würde – dem Berichterstatter zufolge – landwirtschaftliche Nutzfläche nur kaufen, wer steuerliche Vergünstigungen erhalte. Also bleibe Verpachtung der Hauptweg. Dazu hat die Treuhand zusammen mit einem Bankenkonsortium eine Bodenverwertungs- und -verwaltungsgesellschaft gegründet.

Bei aller Perfektion, mit der Rohr sein Wissen vortrug – ließ er die Zuhörer in einer Hinsicht nicht im Regen stehen? Der Hauptgrund für den dosierten Landverkauf besteht in der Absicht zu verhindern, daß bei plötzlichem Überangebot der Bodenpreis in den alten Bundesländern in den Keller sinken und sich damit das Vermögen der westdeutschen Bauern automatisch entwerten würde. Wenn es doch so viel Vor- und Fürsorge auch für die ostdeutschen Bauern gäbe!

Wie sich die deutsche Landwirtschaft in Ost und West künftig entwickeln wird, ist schwerlich vorauszusagen. Fest steht aber zweierlei:

Erstens ist eine ausschließlich deutsche Lösung des Zusammenwachsens beider Teile ausgeschlossen. Dazu ist der westeuropäische Integrationsprozeß auf agrarpolitischem Gebiet viel zu weit vorangetrieben. Die Souveränität der Bundesrepublik ist in Agrarfragen erheblich eingeschränkt. Die Abhängigkeit der Agrarproduzenten von den Rahmenbedingungen und Entscheidungen der EG hat mit freier Marktwirtschaft nichts zu tun.

Zweitens wird das frontale Aufeinanderprallen so unterschiedlicher Landwirtschaften wie der west- und ostdeutschen keine von beiden belassen, wie sie war. Die Entwicklung verläuft nicht auf einer Einbahnstraße, als Prozeß der einfachen Anpassung der »unterlegenen« Ost- an die scheinbar »überlegene« West-Landwirtschaft.

Ein Drittel der deutschen Landwirtschaft – die in den neuen Ländern – wird in Zukunft von Agrarunternehmen betrieben, wie es sie in der alten Bundesrepublik kaum gab. Dominieren werden juristische Personen verschiedener Rechtsformen mit tausend und mehr Hektar sowie Bauern mit Betrieben bis zu 800 Hektar landwirtschaftlicher Fläche. Mittelfristig bestehen große Chancen dafür, daß die ostdeutschen Strukturen ihre Überlegenheit beweisen.

Transfusion oder Aderlaß?

Investieren statt alimentieren

»Noch nie stand so viel flüssiges Geldvermögen der Unternehmen, so viel investitionsbereites Kapital zur Verfügung wie gegenwärtig, Frau Luft. Lassen Sie das Basteln an eigenen Gesetzen. Führen Sie die Gewerbe-, Niederlassungs- und Vertragsfreiheit ein. Geben Sie dem Privateigentum volle Entfaltungsmöglichkeiten. Verzichten Sie auf die 49-Prozent-Beteiligungsklausel für Gebietsfremde bei Joint-ventures. Liberalisieren Sie die Preise. Sie werden sehen, wie die Investoren in Ostdeutschland Schlange stehen!«

Das waren die Worte, mit denen sich Otto Wolf von Amerongen, der Vorsitzende des Ostausschusses der deutschen Wirtschaft, Mitte Januar 1990 bei einem Arbeitsfrühstück in Köln an mich wandte. Diese Begegnung fand am Morgen nach meinem Vortrag anläßlich der Jahrestagung der Industrie- und Handelskammer Düsseldorf statt. Dort hatte ich unser Regierungskonzept zur marktwirtschaftlichen Reformierung der DDR-Ökonomie vorgestellt und auch über den dazu erforderlichen Kapitalbedarf gesprochen.

Von Amerongen war nicht der einzige, der solche Ratschläge gab. Ähnlich äußerten sich in jenen Wochen viele hochrangige Vertreter der Wirtschaft und auch Politiker der BRD. Ich hatte damals das Gefühl, daß die Herren im besten Glauben waren, sich von einer Art Mission leiten ließen. Sie waren von der Kraft und Attraktivität ihres Wirtschaftssystems überzeugt und vertrauten der Wiederholbarkeit des in den fünfziger und sechziger Jahren in Westdeutschland gelungenen »Wirtschaftswunders«. Natürlich hatten sie recht: Die DDR-Ökonomie bedurfte einer kräftigen Investitionsspritze, und dazu mußte umfangreiches Kapital von außen mobilisiert werden.

Tatsächlich war das neugebildete Geldvermögen der bundesdeutschen Unternehmen 1990 mit 187 Milliarden DM – im Jahre 1987 waren es nur 60 Milliarden – auch im internationalen Maßstab aufsehenerregend hoch. 1991 kamen noch einmal 140 Milliarden dazu, und das gesamte Geldvermögen der Unternehmen belief sich nach Berechnungen der Deutschen Bundesbank in jenem Jahr auf

1673 Milliarden DM gegenüber »nur« 642 Milliarden 1980. Von diesen mehr als eineinhalb Billionen war ein gutes Drittel – 595 Milliarden – flüssig. »Es sind also schon gewaltige Geldvermögen«, hieß es im Handelsblatt, »die von den westdeutschen Produktionsunternehmen verwaltet und jährlich neu gebildet werden, und ihre Jahresvermögen weisen bisweilen schon die Typizität einer Bankbilanz auf, obwohl ihre Aufgabe doch eigentlich die Bildung von Sachvermögen ist.«[65]

Die Finanzierung der notwendigen Sachinvestitionen in Ostdeutschland war also in der Tat kein privatwirtschaftliches Liquiditätsproblem. Aber war es nicht eine Fehlannahme, davon auszugehen, daß allein ein in der DDR zu schaffendes attraktives marktwirtschaftliches Umfeld ausreichen würde, um »das scheue Reh« anzulocken? Ich erinnere mich oft an die Prophezeiungen vom »Schlangestehen« der Investoren, und ich nehme an, meine Gesprächspartner auch. Von der am 18. März 1990 gewählten Volkskammer wurden bald Gesetze der BRD übernommen oder in starker Anlehnung daran beschlossen. Spätestens seit dem Beitritt der DDR zur BRD galten in den neuen Bundesländern die gleichen rechtlichen Bedingungen für Kapitalanlagen wie in den alten. Es gibt sogar lukrative Investitionszulagen. Noch von der de-Maizière-Regierung wurde das als Diskriminierung, als Hemmschwelle für privates Kapital apostrophierte 49:51-Beteiligungsverhältnis für Gebietsfremde bei der Gründung von Joint-ventures aufgehoben. Einen »Urknall« bei den Investitionen hat das nicht gegeben!

Übrigens hatte die Minderheitsklausel für kleine und mittlere Betriebe sowie für Vorhaben im gesamtvolkswirtschaftlichen Interesse ohnehin nicht gegolten. Die hitzigen Debatten um dieses Problem – so sehe ich das noch immer – waren innerhalb wie außerhalb der DDR mehr psycho-politisch denn praktisch-ökonomisch motiviert. Mir ist kein einziges ernstgemeintes Gemeinschaftsprojekt bekannt, das durch die genannte Klausel be- oder gar verhindert worden wäre. Überzeugend fand ich schon damals die vielen belehrenden Hinweise nicht, in anderen osteuropäischen Ländern habe man sich einsichtsvoll von einer Minderheitsklausel getrennt. Ich beobachte bis heute, daß dort selbst nach Wegfall aller Begrenzungen

»das Reh scheu blieb«. Die gleiche Erfahrung machen wir jetzt in Ostdeutschland. Anderes erweist sich als stärkeres Hindernis: ungeklärte Eigentumsverhältnisse, die unterentwickelte Infrastruktur, das ungenügende Niveau der öffentlichen Verwaltung und das alles überragende Absatzrisiko.

Nach der Währungsunion und besonders nach dem Beitritt der DDR zur BRD konnte es nun nicht mehr um eine Kapitalzufuhr schlechthin gehen. Es war entsprechend dem Grundgesetz - und nicht zuletzt um des inneren Friedens willen - geboten, möglichst rasch einheitliche Lebensbedingungen für alle Deutschen anzustreben. Das aber machte in den neuen Ländern eine pro Kopf schneller steigende Investitionsintensität nötig, als sie in den alten Ländern üblich war.

Die im ersten Halbjahr 1990 angestellten Prognosen zahlreicher westdeutscher Forschungsinstitute gingen davon aus, daß ein jährlicher Investitionsumfang von 120 bis 160 Milliarden DM erforderlich sein würde, um in etwa 10 Jahren die Arbeitsproduktivität des östlichen an die des westlichen Teils Deutschlands anzunähern.

Auch in der DDR waren Größenordnungen für den Investitionsbedarf geschätzt worden. Mein Kollege Hans Knop von der Hochschule für Ökonomie z. B. präsentierte bereits am 17. März 1990 in einem Vortrag auf dem Kongreß der Hermann-Ehlers-Stiftung im Reichstag seine Modellrechnung. Er bezifferte entsprechend der Kapitalintensität der Bundesrepublik den in der DDR notwendigen Kapitalzuwachs durch Nettoinvestitionen auf 715 Milliarden DM, den Aufwand für den Ersatz auszusondernder Grundmittel auf etwa 170 und für die Sanierung von 50 Prozent des Wohnungsbestandes auf 140 Milliarden DM. Er kam also auf einen Finanzbedarf von weit über 1 Billion DM, um in etwa 10 Jahren das Produktivitäts- und Verbrauchsniveau Ostdeutschlands an das Westdeutschlands anzugleichen. Dabei ging er natürlich vom Anknüpfen an vorhandene Potentiale und nicht von deren völliger Demontage aus.

Das Wirtschaftskomitee der DDR veranschlagte die Investitionsanforderungen in einem Dokument vom 23. März 1990 allein für den Zeitraum 1990 bis 1995 auf rund 800 Milliarden DM. Solche Rechnungen lagen vor, als die für die Aushandlung der Währungsunion und des Einigungsvertrages politisch Verantwortlichen den DDR-Bürgern leichtfertig immer noch in einer knappen Fünfjahresfrist blühende Landschaften und westdeutsche Lebensbedingungen versprachen! Ein Liquiditätsproblem wäre das auch nicht gewesen. Aber die Politiker haben die notwendige Weichenstellung versäumt. Sie verkannten, daß eine Kapitalausstattung solcher Größenordnung nicht allein dem Regulativ des Marktes überlassen werden kann, sondern öffentliches Engagement, und zwar als Vorleistung, erfordert. Ganz abgesehen davon, daß Investitionen – zumal in dem genannten Umfang – rein planungstechnisch und technologisch Zeit brauchen.

Wie ist die Lage?

Im Jahre 1991 betrugen die Investitionen westdeutscher Unternehmen in Ostdeutschland kaum 26 Milliarden DM. 1992 sollen sie sich nach Schätzungen des IFO-Instituts München auf rund 44 Milliarden belaufen (vgl. Übersicht). Das sind immerhin schon 70 Prozent mehr als im Vorjahr. Aber bereits das zweite Jahr hintereinander blieben die Investitionsvolumina um ein Vielfaches unter den Durchschnittswerten, die zum Zeitpunkt der Einigung Deutschlands für einen schnellen ökonomischen Aufschwung in seinem östlichen Teil angenommen worden waren. Dabei muß noch die Struktur der Investitionen berücksichtigt werden. Ein beträchtlicher Teil wird allein durch den Erwerb von Grundstücken »aufgefressen«. Außerdem gibt es einige wenige Konzentrationspunkte. Wie schon 1991 ist auch 1992 der größte Einzelinvestor die Deutsche Bundespost. Ihre Investitionsvorhaben summieren sich 1992 auf reichlich 10 Milliarden DM.

Die Investitionsausgaben der Industrieunternehmen sollen sich zwischen 1991 und 1992 von 9,5 auf 18 Milliarden DM zwar verdoppeln. Aber was bedeutet diese Summe angesichts der Tatsache, daß nach Erfahrungswerten für einen neu zu schaffenden Arbeitsplatz eine durchschnittliche Kapitalausstattung von rund 200 000 DM und für die Modernisierung eines bestehenden Arbeitsplatzes im Regelfall Investitionen von 100 000 DM anzusetzen sind? Die genannten 18 Milliarden würden also gerade 90 000 neue Jobs in der Industrie entstehen lassen.

Investitionstätigkeit westdeutscher* Unternehmen in Ostdeutschland (Sachanlagen, Stand Anfang Februar 1992)

Sektoren lt. VGR	1991 Schätzung/Planung Mrd. DM	1992	Vorhaben kommende Jahre Mrd. DM
Elektrizitätsversorgung[a)]	2,5	3,5	ca. 50
Gasversorgung	1,0	2,0	ca. 50
Verarbeitendes Gewerbe	9,5	18,0	Fortführung
Baugewerbe	1,0	1,5	Fortführung
Handel	2,5	3,7	Fortführung
Banken, Versicherungen	1,0	1,8	Fortführung
Sonstige Dienstleistungen[b)]	1,0	2,5	Fortführung
Bundespost[c)]	7,0	10,5	ca. 55
Unternehmen insgesamt (ohne: Wohnungsvermietung und Verkehr)	25,5	43,5	

* In den Sektorschätzungen sind auch ausländische Unternehmensaktivitäten enthalten, soweit die Investitionsvorhaben über westdeutsche Tochtergesellschaften bzw. in Gemeinschaft mit einem westdeutschen Investor abgewickelt werden.

a) Einschließlich Schätzung für die öffentliche Fernwärmeversorgung und industrielle Kraftwärmekopplung

b) Gastgewerbe, Heime, Leasing/Vermietung, sonstige private Dienstleistungen

c) Alle drei Postunternehmen

Quelle: Erhebungen und Zusammenstellungen des IFO-Instituts.
IFO-Schnelldienst 6/1992

Geht man davon aus, daß nach der inzwischen eingetretenen Arbeitsplatzvernichtung und analog der Erwerbsquote[66] in den alten Bundesländern mittelfristig in den neuen Ländern etwa 2 bis 2,5 Millionen Arbeitsplätze neu geschaffen werden müssen, so ergibt allein das eine Investitionssumme von 400 bis 500 Milliarden DM. Noch einmal der gleiche Betrag wird für zu sanierende Plätze erforderlich.

Angesichts solcher Fakten relativieren sich die Erfolgsmeldungen der Treuhand, sie habe bis 30. Juni 1992 durch Unternehmensprivatisierung von den Käufern Zusagen über140 Milliarden DM Investitionen und für den Erhalt von 1,22 Millionen Arbeitsplätzen. Erstens sind Zusagen noch keine Garantie. Das um so mehr, als sie in den Verträgen nicht einmal komplett mit fühlbaren Strafen im Falle der Nichterfüllung belegt bzw. mit rechtlichen Bindungen versehen werden konnten, wie Frau Breuel in einem Pressegespräch am 29. Juni 1992 einräumte. Ob es die Arbeitnehmer in den betroffenen Firmen tröstet, wenn sie fortfährt: »In der sozialen Marktwirtschaft gibt es Verpflichtungen, die stärker wirken als Verträge. Und deshalb sind auch solche Erklärungen, die uns bei den Verhandlungen gegeben wurden, auch wenn sie nur als Absicht formuliert sind, von einer starken moralischen Bindungskraft.« Welchen Wert haben letztlich Appelle an die Moral?

Zweitens beziehen sich die Investitionszusagen normalerweise auf einen Zeitraum von 3 bis 5 Jahren. So waren Mitte Juni 1992 nach Angaben des Treuhandverwaltungsratchefs Jens Odewald von den 140 Milliarden zugesagten Investitionen mindestens 110 Milliarden noch nicht ausgegeben. Die Projekte befanden sich erst in der Planungsphase. Der Effekt dieser Investitionen – so Odewald – käme erst mit der Fertigstellung, denn dann stellten sich auch Wirkungen für Zulieferbetriebe ein. Diesen Verzögerungseffekt der Investitionen habe man bei der Treuhandarbeit bisher viel zuwenig berücksichtigt. »Wir haben am Anfang unserer Arbeit alles zu rosig gesehen, jetzt sehen wir alles zu schwarz.«[67]

Natürlich dürfen neben den privaten die öffentlichen Investitionen nicht übersehen werden. Sie erreichten 1991 ein Volumen von 44 Milliarden und sollen 1992 45 Milliarden DM umfassen. Sie dienen vor allem der Verbesserung der Infrastruktur, dem Umweltschutz und dem Wohnungsbau. In bescheidenem Umfang haben auch in Ostdeutschland ansässige Unternehmen in eigener Regie Investitionen durchgeführt. Die Treuhand selbst spricht davon, sie habe in ihre Unternehmen 1991 für Sanierung, Modernisierung und Umstrukturierung 15 Milliarden DM investiert. Die Geschäftsleitungen vieler dieser Firmen klagen aber darüber, daß auf die Erneuerung des Kapitalstocks davon die geringste Summe entfiel.

Alles in allem bleibt insbesondere im verarbeitenden Gewerbe der neuen Bundesländer die Investitionsintensität weiter zurück. Nach überschlägigen Schätzungen (vgl. Übersicht) betrugen 1991 die Investitionen je Beschäftigten 6200 DM. Das sind 48 Prozent, gemessen am 1990 erreichten Niveau der alten Bundesländer.

Investitionen je Beschäftigten
(Investitionsintensität)

Zweig	Neue Bundesländer 1991 DM	Alte Bundesländer 1990 DM	Neue Bundesländer in Prozent zu alten Bundesländern
Verarbeitendes Gewerbe insges.	6.200	12.935	48
Maschinenbau	5.100	9.025	57
Elektrotechnik	5.060	10.425	49
Nahrung und Genuß	12.610	17.365	73
Chemie	6. 260	21.125	30
Stahlbau			
Schienenfahrzeugbau	5.020	5.260	95
Straßenfahrzeugbau	4.210	16.065	26
Textilgewerbe	3.770	10.025	38
Eisenschaff. Industrie	7.590	12.330	62
Steine u. Erden	12.380	20.595	60
Holzverarbeitung	6.220	7.720	81
Bekleidung	1.510	2.805	54
Feinm./Optik	2.120	9.355	23
Eisen, Blech, Metallwaren	5.900	9.425	63
Schiffbau	3.450	8.950	39
Büromaschinen	2.550	23.340	11
Druckereien	11.490	14.690	78

Quelle: W. Kühn, Investitionen in den neuen Bundesländern, in: Berichte und Informationen Nr. 2, April 1992, Herausgeber: Sozialökonomische Strukturanalysen e.V. (SÖSTRA), Berlin

In diesen Dimensionen können die erforderlichen Aufgaben der Strukturanpassung nicht bewältigt werden. Ein Branchenvergleich macht folgende Tatbestände sichtbar:

- Nur ein Zweig des Verarbeitenden Gewerbes, der Stahlbau- und Schienenfahrzeugbau, erreichte 1991 annähernd den Investitionsumfang je Beschäftigten, wie es in der gleichen Branche im Westen Deutschlands seit Jahren üblich ist. Es ist daher auch kein Zufall, daß sich diese Branche in Ostdeutschland von der allgemeinen wirtschaftlichen Entwicklung wesentlich abhebt.
- Standortgebundene Zweige wie das Nahrungs- und Genußmittelgewerbe, Steine und Erden sowie die Druckereien haben angesichts stabiler lokaler Märkte im Vergleich zu den anderen Zweigen überdurchschnittlich investieren können. Aber auch sie bleiben – gemessen am westdeutschen Niveau – deutlich zurück.
- Alle Zweige der Investitionsgüterindustrie der neuen Bundesländer verharrten 1991 hinsichtlich der Investitionsintensität weit hinter den westdeutschen Werten. Das betrifft sowohl die Hauptzweige, wie Maschinenbau und Elektrotechnik, als auch die in den Medien als Vorreiter für einen Aufschwung Ost zitierte Branche, den Straßenfahrzeugbau, der gerade 26 Prozent des westdeutschen Niveaus erreichte. Weit abgefallen sind die »high-tech«-Bereiche Feinmechanik/Optik sowie die Büromaschinenindustrie.

Auch diese Fakten bestätigen frühere Aussagen: Um die Schere zu den alten Bundesländern zu schließen, wären jährliche Investitionen in Höhe von etwa 150 Milliarden DM in den neuen Bundesländern erforderlich. Das bedeutet eine Verdoppelung gegenüber dem bisherigen Umfang. Sonst bleibt die Aufholjagd, die Annäherung des Produktions- und Verbrauchsniveaus, eine Utopie.

Darüber können auch die phantastischen Summen nicht hinwegtäuschen, die als jährliche Transferleistungen von West nach Ost genannt werden: 1990 lt. Angaben der Deutschen Bundesbank 45 Milliarden, 1991 140 und 1992 voraussichtlich 183 Milliarden DM.

Knapp zwei Drittel davon fließen in Form von Arbeitslosen-, Kurzarbeiter-, Vorruhestands- oder Altersübergangsgeld; als Sozialhilfe; zur Finanzierung von oft sinnlosen, Wildwuchs gleichenden Weiterbildungskursen; für Arbeitsbeschaffungsmaßnahmen; als Salär für öffentlich Bedienstete; Wohngeld usw. in die Kanäle der Konsumtion. Sie dienen der Alimentierung großer Teile der ostdeutschen Bevölkerung. Nur ein gutes Drittel kommt investiven Zwecken zugute. Die »Transfusion« ist also bis jetzt mehr darauf angelegt, die tatsächliche und die Quasi-Arbeitslosigkeit finanziell erträglich zu gestalten, als das Entstehen neuer Arbeitsmöglichkeiten zu fördern. Für eine kurz bemessene Umbruchzeit ist das unausweichlich und stößt gewiß auch auf Verständnis. Wenn aber die »Ruhigstellung« von leistungsfähigen Arbeitskräftepotentialen stillschweigend zur Dauerstrategie wird, schießt man damit ökonomisch ein Selbsttor. Anhaltende Arbeitslosigkeit führt zur Kaufkraftminderung, und sinkende Nachfrage gefährdet immer mehr Existenzen im produzierenden Gewerbe und im Dienstleistungswesen. Ethisch-moralisch ist es allemal verwerflich. Die Ostdeutschen werden gar nicht in die Lage versetzt, ihre Einkommen »vor Ort« zu verdienen, deren Höhe durch eigene Leistung zu bestimmen. Ihr Selbstwertgefühl schmilzt, und die deutsche Einheit wird teurer als notwendig.

Verdirbt es nicht den Respekt der meisten Ostdeutschen vor den wahrlich gigantischen Transfers, generiert es bei ihnen die erhoffte Demut, wenn man ihnen laufend – verbrämt oder auch unverblümt – vorhält, sie würden am westdeutschen Tropf hängen? Nimmt es sich nicht wie Zynismus aus, muß es nicht bestenfalls Kopfschütteln, zumeist aber Verärgerung, Ablehnung, ja Gegenwehr hervorrufen, wenn z. B. der Vorstandssprecher der Deutschen Bank, Hilmar Kopper, in gewiß berechtigter Sorge um die Geldwertstabilität der DM feststellt: »Auch die so leistungsfähige deutsche Volkswirtschaft kann nicht 16 Millionen Menschen in Ostdeutschland vom Lebensstandard her aus der Stufe eines Entwicklungslandes in die eines der reichsten Industrieländer der Erde katapultieren und gleichzeitig den Wohlstand der anderen 60 Millionen Bewohner unseres Landes auf höchstem Niveau weiter steigern.«[68]

Selbst wer mit der verblichenen DDR seinen Frieden nicht machen will – dem Entwicklungsländervergleich von Herrn Kopper wird auch er kaum guten Gewissens folgen können. Und Anzeichen für ein »Katapultieren« des Lebensstandards der ostdeutschen Bevölkerung auf das westdeutsche Niveau lassen sich wohl nur schwer finden. Die Löhne der Beschäftigten in den meisten Branchen liegen real bei nicht mehr als 50 Prozent des Durchschnitts in den alten

Bundesländern. Wenn sie nominal höher ausfallen, dürfen längere Wochenarbeitszeit, kürzerer Urlaub, geringeres Urlaubs- und Weihnachtsgeld usw. nicht außer Betracht bleiben. Weit über 30 Prozent der erwerbsfähigen Bevölkerung hat offiziell oder quasi den Arbeitsplatz verloren, lebt von zugeteiltem niedrigerem als selbst erarbeitetem Einkommen. Mit dem Job haben sie zumeist auch die intensive soziale Kommunikation verloren. Die Berufserfahrung entwertet sich. Mieten und Tarife sind explodiert, Kindergartenplätze teurer oder gestrichen worden, Feierabend- und Pflegeheimplätze für viele Betroffene kaum noch erschwinglich.

Statistisch belegen läßt sich die Alimentierung der Ostdeutschen mühelos. 1991 betrug das Bruttosozialprodukt (BSP)[69] in den neuen Bundesländern zu laufenden Preisen 193 Milliarden DM. Die Verwendung machte im selben Jahr 361 Milliarden DM, allein im privaten Bereich 196 Milliarden aus. Damit lag sie insgesamt um 168, der private Verbrauch für sich genommen um 3 Milliarden DM höher als das Bruttosozialprodukt. Eine einfache Modellrechnung verdeutlicht aber schon, wie die Neubundesdeutschen vom Status eines »Selbstversorgers« zu dem eines »Kostgängers« gekommen sind. Vor allem infolge des treuhänderisch umgesetzten wirtschaftspolitischen Crash-Kurses der Bonner politischen Klasse gegenüber Ostdeutschland ist das hiesige BSP innerhalb von zwei Jahren um gut 40 Prozent geschrumpft.

Vergleicht man den effektiven 1991er Verbrauch mit dem für 1989 errechneten BSP der DDR in Höhe von etwa 320 Milliarden DM und wird ein nominales Wachstum von jährlich drei Prozent unterstellt, so ergibt sich ein anderes Bild. Das so ermittelte ostdeutsche BSP in Höhe von ca. 340 Milliarden würde den privaten Verbrauch um 144 Milliarden übertreffen und nur um gut 20 Milliarden über der gesamten Verwendung liegen. Die Transferzahlungen fielen also erheblich geringer aus, damit auch die öffentliche Verschuldung des Bundes und die Belastung der Steuerzahler.

Die einfache Fortschreibung von DDR-Wachstumsraten auf die Zeit nach der Währungsunion kann man zu Recht beanstanden. Es handelt sich auch nur um eines der möglichen Szenarien. Geht man statt eines dreiprozentigen von einem Nullwachstum aus, hätte das durch Transferzahlungen zu begleichende Defizit zwischen Aufkommen und Verwendung 41 Milliarden DM betragen. Bei einem um 20 statt um 40 Prozent geschrumpften BSP – einer Größe, die schon schmerzlich genug, aber bei schnellem wirtschaftlichem Umbau wahrscheinlich unvermeidlich ist –, hätte der Beitrag der Transfers zur Deckung der Lücke zwischen BSP und Verbrauch im Jahre 1991 105 anstelle der tatsächlichen 140 Milliarden DM ausgemacht.

Die Annahme eines nur 20prozentigen Produktionsrückgangs innerhalb von zwei Jahren liegt durchaus nicht im Bereich des Illusorischen. Nach einer Analyse des Wiener Instituts für internationale Wirtschaftsvergleiche schrumpfte das Bruttoinlandsprodukt der östlichen Reformstaaten in dem hier in Rede stehenden Zeitraum 1990 und 1991 wie folgt[70]:

Bruttoinlandsprodukt
(in Prozent gegenüber dem Vorjahr)

Land	1990	1991	1992*
Bulgarien	– 12	– 23	– 10
Polen	– 12	– 9	– 1
Rumänien	– 7	– 13	– 10
Tschechoslowakei	0	– 16	– 7
Ungarn	– 3	– 10	– 2
Mittelosteuropa gesamt	– 7	– 13	– 5
Rußland	– 2	– 9	– 15
Ukraine	– 4	– 10	– 18

* Prognostizierte Werte

Keines dieser Länder hatte Ende 1989 eine günstigere ökonomische Lage als die damalige DDR. Dennoch ist die Talfahrt nirgends so kraß ausgefallen wie in Ostdeutschland. Am Bruttoinlandsprodukt gemessen, betrug der Rückgang sogar fast 50 Prozent. Natürlich hinkt jeder Vergleich, und die Ex-DDR ist nun mal ein Spezialfall. Aber: Man kann es drehen und wenden, wie man will: Die Höhe der Transfers in den Osten Deutschlands ist eine Abhängige der Wirtschaftspolitik, ihr Einfluß auf die öffentliche Verschuldung des

Bundes daher nicht durch »höhere Gewalt« verursacht, sondern Ergebnis menschlichen, besser, parteipolitischen Entschlusses.

Produktionseinbrüche wie im hier beschriebenen Fall lassen sich mit rein marktwirtschaftlichen Instrumenten nicht beheben. Dafür sind die Sozialtransfers bereits das indirekte Eingeständnis und der direkte Beweis. Wer will noch bezweifeln, daß ein zeitlich befristeter Schutz insbesondere der ostdeutschen Industrie vor der übermächtigen Konkurrenz finanziell billiger und sozial verträglicher gewesen wäre?

Ost-West-Vermögenswanderung

Geben ist seliger denn Nehmen.
Gebt, so wird euch gegeben.
Wer des Geldes wegen freit,
der bereut's in kurzer Zeit.
Geld macht nicht glücklich, aber es beruhigt.
Einem geschenkten Gaul sieht man nicht ins Maul.

Das waren nur einige der Sprichwörter, die mir bei der anschwellenden Diskussion um die Transferleistungen von West nach Ost in den Sinn kamen. Im Sommer 1992 erreichte sie einen vorläufigen Höhepunkt. Die Oppositionsparteien im Parlament drängten das Bundeskabinett, endlich die wahren Kosten der deutschen Einheit offenzulegen. Die Regierenden der neuen Bundesländer rangen um den Länderfinanzausgleich, der mit weiteren regionalen Umverteilungen von Einnahmen verbunden sein würde. Die Altbundesbürger sahen neue Steuerlasten auf sich zurollen. Viele Ex-DDR-Bürger fanden den ihnen häufig aufgedrückten Stempel »Almosenempfänger der Nation« unangebracht und ungerechtfertigt. Einheitsgewinnler wurden ausgemacht, die man nun zur Kasse bitten sollte. Politiker und Wissenschaftler gerieten sich darüber in die Haare, wieviel von dem, was nach Ostdeutschland fließt, vorher dort »entnommen« worden, also im Grunde nur »Retransfer« sei.

Die Problematik ist so umfangreich und vielschichtig, daß ein ausführliches Eingehen darauf den Rahmen dieses Buches sprengen würde. Ich greife daher nur zwei Aspekte heraus:

Der erste betrifft bereits erfolgte und zum Teil noch bevorstehende Vermögensflüsse, die viele Ostdeutsche, aber auch nicht wenige Altbundesdeutsche und ausländische Beobachter als »Enteignung« empfinden.

Das finanzielle Vermögen der DDR-Bevölkerung betrug am 30. Juni 1990 knapp 198 Milliarden Mark der DDR, nach der Währungsunion infolge der vereinbarten Umstellungsmodalitäten rund 120 Milliarden DM, d.h. es wurde um etwa 40 Prozent abgewertet. Selbst wenn die Frage außer acht gelassen wird, ob das 2:1-Umtauschverhältnis für große Teile der Ersparnisse[71] gerechtfertigt war – von zahlreichen Ökonomen wird das inzwischen bezweifelt[72] –, selbst wenn es unbestritten ist, daß die DM den Ex-DDR-Bürgern viele Erleichterungen im Alltag gebracht hat, zwei Dinge sind zumindest vermögensrelevant:

Der Zugang der Ostdeutschen zu dem zu privatisierenden Treuhandbesitz (Unternehmensteile, Gebäude, Grundstücke, Hotels, Restaurants, Läden usw.) ist objektiv beschränkt. Sie verfügen in der Regel weder über den erforderlichen Eigenkapitalanteil noch über Beleihungsobjekte für eine Kreditaufnahme. Auch die Möglichkeit, Einnahmen aus angelegtem Geldvermögen zu beziehen, ist begrenzt, weil der dafür einsetzbare Sparbetrag stark reduziert wurde. So kommt zu der Chancenungleichheit beim käuflichen Erwerb von Sachvermögen noch die bei der Teilhabe an hohen Zinseinkünften aus Geldvermögen hinzu.[73] Dabei ist es gerade die welthistorische Premiere des Verkaufs einer ganzen, der ostdeutschen, Volkswirtschaft, die über die massierte westdeutsche Kreditnachfrage zum steigenden Zinsniveau beigetragen hat. Davon haben Geldvermögensbesitzer in den alten Bundesländern den Vorteil, Kreditnehmer in beiden Teilen Deutschlands dagegen zusätzliche Belastungen.

Mit den steigenden Kapitalmarktzinsen fielen die Ertragswerte der zu privatisierenden Treuhandobjekte. Damit bewegen sich die gesetzlich verankerten vagen Aussichten der ostdeutschen Sparer, ihr zum Kurs von 2:1 reduziertes Geldvermögen ersetzt zu bekommen, gegen Null.

Schließlich sind die Ex-DDR-Bürger reihenweise mit Restitutionsansprüchen früherer, jetzt in den alten Bundesländern lebender Eigentümer ihrer in gutem Glauben erworbenen Grundstücke und Häuser konfrontiert. Die wohl bitterste Popularität erlangte in dieser Hinsicht Kleinmachnow am Rande Berlins. Acht von zehn Häusern werden dort von ehemaligen Besitzern oder deren Erben zurückgefordert, zumeist per Anwalt aus dem Westen und oft mit ruppigen Methoden. Mehr als 8000 der 11 000 Einwohner könnten so aus ihrem Heim vertrieben werden, und das alles auf der Grundlage des Einigungsvertrages. Kleinmachnow gilt seit dem 3. Oktober 1990 vielen als Synonym einer makabren deutsch-deutschen Schlacht um Grund und Boden.

All dies zusammengenommen empfinden ostdeutsche Bürger als eine in mehreren Akten vor sich gehende Enteignung. Sie sind unter diesen Bedingungen schwer zugänglich für solche zutreffenden Argumente, daß sie sich doch heute für die DM Dinge kaufen können, die sie vorher nur aus dem Westfernsehen oder von Verwandtenbesuchen kannten, daß ihre Löhne und Gehälter, oft auch die Renten gestiegen sind. Was ihnen – wie ich finde, zu Recht – Sorge bereitet, ist die weiter zunehmende Eigentumskonzentration in den Händen derer, die schon über viel verfügen. Das sind nicht die Wessis schlechthin, wie oft leicht dahergesagt wird.[74]

In den alten Bundesländern gibt es bereits seit langem eine sehr hohe Konzentration des Produktivvermögens (Grundstücke, Gebäude, Produktionsanlagen) in wenigen privaten Händen. Daran ändert auch der Fakt nichts, daß die Eigentumstitel streuen, weil immer mehr Aktien verkauft werden. Entscheidend ist die Verfügungsgewalt. Und die polarisiert sich zusehends. Indizien dafür sind das Aufgehen von immer mehr Unternehmen in immer größeren Konzernen, steigende Marktanteile einzelner Produktanbieter, legale und illegale Absprachen bzw. »Kooperationen« zwischen Unternehmen und Konzernen sowie persönliche Verflechtungen auf der Ebene von Aufsichtsräten, Verwaltungsräten, Beiräten usw.[75]

Auch das Geldvermögen (Spargelder, Wertpapiere, Versicherungsverträge u.ä.) ist in den alten Bundesländern äußerst ungleich verteilt. Durchschnittsangaben von 100 000 DM pro Privathaushalt verwaschen die Realität. Nach den Ergebnissen der letzten Erhebung des Statistischen Bundesamtes über die Einkommens- und Vermögensverteilung besaß knapp ein Viertel der privaten Haushalte in der Bundesrepublik entweder gar kein Geldvermögen oder war sogar per Saldo verschuldet. Diese »Habenichtse« eingeschlossen, verfügte die Hälfte aller bundesdeutschen Privathaushalte lediglich über rund zwei Prozent des gesamten in der Einkommens- und Vermögens-Statistik erfaßten Netto-Geldvermögens. Ein Prozent der Privathaushalte hingegen nannte über vierzehn Prozent des privaten Nettobestandes dieser Vermögensart sein eigen.[76]

Das Gros der bis Ende Juli 1992 verkauften Unternehmen und Unternehmensteile aus dem Treuhandvermögen ist in den Besitz westdeutscher Investoren übergegangen. Rund 5 Prozent aller Verkäufe erfolgten an ausländische Interessenten. Die Zahl der Privatisierungen zugunsten des ostdeutschen Managements der betreffenden Unternehmen oder der Belegschaften ist mit 1475 stattlich. Da es sich zumeist aber um kleine Objekte (Läden, Apotheken, Buchhandlungen, kleinere und mittlere Betriebe) handelt, ist ihr Anteil an der Vermögensverteilungsbilanz gering.

Wie schnell sich doch mitunter die Praxis von der wissenschaftlichen Prognose entfernt! Noch Anfang 1990 gab sich Hans Willgerodt überzeugt, in der DDR sei es »nicht einmal erwünscht, daß etwa der überwiegende Teil des dortigen Kapitals später Westdeutschen oder Ausländern gehört, aber zum Glück ist eine solche Vorstellung ein irreales Gespenst, das sich bestenfalls für die Sozialisten der DDR eignet, um ihren Bürgern Angst vor der westlichen Marktwirtschaft einzujagen«[77].

Zu den »Glücksrittern« der Privatisierung in der Ex-DDR gehören Scharen von Unternehmensberatern und Wirtschaftsprüfern. Sie stammen zum allergrößten Teil aus den alten Bundesländern und machen eine Art Saisonjob für stramme Honorare. Ich habe manchen aus dieser Gilde persönlich kennengelernt. Nicht wenige haben mich durch ihr Engagement für ihre ostdeutschen Klienten, ihr aufrichtiges Bemühen um deren Überleben, das Spielenlassen all ihrer professionellen Künste beeindruckt. Andere fielen mir durch

Schaumschlägerei auf, konnten ihre Schnäppchensucht auch nicht durch einen Boss-Anzug und forsches Auftreten kaschieren.

Nicht selten ließen Wirtschaftsprüfer, die Stellungnahmen zu den Sanierungskonzepten der Kombinate ausarbeiten sollten, dies durch junge Hochschulabsolventen tun. Diese hatten keine praktischen Erfahrungen, legten nach dem Lehrbuch nur betriebswirtschaftliche Kriterien an und waren frei vom »sozialen Touch«, wie sie sich rühmten.

Ebenfalls zur Goldgrube avancierte das Beitrittsgebiet für die nadelstreifenfeine Zunft der altbundesdeutschen Konkursverwalter. 1991 wurde hier über 401 Unternehmen die dem westdeutschen Konkursverfahren ähnelnde sogenannte Gesamtvollstreckung eröffnet. D.h. die betreffenden Betriebe waren überschuldet oder zahlungsunfähig. Bis Ende 1992 wird sich nach Expertenurteil die Zahl der konkursreifen Ostunternehmen auf rund 1000 belaufen. 1993 muß noch einmal mit einem rapiden Anstieg gerechnet werden, da das Direktorat »Abwicklung« der Treuhand Mitte 1992 schon rund 1500 nicht als privatisierungs- und sanierungsfähige Fälle betreut.

Die »Pleitenprofis« – wofür die Konkursverwalter sich selbst ausgeben – haben im zweiten Jahr der deutschen Einheit im Rahmen der ostdeutschen Gesamtvollstreckungsverfahren schätzungsweise drei Milliarden DM Vermögensmasse unter ihrer Obhut. Da ihre Vergütung mit dem zu verteilenden Vermögen steigt, locken fette Pfründe. Von den ersten 10 000 Mark der Teilungsmasse kassiert der Verwalter 15 Prozent, für Beträge über eine Million DM immerhin noch 0,5 Prozent. Das ist jedoch nur der Grundlohn. Je nach Arbeitsaufwand des Verwalters kann das Gericht ein Mehrfaches dieses Satzes gewähren; der Faktor 4 gilt als Minimum, in der Spitze wird das Zwölf- oder sogar Vierzehnfache der Grundvergütung berechnet. Bei 10 Millionen DM Teilungsmasse streicht der Verwalter so nicht selten eine halbe Million DM ein.[78]

Der Reibach der Konkursverwalter wäre noch größer, würde die Treuhand nicht bei der Mehrzahl ihrer Insolvenzfälle das Liquidationsverfahrern vorziehen. Anders als bei der gerichtlich kontrollierten Gesamtvollstreckung kann die Anstalt die Liquidatoren selbst aussuchen und so die Geschicke ihrer Unternehmen bis zum bitteren

»Aus« steuern. Für die Treuhand sind mehr als 300 Liquidatoren tätig. Ihre Tagesvergütungssätze sind – gemessen an denen der vom Gericht bestellten Konkursverwalter – »bescheiden«. Da die meisten von ihnen aber Berufseinsteiger sind mit begrenzten Aufstiegsmöglichkeiten in den alten Bundesländern, machen auch sie ein »Schnäppchen«.

Mit der Ost-West-Vermögenswanderung hat eine weitere Konzentration von Eigentum stattgefunden, der politische Lobbyismus hat in den alten Bundesländern neue Nahrung erhalten. Spärlich hingegen entsteht eine bodenständige ostdeutsche Bourgeoisie, die an solchen sozialen Traditionen des Mittelstandes wie Förderung des kulturellen Lebens in den Kommunen, Sponsorentätigkeit für Städte und Gemeinden usw. anknüpfen könnte.

Ein zweites vermögensrelevantes Problem darf nicht außer acht bleiben. Es betrifft die als Finanzhilfen ausgewiesenen Transfers von West- nach Ostdeutschland. Auf 170 Milliarden DM allein 1991 beziffern Politiker gern die Umverteilung. Gewiß ist diese Summe beeindruckend. Aber wäre sie es nicht auch dann noch, wenn man exakt rechnet, wenn man abzieht, was im Grunde nur in die Ex-DDR zurückfließt? Werden die direkten Steuereinnahmen berücksichtigt, die der Bund und die EG aus Ostdeutschland im gleichen Jahr hatten (etwa 30 Milliarden DM), sowie das erhöhte Steueraufkommen des Bundes aus der westdeutschen Sonderkonjunktur nach der Währungsunion (ca. 25 Milliarden DM), dann beliefen sich die Transfers real auf ungefähr 115 Milliarden DM. Der Abzug von dem in Westdeutschland zu verteilenden Sozialprodukt ist also kleiner, als es die Bruttotransfersumme vermuten läßt.

Der Nachfrageboom aus den neuen Ländern hat dazu beigetragen, daß die Geldvermögen der westdeutschen Unternehmen von 1989 bis 1991 um über 300 Milliarden DM angestiegen sind. Dieser Fakt rechtfertigt Überlegungen, all jene Unternehmen zur Kasse zu bitten, die zwar zahlungsfähige Nachfrage aus dem Beitrittsgebiet »entnehmen«, aber nichts in den dortigen Investitionstopf tun.

Noch ein Fakt soll erwähnt werden, der oft gänzlich unbeachtet ist. Mit der Vereinigung haben nicht nur die Bürger der alten Länder für die Lasten der ehemaligen DDR mit zu zahlen. Umgekehrt müssen die neuen Bundesbürger für die öffentlichen Schulden mit geradestehen, die zur Erbmasse der BRD gehören, und das waren 1989 immerhin rund 930 Milliarden DM. Bis 1991 war die Verschuldung der öffentlichen Haushalte auf ca. 1500 Milliarden DM angestiegen. Bis 1995 wird sie sich schätzungsweise auf 2200 Milliarden DM belaufen. Bei einem Zinssatz von acht Prozent ergibt sich daraus eine Belastung durch jährliche Zinszahlungen von 150 Milliarden DM. Diese ist höher als der jährliche Nettotransfer in den Osten und von der gesamten deutschen Bevölkerung aufzubringen.

Infektionsgefahr?

Kein Testfall für Osteuropa

Vom 25. bis 27. März 1992 hatte die Treuhand gemeinsam mit dem Ostausschuß der deutschen Wirtschaft zur »weltweit ersten Tagung der Privatisierer« geladen. Gäste im Berliner Hotel InterContinental waren an die 300 Repräsentanten aus Politik und Wirtschaft von 24 mittel-, ost- und südeuropäischen Reformstaaten, Mitglieder der Bundesregierung mit Finanzminister Theo Waigel als Schirmherrn, Vertreter der deutschen Wirtschaft, der Wissenschaft und der internationalen Presse.

Laut Vorankündigung handelte es sich nicht um einen internen Zirkel. Da wäre vielleicht manchem das Zusammentreffen mit einem Mitglied der Modrow-Regierung genant gewesen. Ins Haus stand eine Art unverfängliches Massenmeeting. Also bemühte ich mich – seit Jahrzehnten mit Osteuropawirtschaft und nun mit der Weiterbildung von Führungskräften aus der GUS befaßt – um eine Teilnahme.

Ohne Umschweife gab mir der Leiter des Direktorats Kommunikation/Medien, Wolf Schöde, eine Zusage, ließ mir jedoch tags darauf über sein Sekretariat mit Bedauern mitteilen, aus Platzgründen seien kurzfristige Erweiterungen der Teilnehmerliste nicht mehr möglich. Aber die Kongreßunterlagen stünden mir selbstverständlich zur Verfügung. Später erfuhr ich, daß zahlreiche unangemeldete Interessenten am Konferenzort Einlaß erhielten. Als ich dann noch in der Anwesenheitsliste Namen von Leuten entdeckte, die früher eifrig für den Mittag-Bereich im ZK der SED gearbeitet hatten, da fragte ich mich schon, wem mein Wunsch auf Teilnahme wohl ungelegen kam bzw. wer sie vereitelte. Bei einer späteren Begegnung in Rostock war Schöde das Vorgefallene sichtlich peinlich, und in der Folgezeit funktionierten die Kontakte.

Auf dem Kongreß präsentierte die Treuhand ihre ostdeutschen Privatisierungserfahrungen. Sie stellte ihre frisch gegründete Treuhand-Osteuropa-Beratungs-GmbH (TOB) vor, die sich als Dienstleistungsunternehmen für osteuropäische Reformstaaten versteht und sozusagen um eine neue Klientel warb. Von einem verabredeten

Pilotprojekt konnte bereits berichtet werden: Mithilfe bei der Privatisierung des Einzel- und Großhandels Rußlands und beim Aufbau einer Logistik. Die TOB zeigte sich mir gegenüber bald sehr kooperativ.

Angesichts des internationalen Meetings entfachte sich natürlich erneut die schon länger geführte Diskussion darüber, ob denn die ostdeutsche Treuhandpraxis so etwas wie ein Privatisierungslabor, die Transformation der DDR-Staats- in eine soziale Marktwirtschaft eine Art Testfall für Osteuropa sein könne. Die Mehrzahl der in die Diskussion Involvierten neigt zu einem Nein.

Meine Antwort hat zwei Ebenen: Was das betriebswirtschaftliche Know-how der Privatisierung angeht, so scheint mir vieles aus dem ostdeutschen Treuhandalltag einer präzisen Analyse, soliden Aufbereitung und Verallgemeinerung wert. Auch Ratschläge dafür, wie es am zweckmäßigsten auf die spezifischen Bedingungen osteuropäischer Länder angewendet werden kann, sind möglich und könnten hilfreich sein. Vom praktischen Procedere kann manches als Lehrbeispiel dienen. Zu denken ist an das Wie der Aufstellung von Eröffnungsbilanzen für in Kapitalgesellschaften umzuwandelnde Staatsbetriebe, die Entflechtung früherer Kombinate, das Herangehen an Ausgründungen, die Erarbeitung von marktwirtschaftlich tragfähigen Unternehmenskonzepten sowie von praktikablen Grundsätzen für Unternehmensbewertung und Kaufpreisermittlung, die Organisation öffentlicher Ausschreibungen und anderes.

Das Treuhandmodell an sich jedoch, das ja für das Management des ostdeutschen Transformationsprozesses steht, kann in die Reformstaaten nicht exportiert werden. Das wird offenbar auch in der Leitungsetage der Anstalt so gesehen. Für Hero Brahms z. B., den Vizepräsidenten der Behörde und im Vorstand für die Privatisierung des Maschinenbaus der Ex-DDR verantwortlich, steht fest, daß »das grundsätzliche Modell nicht übertragbar ist«[79]. Auch Birgit Breuel räumte das auf dem Privatisierungskongreß ein und sprach sich gegen Patentrezepte aus.

Der erste Grund dafür liegt nach meiner Ansicht im Tempo und in der Radikalität der Umwandlung der ostdeutschen Staats- in eine Marktwirtschaft. Durch die Währungsunion mit der BRD wurde

Ostdeutschland von einem Tag auf den anderen in das wirtschaftliche und rechtliche System einer etablierten Wettbewerbswirtschaft eingebunden. Eine konvertierbare Währung war verfügbar. Die ostdeutsche Ökonomie wurde mit einer Art Schocktherapie in das Feuer der internationalen Konkurrenz geworfen. Treuhandgesetz und Einigungsvertrag schrieben die schnelle und flächendeckende Zurückdrängung des Staates als Unternehmer aus der Wirtschaft vor. Fehlende einheimische Ersparnisse für Unternehmenskäufe werden durch den Zufluß westdeutschen und westlichen Kapitals ausgeglichen. Es gibt keine Sprachbarrieren für den Managementtransfer, für Beratung, Umschulung und Weiterbildung.

Der zweite Grund für die Nichtübertragbarkeit der ostdeutschen Praxis auf die Reformstaaten im früheren sozialistischen Wirtschaftsgebiet leitet sich daraus ab, daß die Umstrukturierung durch Transfers aus der alten Bundesrepublik finanziell abgefedert wird. Die Totaloperation erfolgt sozusagen unter DM-Narkose. Soziale Konfliktherde werden eingedämmt, mögliche Eruptionen gedämpft. Ein solches Modell wäre – auf andere Länder angewandt – unbezahlbar.

Die »Neue Zürcher Zeitung« bringt es nach meiner Ansicht auf den Punkt, wenn sie zum Beispiel auf die frühere Sowjetunion bezogen schreibt: »Wollte man den GUS-Staaten in ähnlichem Ausmaß Hilfe zukommen lassen wie der ehemaligen DDR – deren Bedürftigkeit zweifellos geringer ist –, müßten ihnen jährlich etwa 2000 Milliarden Dollar zufließen. Das zeigt in aller Deutlichkeit, daß der Westen der ehemaligen UdSSR keine Wirtschaftsreform kaufen oder schenken kann; die Nachfolgerepubliken müssen sie selber machen.«[80]

Man kann es auch anders herum sagen: Der ostdeutsche, unter Ausnahmebedingungen vor sich gehende Fall lehrt erstens, daß die überkommenen marktwirtschaftlichen Theorien und Praktiken – auch solche auf dem Gebiet der Privatisierung – für den Umbau von Zentralverwaltungswirtschaften ungeeignet sind. Das kann gar nicht anders sein, handelt es sich doch bei dieser Transformation um ein weltwirtschaftlich einmaliges Phänomen, einen Systemwechsel, einen Vorgang ohne Vorbild. Dabei sind primär volkswirtschaftliche und gesellschaftliche Probleme zu lösen und nicht – wie bisher in

Ostdeutschland praktiziert – in erster Linie betriebswirtschaftliche Strukturfragen. Es verbietet sich also, osteuropäische Länder zu ermuntern, westliche Modelle der Marktwirtschaft blind zu imitieren.

Zweitens: Das prinzipielle und unabdingbare Bekenntnis zum Privateigentum, seiner Chancengleichheit und seinem verfassungsmäßigen Schutz kann nicht automatisch mit einem breit angelegten eiligen Rückzug des Staates aus der Wirtschaft gleichgesetzt werden. Das wäre ein zu ambitiöser, unrealistischer Anspruch angesichts des hohen Beitrages, den Staatsbetriebe zur volkswirtschaftlichen Wertschöpfung erbringen. (In Polen Mitte der achtziger Jahre 82, in Ungarn 86, in der Tschechoslowakei 97 Prozent. Ähnlich hoch fielen bzw. fallen die Quoten in den anderen Reformstaaten aus.)

Zum einen fehlen für eine Privatisierung im großen Rahmen ausreichendes inländisches Kapital und genügend interessierte ausländische Investoren. Zum anderen erzwingt die Zurückdrängung des Staates aus der wirtschaftlichen Tätigkeit, d. h. aus seiner Rolle als Arbeitgeber, alternative staatliche Aktivitäten, nämlich solche auf sozialem Gebiet. Es bedarf eines öffentlich finanzierten sozialen Netzes für die Mindestsicherung der Millionen durch schmerzhafte, langwierige Umstrukturierungsprozesse freigesetzten Menschen.

Noch bevor die Privatisierung in größerem Stil überhaupt angelaufen ist, schreitet der Arbeitsplatzabbau in Osteuropa rasant voran. Im Frühjahr 1992 betrug die Arbeitslosenrate in

	Prozent[81]
Ungarn	9,3
Polen	12,0
der tschechischen Republik	3,2
der Slowakei	12,0
Rumänien	5,0
Bulgarien	11,7

Soziale Explosionen können in einer Umbruchphase nur vermieden werden, wenn der Staat sich zu einer Arbeitgeber- oder einer Alimentierungsfunktion bekennt. Die verbreitete Diskussion um »viel oder wenig Staat« beim Übergang zur Marktwirtschaft trifft also nicht des Pudels Kern. Es geht eher um die Art, das Maß, das Gebiet staatlicher Intervention.

Systeme der sozialen Mindestsicherung aufzubauen und zu finanzieren ist keine Sache, die aus dem Boden gestampft werden kann. Damit also die betreffenden Länder nicht durch vorschnelle Zerstörung aller existierenden Strukturen, durch formalen Besitzwechsel ohne Zufuhr des erforderlichen Managementwissens und notwendigen Kapitals in wirtschaftliches Chaos und soziales Elend sinken, muß man ihnen wenigstens folgendes empfehlen:

- möglichst rasche Privatisierung, wo sich das anbietet, zumindest schnelle Schaffung einer kritischen Masse an Privateigentum. Damit ist ein solcher Anteil von Unternehmen in privater Hand gemeint, der im Rahmen der gesamten Wirtschaft einen funktionierenden und belebenden Wettbewerb garantiert;
- das setzt die umgehende Entflechtung monopolistischer Strukturen in Produktion, Handel, Banken- und im Dienstleistungswesen sowie das Hervorbringen eines Mittelstandes voraus;
- zeitweilige oder auch längerfristige Weiterführung nicht rasch privatisierbarer Betriebe in öffentlicher Hand unter Wettbewerbsbedingungen und mit am Markt ausgerichteten Unternehmenskonzepten. Sinnvoll kann es auch sein, neue Formen genossenschaftlichen Eigentums und des Eigentums der Beschäftigten sowie die Pacht zu nutzen. Gerade die Pacht – gekoppelt z.B. mit einem Vorkaufsrecht – kann sich als gute Schule für das Erlernen unternehmerischer Praktiken erweisen;
- Konzentration öffentlicher Mittel auf Infrastrukturmaßnahmen, um die Wettbewerbsfähigkeit der eigenen Wirtschaft zu befördern und ausländisches Kapital anzuziehen;
- rasche Umschulung und Weiterbildung der Beschäftigten, die durch marktwirtschaftlichen Umbau ihren Arbeitsplatz verlieren oder deren Tätigkeitsinhalte sich ändern werden;
- unverzügliche Schaffung eines verläßlichen rechtlichen Rahmens für den Markteintritt von Unternehmen (Gewerbe- und Niederlassungsfreiheit) und für ihren Marktaustritt (Konkursrecht) sowie für das Engagement ausländischen Kapitals.

Ich stimme Gerhard Fels, dem Direktor des Instituts der Deutschen Wirtschaft in Köln, zu, wenn er schreibt: »Die Reformer im Osten plagt im Augenblick das Problem, wie sie überhaupt zu einer funktionierenden privaten Eigentumsordnung kommen. Wie bei jeder Reform ist es schwieriger, die Übergangsprobleme zu lösen, als einen anzustrebenden Endzustand zu konzipieren. Die Privatisierung der Produktionsmittel ist mit Sicherheit das Kernstück der Reformen. Sie ist zugleich ihr schwierigster Teil. Eine erprobte Methode für die möglichst rasche Überführung des größten Teils der Eigentumsrechte gibt es nicht. Es ist noch nicht vorgekommen, daß in geordneter und friedlicher Weise eine völlig neue Primärverteilung privater Eigentumsrechte hergestellt werden muß. Die Eigentumsverteilung, die wir heute in westlichen Ländern vorfinden, ist in einem langen historischen Prozeß entstanden, an dessen Anfang der rechtmäßige Erwerb sicher nicht die einzige Form der Aneignung gewesen ist.«[82]

Um den Konflikt zwischen angestrebter rascher Privatisierung und beschränkten inländischen Geldbeständen bzw. einem zurückhaltenden Kapitalangebot von außen zu lösen, haben einige Reformländer spezifische Wege zur Entstaatlichung der Wirtschaft gewählt. Dazu gehört zum Beispiel die mehr oder weniger kostenlose Verteilung von Aktienkapital staatseigener Unternehmen an die Bevölkerung oder auch die Privatisierung via Leasing, also ein spezielles Mietverfahren für Produktivvermögen, mit dem vor allem Inländern Zugangsmöglichkeiten offengehalten werden sollen.

Die Übersicht am Ende des Kapitels faßt die Privatisierungsansätze zusammen. Jeder von ihnen kann geeignet sein, das Know-how der Privatisierung in den ehemaligen RGW-Staaten zu bereichern.

Warnen muß man die Polen, Tschechen, Slowaken, Ungarn usw. vor einem Kardinalfehler der ostdeutschen Privatisierungspraxis: dem Vorrang der Rückerstattung von Eigentum an die Söhne, Schwiegersöhne oder Enkelkinder derjenigen, die vor 40 und mehr Jahren enteignet worden sind. Eine finanzielle Entschädigung der Anspruchsberechtigten kann zu gegebener Zeit erfolgen. Dominieren muß die Vergabe dieser Grundstücke, Gebäude, Fabriken an investitionsbereite Unternehmer, die ein Konzept für wettbewerbsfähige Produkte haben und Arbeitsplätze schaffen.

Eine ostdeutsche Lehre besteht auch darin, daß man den heimischen Markt nicht über Nacht schutzlos dem gnadenlosen internationalen Wettbewerb aussetzen darf. Anpassungen und Schonfristen sind erforderlich, sonst stockt auch die Privatisierung. Ein privater Betrieb mit verlorenen Absatzmärkten ist nicht effizienter als ein staatlicher Betrieb, dem das gleiche Schicksal widerfährt. Es gilt also einerseits, die Binnenmärkte vor zu großem Angebotsdruck des Weltmarktes zu schützen, um den Umbau der Industrie vorzugsweise aus eigener Kraft zu ermöglichen. Andererseits sollte der Wettbewerbsdruck von außen groß genug sein, um die im Inland häufig existierenden Monopole in Anpassungszwang zu bringen und die für die Umstrukturierung wichtigen Preissignale zu setzen.

Ein Außenwirtschaftsregime, das beide Erfordernisse ausbalanciert, kann kaum allein auf die Abwertung der Landeswährung setzen. Die Wettbewerbsfähigkeit der einzelnen Industriebranchen ist zu unterschiedlich, um nur durch einen niedrigen Wechselkurs den Anpassungsdruck gleichmäßig zu verteilen. Lizenzen, Einfuhrquoten u.a. Lenkungsinstrumente werden zeitweilig nicht zu ersetzen sein.

Und noch etwas gehört zum »Schatz« der ostdeutschen Erfahrungen. Die für die Reorganisation des Eigentums erforderliche Rationalisierung der Betriebe darf sich nicht auf die im ersten Zugriff erschließbaren Reserven durch Arbeitsplatzabbau beschränken. Ein »schlanker« Betrieb ohne innovative Produktpalette verbessert seine Chancen am Markt kaum. Forschung und Entwicklung dürfen also auch oder gerade in Umbruchsituationen nicht aus dem Auge verloren werden.

Mit den schwierigen Transformations- und insbesondere den komplizierten Privatisierungsprozessen befaßt sich die internationale Zunft der Osteuropawirtschaftler seit vielen Jahren. Nicht wenige von denen, die einen Namen haben, kenne ich persönlich: die Franzosen Vladimir Andreff und Ivan Samson von der Universität Grenoble, den Niederländer Joseph von Brabant, der als Experte im New Yorker UNO-Sekretariat tätig ist, die Briten Michael Kaser, Direktor des Instituts für osteuropäische und russische Studien an der Universität Oxford, sowie Peter Wiles, Emeritus der London

School of Economics and Political Sciences, Peter Knirsch, Professor am Osteuropa-Institut der Freien Universität Berlin, aus Italien Mario Nuti und andere.

Mit einigen Osteuropa-Spezialisten verbindet mich eine langjährige Freundschaft, so mit Marie Lavigne, prominenter Professorin der Pariser Sorbonne und nunmehr an einer südfranzösischen Universität lehrend. Sie, die alle Reformstaaten regelmäßig bereiste, sich ein eigenes Urteil bildete, ihrer exzellenten Analysen wegen bekannt war und oft zu unbequemen Schlußfolgerungen kam, nahm noch im Herbst 1990 – und zwar als letzte – die ihr angetragene Ehrendoktorwürde der Hochschule für Ökonomie an. Da war das Schicksal dieser Einrichtung im Grunde schon besiegelt. Aber Marie Lavigne wollte ein Zeichen setzen, indem sie sich öffentlich zu uns Außenwirten bekannte, mit denen sie seit über zehn Jahren intensiv kooperiert hatte. Bilaterale Symposien waren zustande gekommen, gemeinsame Publikationen und ein gegenseitiger Dozentenaustausch.

Mit ihr und anderen Experten stimmte und stimme ich darin überein, daß für den Übergang von einer Zentralverwaltungs- zu einer Wettbewerbswirtschaft Zeit erforderlich ist. Marktwirtschaft läßt sich nicht mit dem Fallschirm abwerfen, d. h. von oben einführen. Sie muß – soll sie sich ausbreiten und funktionstüchtig sein – von unten wachsen. Das gilt nicht nur, aber besonders für die Nachfolgestaaten der GUS. »500 Tage zur Marktwirtschaft« überschriebene Programme[83], wie die von den Russen Grigorij Jawlinskij und Stanislaw Schatalin – letzterem, einem Anekdotenerzähler, bin ich des öfteren begegnet –, rufen bei Kennern der Materie mehr als eine Gänsehaut hervor. Auch wenn Menschen Sprossenleitern brauchen, um sich psychologisch »hochzurangeln«, leicht kann enttäuschte Hoffnung in Frust umschlagen.

Die zu Beginn der Transformation in manchem Land viel beschworene Schocktherapie ist inzwischen kläglich gescheitert. Die Privatisierung kommt überall schleppender in Gang als erwartet. Das gilt selbst für die frühere Tschechoslowakei, die in Osteuropa mit zu den attraktivsten Standorten für ausländisches Kapital gehört.

Kürzlich nahm ich wieder Puschkins »Eugen Onegin« zur Hand. 1830 entstanden, gibt es darin Passagen, die mir während meines Moskau-Aufenthalts von 1978 bis 1981 mitunter wie aus der Gegenwart gegriffen schienen. Manches davon hat seitdem seiner Tiefsinnig- und Hintergründigkeit wegen an Aktualität noch gewonnen. Puschkin meditiert im Vers XXXIII und XXXIV des 7. Buches:

Geht Rußland einst aus Finsternissen
Zur Zivilisation voran
(Was etwa, nach gelehrten Schlüssen,
Ein halb Jahrtausend dauern kann),
Dann wird sich künftig auch daneben
Der Zustand unserer Straßen heben:
Chausseen ziehn dann kreuz und quer
Verbindend durch die Ferne her,
Gewalt'ge Eisenbrücken thronen,
Man sprengt die Felsen, ebnet Land,
Bohrt Tunnel durch der Berge Wand,
Und rings auf allen Poststationen
Stellt orthodoxer Christensinn
Uns ein Büfett zur Stärkung hin.

Einstweilen sind die Wege greulich,
Die Brücken morsch, der Dreck verflucht;
Im Gasthaus wird man nachts abscheulich
Von Floh und Wanze heimgesucht;
Mit Kostversorgung steht's noch schlimmer.
Und während sich im kalten Zimmer
Ein Preiskurant erbärmlich spreizt
Und zwecklos unsern Magen reizt,
Ist drauß im Hof mit Schmiedebeilen
Der Dorfzyklop auf frischer Tat,
Europas leichtes Fabrikat
Echt russisch plump zurechtzukeilen,
Und schwitzt und segnet still erfreut
Der Heimat Unergründlichkeit.

Natürlich übertreibt Puschkin mit seinen Zeithorizonten, so wie manch anderer untertreibt. Da scheinen mir die Fristen realer, die Helmut Schmidt auf dem Abschlußforum der von der Verlagsgruppe Handelsblatt organisierten Sommeruniversität am 24. August 1991 in der Berliner Humboldt-Universität vorschwebten. Auf die Frage, wie lange denn seiner Meinung nach die Republiken der (damals noch existierenden) Sowjetunion für den Übergang zur Marktwirtschaft brauchen werden, antwortete er: »Um einen Unternehmer zu schaffen, brauchen sie, schätze ich mal grob gesprochen, eine Nacht plus neun Monate plus dreißig bis vierzig Jahre der Ausbildung, der Erfahrung.«

So werden wir es denn – das ist auch meine Meinung – in den meisten Reformstaaten mit einem langen und entbehrungsreichen Weg zur Marktwirtschaft zu tun haben. Überdies stehen ihnen viele marktwirtschaftliche Optionen offen, während für die Ex-DDR »Marktwirtschaft« im Grunde »BRD-Wirtschaft« hieß.

Ich schließe nicht aus, daß Rußland, Belorußland, die Ukraine, vielleicht auch Polen, Bulgarien und Rumänien im überschaubaren Zeitraum eher einer Art japanischer Variante der Wettbewerbswirtschaft mit einem ausgeprägten Staatsinterventionismus denn einer sozialen Marktwirtschaft bundesrepublikanischer Prägung zustreben. Für diese Länder dürften z.B. die Transformationserfahrungen Taiwans und Südkoreas nicht uninteressant sein. Beide Länder stellten nie das marktwirtschaftliche Prinzip in Frage, aber die »Wirtschaftswunderländer« Asiens hatten lange ein »gemischtes Wirtschaftssystem« praktiziert. Der Staat spielte hinsichtlich der Investitions- und Exportförderung eine wichtige Rolle. Beide Volkswirtschaften waren stark zukunftsorientiert. Darum gab es Drei- bis Zehnjahrespläne, die meist übererfüllt werden konnten.

Allerdings tun sich gerade gegenwärtig die Regierungen östlicher Reformstaaten, aber auch viele Führungskräfte der Wirtschaft schwer, die Vorteile und die Unersetzlichkeit solcher Perspektivpläne einzusehen. Hier wirken die Folgen der Jahrzehnte erlebten Planbürokratie und des Subjektivismus nach. In einigen Bereichen, wo es – wie in der Rohstoff- und Energiewirtschaft – langer Zeithorizonte für die Projektierung und Organisation von Objekten bedarf, klagen ausländische Investoren über die Planungsaversion ihrer osteuropäischen Partner. Es war schon beeindruckend, daß auf einem Anfang Juli 1992 von der WEST-LB Europa AG veranstalteten Symposium zur Entwicklung in der GUS und in Osteuropa gerade ein leitender Vertreter des VEBA-Konzerns den osteuropäischen Repräsentanten aus Politik und Wirtschaft riet, rasch solcherlei Vorbehalte auszuräumen.

Ähnlich wie in Osteuropa gab es auch in Taiwan und Korea Privatisierungen. Sie nahmen rund zehn Jahre in Anspruch. In dieser Zeit konnte sich eine tragfähige einheimische Unternehmerschicht herausbilden. Trotz anfänglich unterschiedlicher Privatisierungsziele blieben letztlich rund 15 Prozent Industriebetriebe in staatlichem Besitz. In beiden Ländern hat die wirtschaftliche Auslandshilfe – besonders der USA – eine große Rolle gespielt. Die Auslandsinvestoren mußten sich den staatlichen Zielen unterordnen und wurden meist in die Hochtechnologiesektoren effizient kanalisiert.

Eines ist jedoch sicher: Der Transformationsprozeß in Taiwan und Südkorea dauerte lange, und er dürfte auch in Osteuropa nicht viel rascher vor sich gehen.

Übersicht

Privatisierungsgrundsätze in Mittel- und Osteuropa *

Ungarn

Ungarische staatliche Privatisierungsanstalt (SPA)

Diese zentralisierte Anstalt bewertet jedes Privatisierungsangebot einzeln. Ihre ersten, eher spontanen Aktionen führten lediglich zum Verkauf eines kleinen Teils der angebotenen Unternehmen, mehrheitlich an ausländische Investoren. Seit Mai 1992 können Unternehmen sich unter Einschaltung von Beratern, die die Regierung auswählt, im »vereinfachten« Verfahren privatisieren lassen. Unternehmen, die voraussichtlich länger im Staatsbesitz bleiben werden,

* Quelle: Dresdner Bank, in: Trends Juli 1992

sollen ebenfalls in Aktiengesellschaften umgewandelt und anschließend schrittweise privatisiert werden. Der Staat wird hier eine Minderheitsbeteiligung behalten und die restlichen Anteile an Anleger, einschließlich ausländischer, verkaufen, die volle Unternehmerrechte sowie ein Vorkaufsrecht auf zusätzliche Anteile erhalten.

Polen

Massenprivatisierungsvorhaben (MPP)
Das MPP-Konzept sieht vor, Unternehmen in Aktiengesellschaften umzuwandeln und deren Aktien von sogeannnten »Nationalen Investment-Fonds«, die von westlichen Spezialisten geführt werden, halten zu lassen. Die Geschäftsführer können frei über die Belange »ihrer« Unternehmen entscheiden. Die Honorare der Fonds-Geschäftsführer sind erfolgsabhängig. Der Staat behält eine Minderheitsbeteiligung an jedem Unternehmen, und ein kleiner Anteil der Aktien wird gratis an die Belegschaft verteilt. Alle Bürger erhalten gleiche Anteile an allen Fonds und folglich zunächst auch an allen Gesellschaften. Bis Ende 1992 sollen rund 450 der ungefähr 7000 größeren Staatsunternehmen durch das MPP privatisiert werden. Polen ergänzt das MPP mit einem Plan zur Privatisierung ganzer Industriesektoren entsprechend den Vorschlägen internationaler Berater, mit einem Liquidisierungsplan, wonach bestimmte Unternehmen liquidiert und ihre Vermögen verkauft werden, sowie mit der Möglichkeit des direkten Verkaufs von umstrukturierten Unternehmen an polnische oder ausländische Investoren.

Kupon-Privatisierung
Dieses Programm basiert auf Verteilung von Kupons gegen Zahlung eines geringen Betrages. Für Kupons erhalten die Inhaber »Punkte«, die sie gegen die Aktien eines breiten Spektrums von Unternehmen umtauschen können. Die »erste Welle«, die rund 1400 Unternehmen umfaßte, setzte im Mai ein, die »zweite Welle« soll im Oktober folgen. Ausländische Anleger sind zunächst ausgeschlossen, dürfen später aber Aktien im normalen Handel erwerben. Die meisten Gutscheinpunkte wurden bisher gegen die Anteile von privaten Investmentfonds umgetauscht, die eigentlich nicht vorgesehen waren

und für die erst kürzlich eine Regelung getroffen wurde. Sowohl Investmentfonds als auch Privatpersonen dürfen nicht mehr als 20 Prozent eines Unternehmens erwerben. Dieses Privatisierungsprogramm umfaßt über 60 Prozent aller größeren Staatsunternehmen. Die verbleibenden Unternehmen sollen direkt an einheimische und ausländische Investoren veräußert werden.

Rumänien

Rumänien hat eine nationale Privatisierungsanstalt zur Koordinierung der Privatisierungsmaßnahmen gegründet. 30 Prozent der Aktien von rund 5000 umgewandelten Großunternehmen sollen an fünf private »Eigentums-Fonds« (POFs) verteilt werden, die restlichen 70 Prozent der Aktien übernehmen staatliche Eigentums-Fonds (SOFs). Die POFs werden ihre Aktien kostenlos an die Bürger verteilen, während die SOFs ihre Aktien an rumänische und ausländische Anleger verkaufen, pro Jahr mindestens 10 Prozent. Im Rahmen eines Versuchs sind zunächst dreißig Betriebe umgewandelt und zum Verkauf vorbereitet worden.

Bulgarien

Auch hier ist die Errichtung einer Privatisierungsanstalt vorgesehen. 90 Prozent aller größeren Staatsunternehmen sollen in Aktiengesellschaften umgewandelt und ihre Aktien anschließend ganz oder teilweise an bulgarische oder ausländische Anleger verkauft werden. Im Falle hochverschuldeter Unternehmen können Gläubiger ihre Schuldansprüche gegen Aktien eintauschen. 20 Prozent aller Unternehmensaktien und 20 Prozent der Erlöse aus der Privatisierung werden einem Investment-Fonds übertragen, der von der Privatisierungsanstalt verwaltet wird. Mitarbeiter eines Unternehmens erhalten die Möglichkeit, zusammen bis zu 20 Prozent der Aktien ihres Unternehmens zum halben Marktpreis zu erwerben. Die Verteilung von Gratisaktien an die Öffentlichkeit wird noch erwogen, ein Gutschein-Verfahren (wie in der ČSFR) gilt als ausgeschlossen.

Rußland

Die bisherige Privatisierung erfolgte eher auf spontane als auf geplante Art. Einige Großstädte, insbesondere St. Petersburg und Moskau, planen die Privatisierung der Industrie innerhalb ihres städtischen Gebiets, was die Verwirklichung eines bundesweiten Vorhabens komplizieren könnte. Eine Privatisierungsaktion, die große Staatsunternehmen umfaßt, wird vom Privatisierungsministerium vorbereitet. Sie soll Aspekte des Gutscheinsystems mit dem direkten Verkauf von Aktien an Bürger verbinden. Mitarbeiter von Unternehmen können bis zu 30 Prozent der Aktien ihres Unternehmens erhalten. Die Beteiligung von ausländischen Anlegern muß noch geklärt werden, im allgemeinen ist eine volle Übernahme nicht beabsichtigt, außer bei Betrieben, die existenzgefährdet, in Konkurs oder hochverschuldet sind. Ausländer werden möglicherweise einen höheren Preis zahlen müssen oder dürfen Aktien nur über Sonderversteigerungen erwerben. Für bestimmte Wirtschaftssektoren, wie z.B. die Rüstungsindustrie und das Bankwesen, werden besondere Privatisierungspläne ausgearbeitet.

Weißrußland

Weißrußland plant die Privatisierung eines noch unbestimmten Teils der größeren Unternehmen durch die Vergabe von Gutscheinen zum Erwerb von Unternehmensanteilen. Möglichst viele Unternehmen sollen direkt an die Bevölkerung verkauft werden. Unklarheit herrscht noch über die Rolle der Ausländer, aber die offene Einstellung Weißrußlands gegenüber dem Westen läßt vermuten, daß eine ausländische Beteiligung begrüßt werden wird.

Ukraine

Ausländische Berater sind dabei, ein Privatisierungskonzept nach ČSFR-Muster zur Privatisierung durch die Verteilung von Aktiengutscheinen zu erstellen. Zwei Drittel der 10 000 Unternehmen sollen auf diese Weise rund 40 Prozent ihrer Aktien privatisieren. Die restlichen Aktien werden direkt an einheimische und ausländische Anleger verkauft.

Litauen
Aktien der großen Staatsunternehmen sollen an die Bevölkerung verteilt werden, wobei Personen über 18 Jahre Aktien im Wert von 5000 Rubel und Personen unter 18 Jahren Aktien im Wert von 1000 Rubel erhalten werden. Circa 300 Unternehmen werden durch Aktienverteilung privatisiert. Darüber hinaus werden ausgewählte Unternehmen, die früher von Moskau aus verwaltet wurden, einheimischen und ausländischen Anlegern gegen Zahlung in harter Währung angeboten.

Marktwirtschaft auf dem Prüfstand

Ob es das Vertrauen der neuen Bundesbürger in die Marktkräfte festigt, den mentalen Zugang zur Logik der marktwirtschaftlichen Ordnung verbessert, das Meistern des noch ungewohnten Alltags erleichtert, wenn die soziale Marktwirtschaft als Verfassungsartikel im Grundgesetz verankert wird? Ob sich manch Altbundesbürger dann eher mit den gesellschaftlichen Fehlentwicklungen arrangiert, die dieser Wirtschaftstyp hervorgebracht hat? Matthias Wissmann jedenfalls, wirtschaftspolitischer Sprecher der CDU/CSU-Fraktion im Bundestag, scheint darauf zu hoffen.

Zwar seien wichtige Elemente der sozialen Marktwirtschaft wie Privateigentum und Sozialstaatsprinzip bereits festgeschrieben, nicht aber Wettbewerb, Machtverteilung und Offenheit der Märkte. Die Väter des Grundgesetzes hätten das nicht getan, weil die Parteien uneinig waren. Nach dem Motiv für sein nunmehriges verfassungsrechtliches Plädoyer befragt, obwohl sich die soziale Marktwirtschaft doch praktisch durchgesetzt habe, gibt der CDU-Politiker an, »daß wir nicht vor Rückschlägen gefeit sind. Wer garantiert uns denn, daß bei einem eventuellen Scheitern der Reformen in den ehemaligen Ostblockstaaten nicht überholtes planwirtschaftliches Gedankengut wieder den Weg in den Westen findet? Was mir noch viel wichtiger erscheint: Auch in Westeuropa lauert überall der Staatsinterventionismus, vor allem in Frankreich und Italien. Das könnte auf Deutschland ausstrahlen.«[84]

Von der Hand zu weisen ist Wissmanns Sorge nicht, die marktwirtschaftlichen Reformen in einigen früheren RGW-Ländern könnten ins Schleudern kommen. Es gibt in der Tat keine Garantie, daß Menschen, von denen schwierigste Umstellungen erwartet werden, die ins Chaos abzustürzen drohen, eines Tages die Anpassungskosten höher bewerten als Nutzen und Chancen der Transformation. Selbst in den fortgeschrittensten Reformstaaten haben die bisher probierten Umbaurezepte die massive Verelendung breiter Bevölkerungsschichten nicht verhindern können. Die marktwirtschaftliche Idee als solche droht für zu leicht befunden zu werden.

Eine solche Gefahr vergrößert sich, wenn internationale Berater diesen Staaten weiter die reine Marktwirtschaftslehre als konzeptionelle Leitlinie und die marktwirtschaftliche Praxis Westeuropas oder gar Nordamerikas als Maßstab für die Konversion der Ökonomie empfehlen. Die Frage ist nicht, ob diese Wegweiser gut oder weniger gut sind. Sie passen vielmehr nicht unbesehen auf diesen Fall.

Die bekannten marktwirtschaftlichen Theorien verallgemeinern die sich wiederholenden Zusammenhänge, Gesetzmäßigkeiten, Wirkungsmechanismen funktionierender, auf Privateigentum und Wettbewerb beruhender Systeme. Sie beschreiben nicht den Weg dorthin. Gerade darum aber geht es bei der Transformation. Das entscheidende konzeptionelle Defizit herkömmlicher Theorien für die Anwendung auf eine Übergangsökonomie liegt offenbar im Fehlen brauchbarer Ansätze für das Beherrschen des Spannungsfeldes zwischen den beiden widerstreitenden Polen »Selbstregulation« und »Staatsintervention«. Eine aktive Rolle des Staates, auch Staatseingriffe in das ökonomische Geschehen dürfen beim Systemwechsel nicht von vornherein als Perversion der marktwirtschaftlichen Idee, als Sündenfall karikiert werden. In den Transformationsökonomien entstehen Waren-, Kapital- und Arbeitsmärkte nicht im Selbstlauf. Der Staat muß vielmehr seine Betriebe als Eigentümer so effektiv wie möglich bewirtschaften, bis unternehmerisch aktive private oder andere Betreiber gefunden sind. Nur so kann er dazu beitragen, das Angebot an Waren und Leistungen zu vergrößern, Inflationstendenzen zu dämpfen sowie gleichzeitig selbst Nachfrage zu schaffen und für Absatz zu sorgen. Wirksam werden muß der Staat als Mobilisator von Kapital für die dringend erforderliche Modernisierung der Wirtschaft. Außer Frage steht ebenfalls, daß er für den zweiten Arbeitsmarkt Verantwortung trägt, der möglichst viele der Menschen aufnimmt, die von Stukturwandel und Betriebskonkursen betroffen sind.

Mit einem Wort: Ob die Marktwirtschaft in den Ländern des früheren Ostblocks angenommen wird oder ob es bei einem Strohfeuer bleibt, das hängt vom Management der ökonomischen, sozialen und mentalen Übergangsprozesse ab. Ein Plädoyer für die Funktion des Staates bei diesem Vorgang kann nicht mit dem Vorhaben gleichgesetzt werden, kommandowirtschaftliches Gedankengut wiederzubeleben, wie Wissmann argwöhnt. Zur Reanimation von Kommandostrukturen kommt es eher dann, wenn ein Scheitern marktwirtschaftlicher Reformen den Ruf nach dem »starken Mann« kräftigt.

Ich habe Wissmann übrigens 1988 auf einer vom New Yorker Institut für Ost-West-Sicherheitsstudien in Moskau organisierten internationalen Konferenz persönlich kennengelernt. Einen ganzen Abend diskutierten wir angeregt über das deutsch-deutsche Verhältnis und die Zukunft des RGW. Das war – er wird es ebensowenig vergessen haben wie ich – in einem Club für Teenager aus Moskauer Intellektuellenfamilien, einer amerikanischen Diskothek nachempfunden. Abel Aganbegjan, Wirtschaftsprofessor und als Präsident der Sibirischen Akademie der Wissenschaften einer der Konsultanten Gorbatschows, hatte in seiner gastgebenden Rolle diese Örtlichkeit für den Abschlußempfang der Konferenz ausgewählt. Mehrmals bin ich später noch mit dem CDU-Parlamentarier zusammengetroffen und erinnere mich an einen Mann, der nüchtern nach Auswegen aus Problemsituationen suchte.

Wäre damals in unseren Gesprächen schon die Rede auf seinen späteren Vorschlag gekommen, ich hätte ihm gewiß folgendes gesagt: Zweifelsohne hat die soziale Marktwirtschaft sich seit dem zweiten Weltkrieg in Deutschland von der Effizienz als die unübertroffene Wirtschaftsmethode erwiesen, hat sie ein respektables Sozialsystem ermöglicht. Aber sie ist nicht frei von Makeln: eine ungeheure Ressourcenverschwendung durch immer raschere Entwertung von Produktionsanlagen und Beständen sowie das massenhafte Brachlegen selbst qualifizierter Arbeitskräfte, die verwerfliche Ausbeutung von Ländern der Dritten Welt, die ungerechte leistungsunabhängige Einkommensverteilung mit extremer sozialer Polarisation gehören dazu. Damit wird Zündstoff augehäuft, den es zu entschärfen gilt, wenn es nicht zur Explosion kommen soll. Meiner Ansicht nach – so hätte ich hinzugefügt – wird die gesellschaftliche Akzeptanz der Marktwirtschaft nicht größer, wenn man sie im Grundgesetz verankert. Zukunftsfähig wird sie nur, wenn man ihren Fehlentwicklungen vorbeugt, also das blinde Wirken der Marktkräfte durch die Pflicht des Staates zu einer sozial verträglichen Wirtschafts-, Finanz- und Umweltpolitik tatsächlich zügelt. Nach eigenen Erfahrungen mit dem Übergang zum marktwirtschaftlichen System in Ostdeutschland finde ich diese Ansicht bestätigt.

Große Teile der Bevölkerung in den neuen Bundesländern, darunter sehr viele Frauen, erleben die Implantation der marktwirtschaftlichen Ordnung und die Treuhandaktivitäten dabei als einen Vorgang, der zu Enteignung, Betriebsinsolvenzen, Arbeitsplatzverlust, Überflüssigwerden, Am-Tropf-Hängen und geschädigtem Selbstbewußtsein führt. Diesen Menschen wie den von Arbeitslosigkeit Betroffenen oder Bedrohten in ganz Deutschland hilft die vorgeschlagene Grundgesetzerweiterung nur, wenn die »soziale Marktwirtschaft« gefaßt wird, wie Ludwig Erhard sie verstand. Für ihn war Vollbeschäftigung konstituierendes Element seiner Wirtschaftskonzeption.

Wer also über den besagten Artikel nachdenkt, muß auch Konzepte entwickeln, wie arbeitswillige und arbeitsfähige Menschen tatsächlich erwerbstätig sein können. Wer sich aber im stillen oder offen vom Ziel der Vollbeschäftigung verabschiedet, kündigt im Grunde selbst die soziale Marktwirtschaft auf. Vor den Augen von Millionen steht sie also auf dem Prüfstand. Immer lauter wird die Frage, wer für die sozialen Folgekosten von Arbeitslosigkeit aufkommt? Die Unternehmer, die darüber befinden, ob Arbeitsplätze liquidiert werden, sind es nicht. Die öffentliche Hand steht dafür ein, d.h. der Steuerzahler. Es ist höchste Zeit, über das Beschäftigungsproblem nicht nur aus betriebswirtschaftlicher, sondern auch aus volkswirtschaftlicher Sicht zu reden. Wäre es unter dem Strich nicht ökonomisch günstiger, z.B. mittelständischen Betrieben staatliche Zuschüsse zu gewähren, um Teilzeitarbeitsplätze zu schaffen oder arbeitslose Frauen einzustellen, als das Ruhigstellen von Arbeitskräften zu bezahlen? Finanzierte Arbeitslosigkeit bringt keine Wertschöpfung, keine neue Kapitalbildung. Ist es in einer privaten Eigentumsordnung nicht unmoralisch, denen, die nur ihre Arbeitskraft besitzen, nur aus erwartetem Arbeitseinkommen Vermögen bilden können, durch hingenommene Massenarbeitslosigkeit diesen Wert zu nehmen?

Auch die ethischen Fundamente der Marktwirtschaft stehen auf dem Prüfstand.

T H E R A P I E

Kürzlich las ich einen Essay des britischen Nationalökonomen Peter Wiles über die Vereinigung der beiden so unterschiedlichen deutschen Staaten. Er verglich den Vorgang mit dem Liebesleben der »See-Elefanten« genannten Robben und meinte, das sei »ein trauriges Kapitel. Das Männchen ist siebenmal so schwer wie das Weibchen, so daß es manchmal seine Jungen zerquetscht, und gelegentlich tötet es auch ihre Mutter. Es handelt sich dabei um keine Vergewaltigung, sondern nur um einen Unfall.«[85]

Ich fand das Bild rührend und tragisch zugleich. Was als Zärtlichkeit gedacht, endete in Brutalität.

War dies das passende Gleichnis für das deutsch-deutsche Zusammengehen? Kamen vielleicht auch Liebesheirat mit nachfolgendem Frust oder Vernunftehe bei Gefühlskälte von Anbeginn in Betracht? Handelte es sich etwa nur um einen Rausch, aus dem man mit Katerstimmung erwacht? Ging es schlicht um den Vollzug eines Grundgesetzgebotes und damit um die Wiedereinsetzung eines nach dem zweiten Weltkrieg als vermißt gemeldeten oder gar tot geglaubten früheren Partners in seine Rechte? Hatten sich Ost- und Westdeutschland – wie der Gießener Politikwissenschaftler Claus Leggewie schrieb – »beim Rendezvous der Geschichte kennen- aber nicht liebengelernt – soll doch jeder seiner Wege gehen...«?[86]

Was es auch immer gewesen sein mag – herausgekommen ist schließlich eine Art Vormundschaft des einen, größeren, sich erfolgreich gebenden, in einer starken Gemeinschaft verankerten Teils über den anderen, den kleineren, als glücklos geltenden, politisch verwaisten. Das animierte dazu, den Neuankömmling – zumal verstört und anlehnungsbedürftig – nach dem eigenen Bilde zu formen. Das mag gut gemeint gewesen sein, aber nicht besonders einfallsreich und schon gar nicht einfühlsam.

Und dann geschah, was es im Alltag tausendfach gibt: Das Mündel merkt, es will nicht nur nach fremdem Muster leben, sein »Ich« nicht verbergen oder verleugnen, nicht nur etwas »zugesteckt«

bekommen und sich dankbar erweisen müssen. Es will sich selbst ausprobieren, Freiräume haben, empfangen *und* geben, *echter, gleichberechtigter* Partner sein.

Zwei Jahre nach der Einheit Deutschlands liegt das Wirtschaftsmündel aus seinem östlichen Teil im Fieber. Voreilige Amputationen haben schwer heilende Wunden hinterlassen; der Erfolg von Transplantationen ist noch nicht abzusehen; Hormongaben sprechen kaum an; der Kreislauf bleibt instabil. Der Grund: Als Operationsplan diente die reine Lehre von der Marktwirtschaft, als Skalpell war lediglich die Privatisierung zur Hand. Entfernt wurden nicht nur lästige Wucherungen, überflüssige Pfunde, taube Zellen. Beschädigt wurde die Aorta des Wirtschaftskörpers.

Die Fehldiagnose, auf der die Therapie beruhte, ging von orthodoxen Denkansätzen, von einer vorurteilsbehafteten Sicht auf die Rolle des Marktes und des Staates in einer modernen Wettbewerbswirtschaft aus. Das Scheitern des realen Sozialismus gab all denen Wasser auf die Mühlen, die ohnehin der These vom Staatsversagen anhingen. Industrie*politik* wurde rundweg als Neuauflage von Staatsdirigismus verpönt. Welcher ostdeutsche Staatsdiener wollte sich wohl einen solchen Vorwurf einhandeln, sich marktwirtschaftlicher Inkompetenz zeihen lassen?

Ausgewiesene Kenner und Fürsprecher der Marktwirtschaft hingegen standen nie an zuzugeben, daß »der Markt versagt, wenn das Umfeld nicht stimmt. Das ist derzeit in Ostdeutschland zu beobachten«, meint der Deutschland-Chef der McKinsey Beraterfirma, Herbert Henzler. »Hier hätte ein industriepolitisches Konzept mit einer klaren Aufteilung des Finanztransfers auf Infrastruktur, Förderung des Mittelstandes und Sanierung der Altbetriebe den völligen Zusammenbruch der Industrieproduktion vermeiden können.... Ansätze für Alternativen gab es genug. McKinsey hat beispielsweise an einem Regionalkonzept für Schottland mitgearbeitet, das dort äußerst erfolgreich war... Nach der Vereinigung hat Bonn so getan, als wären die meisten Probleme mit einer schnellen Privatisierung zu lösen. Dies aber hat sich inzwischen als Trugschluß erwiesen.«[87]

Sogar Kurt Biedenkopf, Ministerpräsident des einzigen allein von der CDU regierten Bundeslandes Sachsen, plädiert für ein Zusammenspiel von Marktwirtschaft und staatlicher Industriepolitik. Eine »entstaatlichte« Wirtschaft sei in einer hochkomplexen Industriegesellschaft nicht mehr möglich. Vielmehr müßten die marktwirtschaftlichen Prozesse durch eine flankierende Rahmenordnung begrenzt und kanalisiert werden.[88]

Was hier zum Ausdruck gebracht wird – man könnte noch andere Marktwirtschaftler zu Wort kommen lassen –, das war und ist auch meine Meinung. Gerade deshalb aber halte ich nichts von der These, der »Aufschwung Ost« würde sich schon einstellen, wenn die Treuhand endlich die Sanierung der Betriebe ihrer schnellen Privatisierung vorzöge, vielleicht einige Unternehmen zunächst in öffentliche Hand überführte und der Gesetzgeber statt der Rückgabe des Eigentums der Entschädigung früherer Besitzer das Primat einräumte. So unbestritten wichtig es ist, diese Fragen zu lösen, der gewollte Push wird sich nur einstellen, wenn sie in eine Gesamtschau eingebettet sind, wenn ein Konzept für die Integration der ostdeutschen in die gesamtdeutsche Wirtschaft den Ausgangspunkt bildet.

Mein Kritikpunkt ist also nicht, daß es zu Zusammenbrüchen, Reibungsverlusten, Schwierigkeiten und Konflikten gekommen ist. Die sind bei gesellschaftlichen und wirtschaftlichen Umwälzungen, wie sie in Ostdeutschland stattfinden, unvermeidlich. Auch in einer als selbständiger Staat weiterexistierenden DDR hätten Umstrukturierungen mit Personalabbau, Einkommensumverteilungen und gar Konsumtionseinschränkungen zum Begleichen von Auslandsschulden angestanden. Die Frage ist nur nach dem Maß an Unwägbarkeiten, Einschnitten und Opfern, unter denen solcher Umbau vonstatten gehen muß.

Polemik mit den Verfechtern einer eiligen Währungsunion ist inzwischen müßig. Aber wer meint, wegen auf den Augenblick fixierten politischen Kalküls ökonomische Zusammenhänge außer acht lassen zu dürfen, der wäre anschließend um so mehr verpflichtet, ein strategisches Konzept nachzureichen. Genau das aber steht immer noch aus! Dabei darf ein solches Programm, mit dem das deutsch-deutsche Zusammenwachsen gestaltet und vollendet wird, nicht länger dem Zwist der verschiedenen politischen Kräfte zum Opfer fallen.

Das gemeinsame Haus für alle wohnlich einzurichten ist eine so edle Aufgabe, daß sich ehrgeiziges Punktesammeln einzelner gesellschaftlicher Gruppen, sich Gegeneinander-Ausspielen der Parteien dabei nicht ziemt. Es ist vielmehr eine Herausforderung für parteiübergreifende Vernunft!

Stabilisatoren

Soll sie, soll sie nicht? Ich finde die Debatten darüber fruchtlos, ob die Treuhand eine strukturpolitische Aufgabe hat oder nicht. Erstens greift sie täglich in Wirtschaftsstrukturen ein, das allerdings ohne »Schnittmusterbogen«. Zweitens versteht sie sich als Dienstleisterin, die nicht einzelne Objekte, sondern eine ganze Volkswirtschaft vermarkten soll. Da darf es den Treugeber schon interessieren, welche ökonomischen Grundstrukturen nach vollzogenem Verkauf seines Vermögens entstehen sollen.

Wichtiger noch als die Frage, *wer* die Strukturpolitik verantwortet, mit der der ostdeutschen Wirtschaft sozusagen wieder Stabilisatoren eingezogen werden, ist zunächst die Übereinkunft darüber, *daß* sie unverzichtbar ist. Strukturpolitische Abstinenz im Hinblick auf den ostdeutschen Wirtschaftsraum ist überhaupt nicht einzusehen. Man muß sich nur der Grundsätze der regionalen und sektoralen Strukturpolitik von 1969 erinnern, die seither von keiner Bundesregierung prinzipiell in Frage gestellt worden sind. Sie bezogen sich auf (zeitlich langgestreckte) ökonomische Anpassungsprozesse, sozial verträgliche Stillegungen und den Umgang mit Subventionen zur gezielten Förderung bestimmter Branchen.

Mit dem Beitritt der DDR zur Bundesrepublik wurden die strukturpolitischen Grundsätze auch für die neuen Länder gültig. Die Dimension des Problems ist aber anderer Art, als man es bisher in den alten Ländern gekannt hat. Die fundamentale Änderung der Rahmenbedingungen, die sowohl von der Bevölkerung Ostdeutschlands gewünscht als auch von der Bundesregierung entscheidend geprägt wurde, stellt außer Frage, daß die zitierten Grundsätze im Beitrittsgebiet nicht nur zwingend anzuwenden sind, sondern dort ihre eigentliche Bewährungsprobe bestehen müssen.

Gewiß ist Strukturpolitik eine Aufgabe der staatlichen Gebietskörperschaften, also zum Beispiel der Landesregierungen, der Kreisämter usw. Sie müssen der Treuhandzentrale bzw. ihren Niederlassungen sozusagen den Schnittmusterbogen liefern. Aber angesichts der Tatsache, daß hier ein Teil der ganzen deutschen Wirtschaft mit allen Zweigen und Bereichen umstrukturiert werden soll, bedarf es auch eines Gesamtbauplanes. Er muß den Grundriß, die Konturen, die Stützpfeiler erkennen lassen und natürlich Zeitabläufe und den Kostenanschlag für das Projekt enthalten. Ein solcher strategischer Plan fällt in die Verantwortung der Bundesregierung und ist überfällig. Wenn er weiter ausbleibt, werden immer öfter Landesregierungen miteinander um ihren Anteil an staatlichen Subventionen streiten. Der Werftenkonflikt zwischen Niedersachsen und Mecklenburg/Vorpommern ist dafür nur ein Beispiel.

Ein sich selbst tragender wirtschaftlicher Aufschwung in den neuen Bundesländern kann weder durch eine engstirnige Fixierung auf die marktradikale Treuhand-Triade Privatisierung – Sanierung – Stillegung erreicht werden noch durch Einkommens- und Sozialabbau in den alten Bundesländern. Er fordert vielmehr in allererster Linie ein über die Jahrtausendwende reichendes, mindestens eine Dekade umfassendes regional- und branchenpolitisches Entwicklungskonzept für den östlichen Teil Deutschlands. Der Schwerpunkt muß auf der Industrie liegen, um diesen Raum als Standort des produzierenden Gewerbes zu erhalten.

Die Dienstleistungswirtschaft als »Industrieersatz« bleibt eine Mär, wenn es kein attraktives industrielles Fundament gibt. In allen »modernen« Ländern folgen Dienstleistungen der industriellen Entwicklung, und nicht umgekehrt. Das gilt für das östliche Bundesgebiet um so mehr, als die Dynamik der gewerblichen Wirtschaft vor allem durch *produktive* Servicebereiche hervorgebracht wird, also durch Marktforschung, Projektierung, Beratung, Information. Wichtig, aber nicht durchgreifend für anhaltende Belebungstendenzen ist hingegen der Ausbau des Banken-, Sparkassen- und Versicherungswesens.

Gerade die erstgenannten Dienstleistungssektoren haben es jedoch schwer angesichts des drastischen Abbaus von Forschungskapazitäten und eines auch an den Universitäten und Hochschulen schrumpfenden wissenschaftlichen Umfeldes.

Die Zukunft Ostdeutschlands wird also in der *Produktion* entschieden und vorrangig in der gewerblichen Wirtschaft. Dieser Gedanke ist – soweit erkennbar – politisch konsensfähig. Woran es mangelt, ist eine entsprechende Weichenstellung. Wenn es nicht bei dem Gerede bleiben soll, voranschreitende Deindustrialisierungstendenzen in den neuen Ländern seien zu stoppen, dann müßten strukturpolitisch zumindest drei Dinge erfolgen, die zugleich das Gerüst bilden für steuer-, subventions- und andere finanzpolitische Maßnahmen:

Erstens wären die Felder abzustecken, die zur *industriellen Grundstruktur* Ostdeutschlands gehören, erhalten, stabilisiert und modernisiert werden sollen. Angelehnt an die Gegebenheiten anderer moderner Regionen sind das:

- standortgebundene, für lokale Märkte produzierende Zweige (Elektrizitäts-, Gas-, Wasserversorgung, Fernwärmeerzeugung, Lebensmittel- und Getränkeindustrie, Baumaterialienindustrie, Druckereien u. a.);
- Zweige, die die »industrielle Infrastruktur« bilden (Hersteller von Normteilen, Metallwaren, elektronischen Meß- und Regelgeräten, chemischen Erzeugnissen für Gewerbezwecke, Gießereien u. a.);
- Zweige mit langer Tradition, international anerkannten Markennamen und ansprechenden Marktanteilen in West und Ost (Lokomotiv- und Waggonbau, Metallverarbeitungsmaschinen, Maschinen für die Nahrungs- und Genußmittelindustrie u. ä.).

Zweitens wäre zu entscheiden, welche Industriezweige im Verbund mit regionalpolitischen Perspektiven in den östlichen Bundesländern und auch im Hinblick auf einen künftig einheitlichen EG-Binnenmarkt *neu bzw. mit verändertem Aufgabenprofil* angesiedelt oder ausgebaut werden sollen. Dazu können solche aussichtsreichen Felder der gewerblichen Wirtschaft gehören wie

- Altlastensanierung und Aufbau von Umwelttechnologien
- Recycling und Wiederverwendung von Abprodukten
- Konversion der Rüstungsindustrie.

Auf diesen Gebieten lassen sich neue industrielle Kerne implantieren, innovative Produktionen und Dienstleistungen entwickeln und damit neue Arbeitsplätze schaffen.

Drittens bietet sich die Chance, beim Umbau der ostdeutschen Wirtschaft von vornherein die Kopie offensichtlich fehlerhafter wirtschaftlicher Kreisläufe in den alten Bundesländern zu vermeiden. Insbesondere geht es darum, zu wessen Gunsten *verkehrspolitische Entscheidungen* getroffen werden. Der wie bisher bevorzugte Ausbau der Straßen- statt der Schienenwege baut weder der Umweltzerstörung noch dem Verkehrsinfarkt vor. Fahrpreiserhöhungen, verfügt mit der Absicht, die Verluste der Bahn zu reduzieren, lassen ständig mehr Menschen auf den eigenen Pkw ausweichen, selbst im Berufsverkehr. Verstopfung der Straßen bei immer weniger ausgelasteten Zügen sind die Folge. Die Rentabilität der Bahn verschlechtert sich weiter. Eine neuerliche Tarifanhebung würde nur noch mehr Fahrgäste vertreiben, also zum Gegenteil dessen führen, was man erreichen will.

Vielen gilt Strukturpolitik als Synonym für Staatsdirigismus. Die Wirtschaft laufe Gefahr, voluntaristisch, letztlich von Beamten gestaltet zu werden. Befürchtet wird die Einengung der freien Marktkräfte. Ein solcher Standpunkt ignoriert, daß der Markt stets dem kurzfristigen Erfolg Priorität gibt, nur auf die Gegenwart reagiert, selten zukunftsbezogene Ziele formt. Damit kann er kein Anwalt von Interessen kommender Generationen sein. Es ist also realitätsfern, alles auf die Scheinalternative Markt oder Staat zu reduzieren. Visionäre Konzepte für künftige Wirtschaftsstrukturen können nur im Zusammenwirken von Politikern, Unternehmern und Wissenschaftlern in Sachverständigenräten durch Dialog und Konsens entwickelt werden. Immer größere Bedeutung erlangen dabei auch intermediäre Organisationen wie Verbände, Vereine, Kammern usw.

Ein unersetzbarer Stabilisator der ostdeutschen Wirtschaft ist eine freundliche Politik gegenüber dem *industriellen Mittelstand.* Über bereits eingeräumte finanzielle Starterleichterungen hinaus könnten nach meinen Recherchen vor allem folgende Maßnahmen dem Mittelstand einen Schub geben:

Das Grundproblem ist die Eigentumsbildung, insbesondere der Zugang zu beleihungsfähigem Grund und Boden. Infolge Eigenkapitalmangels in den neuen Ländern treten meist Käufer aus den alten Ländern als Bodenerwerber auf. Damit bleibt den jungen, oft reprivatisierten mittelständischen Unternehmern die einzige Basis für weitreichende Kreditaufnahmen versagt. Der Ausweg wäre offenbar, für Bürger aus den neuen Ländern zum Erwerb von Grund und Boden eine zinslose Kaufpreisstundung von etwa 10 Jahren einzuräumen. Abgesehen werden sollte von der Nachbewertungsklausel, um zusätzliche Unsicherheiten für die Newcomer auszuschalten.

Denkbar ist auch eine grundschuldnerische Eintragung des Bundes auf den erworbenen Grund und Boden zugunsten der Bundesbank. Dringend geboten scheint es mir, sofort einen Teil des treuhänderisch verwalteten Grund und Bodens vom Bundesfinanzminister für Käufe durch Bürger aus den neuen Ländern zu reservieren. Das könnte z. B. geschehen, indem die Treuhand der Bundesbank oder den Landesbanken ein Vorkaufsrecht einräumt.

Hilfreich für eine verstärkte Eigenkapitalbildung in den ostdeutschen Ländern wäre es gewiß, bei der Ausreichung von ERP (European Recovery Program)-Krediten den Eigenkapitalanteil des Antragstellers auf etwa 10 Prozent zu reduzieren. Ähnlich könnte die Gewährung von Landesbürgschaften gegenüber den kreditausreichenden Banken wirken.

Als hoffnungsvolles Signal würden die jungen Mittelständler die Revision des Prinzips »Rückgabe vor Entschädigung« aufnehmen. Zumindest sollte dieser Grundsatz für zwei bis drei Jahre ausgesetzt und weiteres Antragstellen ausgeschlossen werden. Von Gesetzes wegen wären die Abtretung von Restitutionsansprüchen und der kriminelle Handel damit unter Strafe zu stellen.

Das Vertrauen in die Selbstheilungskräfte des Marktes, in den am unternehmerischen Kalkül gemessenen Umbau einer ehemals staatlich regulierten Wirtschaft hat für Ostdeutschland zu katastrophalen ökonomischen und sozialen Resultaten geführt. Es gefährdet darüber hinaus auch die wirtschaftliche Stabilität in Westdeutschland. Nunmehr muß im nachhinein durch Intervention des Bundes und der Länder Einfluß auf wettbewerbsfähige, zukunftsträchtige Wirtschaftsstrukturen genommen werden.

Schrittmacher

Eine Ware so anpreisen, daß einem – zum Exempel – selbst Eskimos Kühlschränke abnehmen. – Das war eines der Bilder, mit denen ein Exportkaufmann uns Außenhandelsstudenten in der zweiten Hälfte der fünfziger Jahre seine Erfahrungen vermittelte. Nicht ums Übervorteilen eines Kunden ging es, sondern um das Überzeugtsein vom eigenen Angebot, dessen Vorzügen gegenüber der Konkurrenz, das Eingehen auf besondere Wünsche des Verhandlungspartners, seine Einwände und sein Zögern, seine Psyche. Also beispielsweise um die Bereitschaft, notfalls Rentierfelle als Zahlungsmittel zu akzeptieren, wenn sonst das Geschäft zu scheitern drohe.

Hatten die Außenhändler der Ex-DDR verlernt, sich so zu verhalten? War den Eskimos plötzlich aufgefallen, daß sie ihr Geld verschwendeten, oder waren ihnen gar die Felle ausgegangen? Hat die Abwicklung der Außenhandelsbetriebe und damit eingespielter Spezialistenteams zum Know-how-Verlust geführt? Waren das die Gründe für den dramatischen Niedergang des Außenhandels Ostdeutschlands nach der Währungsunion?

Wie nachfolgende Tabelle zeigt, sank der Export zwischen 1989 und 1991 auf etwa 44 Prozent, der Import sogar auf 27 Prozent. 1992 hielt der Trend an.

So einfach wie angedeutet, waren die Ursachen für den Absatzeinbruch auf dem äußeren – wie übrigens auch auf dem heimischen – Markt freilich nicht. Mit der DM-Übernahme am 1. Juli 1990 wurde die über Jahrzehnte vom Weltmarkt weitgehend abgeschottete, in ihrer Konkurrenzfähigkeit beeinträchtigte ostdeutsche Wirtschaft ohne Schonfrist, Übergangs- oder Anpassungsregularien dem internationalen Wettbewerb ausgesetzt. Die Währungsunion mit der BRD bedeutete für die DDR den Verzicht auf einen eigenen Wechselkurs. Mit einem solchen Instrument »puffern« andere produktivitätsschwächere Länder gewöhnlich Kostennachteile gegenüber

Entwicklung der Ein- und Ausfuhr Ostdeutschlands insgesamt und darunter nach den Ländern Mittel- und Osteuropas 1989–1992 in Mio DM*

	Einfuhr		Ausfuhr	
	Import gesamt	davon: Import aus Ländern Mittel- und Osteuropas	Export gesamt	davon: Export nach Ländern Mittel- und Osteuropas
1989	41.142	26.870	41.105	28.975
1990	22.852	14.854	38.072	29.811
1991	11.275	6.535	17.961	11.935
(darunter Jan.-April)	(3.962)	(2.539)	(6.349)	(4.008)
1992 (Jan.-April)	2.772	1.256	4.867	2.874

* Nach Angaben des Statistischen Bundesamtes: »Wirtschaft und Statistik«, Nr. 3/1992, S. 176–183.

Wettbewerbern aus, indem sie ihre nationale Währung abwerten. Dadurch erhalten die einheimischen Anbieter beim Export ihrer Erzeugnisse gegen eine fremde Währung nach deren Umrechnung in eigene Geldzeichen höhere Erlöse als vorher. Das bewahrt ihnen Exportchancen und stimuliert ihr Interesse an der Ausfuhr. Umgekehrt verteuern sich die Importe. Das zügelt die Nachfrage, hat einfuhrbremsende und damit eine gewisse Schutzwirkung für die heimische Industrie.

In der DDR war der Binnenmarkt vom 1. Juli 1990 an unbegrenzt offen für weitaus stärkere westdeutsche und auch ausländische Konkurrenten. Die ostdeutschen mußten gegen die westdeutschen Unternehmen in einer Währungsunion ohne Wechselkursanpassung antreten. Qualitativ und preislich überlegene westliche Produkte verdrängten die ostdeutschen Anbieter von ihrem heimischen Markt.

In Westeuropa und Übersee hatten die meisten DDR-Betriebe ohnehin relativ geringe Marktanteile und schwach entwickelte eigene Vertriebsnetze gehabt. Die traditionellen Abnehmer in Osteuropa aber sahen sich immer weniger in der Lage, ihre bisherigen umfangreichen Importe aus Ostdeutschland anstatt in transferablen Rubeln, einer nur im Intra-RGW-Handel verwendbaren künstlichen Währung, nun in harten Devisen zu bezahlen. Ihre angespannte Finanzlage verschärfte sich, als die langjährigen Partner in der DDR die Bezüge aus dem RGW-Raum stark einschränkten bzw. einstellten.

Mit dem wirtschaftlichen Desaster und schließlichen Untergang der Sowjetunion brach der bedeutendste und bis dahin aufnahmefähigste Exportmarkt Ostdeutschlands weg. Wegen der jahrzehntelang starken Ausrichtung auf den immensen Bedarf der ehemaligen UdSSR erschienen nun die Überkapazitäten in einigen Branchen besonders groß. Weniger die Konzentration auf einen Partner war das Problem als vielmehr die Spezialisierung des verarbeitenden Gewerbes auf Fertigerzeugnisse nach dessen Vorgaben. Eine früher begonnene Spezialisierung der Produktion auf standardisierte Baugruppen, Komponenten und Teile hätte später eine größere Flexibilität beim Absatz ermöglicht.

Vor allem das Schrumpfen des Austausches mit Mittel- und Osteuropa war es also, was innerhalb von zwei Jahren zum fast völligen Zusammenbruch des Außenhandels der neuen Bundesländer führte. Spezialisten stehen nicht an zuzugeben, daß auch andere Volkswirtschaften in die Knie gegangen wären, hätte man ihnen eine Roßkur wie der DDR-Ökonomie verordnet. Im »Handelsblatt« hieß es im Sommer 1992 ohne Umschweife: »Wäre die Bundesrepublik Deutschland 1948 in eine Wirtschafts- und Währungsunion mit den USA eingebracht worden, und zwar zum Kurs von 1:1 zwischen DM und Dollar, ein Geschick, das der DDR im Verhältnis zur DM widerfuhr, dann wäre der Morgenthau-Plan, der die Verödung Deutschlands vorsah, tatsächlich in Erfüllung gegangen.«[89]

Hinzu kommt ein weiterer Aspekt: Marktverlust und Absatzrisiken sind Privatisierungshemmnisse. Schleppende Privatisierung von Unternehmen ihrerseits verunsichert bisherige Kunden, verprellt sie sogar. Es entsteht eine Kettenreaktion.

Als Indiz für den unauflöslichen Zusammenhang von Privatisierungserfolg und Absatzchance mögen folgende Tatsachen dienen: Westliche Interessenten standen schnell für den Kauf solcher ostdeutscher Unternehmen bereit, die ihre Märkte bewahren konnten: lokale Lebensmittel-, Getränke- und andere Versorgungsbetriebe, regionale Zeitungen, Tankstellen, Handelseinrichtungen, Betriebe der Bauwirtschaft. Die anlagentechnisch eher unattraktiven Zuckerfabriken fanden rasch einen Käufer, weil die für Ostdeutschland neu geschaffenen Zuckerquoten Produktion und Absatz garantieren. Sogar die desolaten Zementwerke führten bei der Privatisierung kein Mauerblümchendasein, wie vielleicht anfangs zu vermuten war. Der Grund: In den alten Bundesländern werden für diese Branche aus Erwägungen des Umweltschutzes kaum neue Produktionsstätten genehmigt.

Beim Finden privater Investoren spielten und spielen auch ungeklärte Eigentumsverhältnisse, eine unerfahrene öffentliche Verwaltung und infrastrukturelle Mängel eine Rolle. Das ändert aber nichts an den Fakten: Unternehmen mit geringen Absatzrisiken, mit regionalen Märkten konnten relativ rasch privatisiert werden. Anders hingegen bei denjenigen Betrieben, die ihre angestammten osteuropäischen Märkte verloren haben, wie z. B. der Maschinenbau. Oder aber bei Herstellern, die auf dem Binnenmarkt der DDR gute Positionen hatten, jedoch – wie im Falle von Werkzeugmaschinen, Radiogeräten, Fahrrädern, Fotoapparaten, Kühlschränken usw. – infolge ausreichender Kapazitäten in den alten Bundesländern von dortigen Produzenten verdrängt werden.

Auch für die neuen Bundesländer gilt, daß der Export ein Motor, ein Schrittmacher der wirtschaftlichen Entwicklung ist. Noch knapp eine Million Beschäftigte arbeiten direkt oder indirekt für die Ausfuhr. Arbeitsplätze könnten gesichert und neue geschaffen werden, wenn es gelänge, den Außenhandel anzukurbeln.

Trotz aller Anstrengungen wird es zwar einzelnen, aber bei weitem nicht allen Exportunternehmen gelingen, zügig EG- oder Überseemärkte zu erschließen. Für eine Verdrängung angestammter Lieferanten durch Preiskonkurrenz sind ihre Kosten noch zu hoch, für ein Vordringen mit Neuheiten fehlt ihnen die Forschung. Auch Engpässe im Vertriebsnetz können nicht in Monaten überwunden werden.

Den Handel mit den traditionellen Partnern im Osten zu stabilisieren und zu revitalisieren bleibt eine erstrangige Aufgabe für den wirtschaftlichen Aufschwung in den neuen Ländern. Zugleich ist das eine der wichtigsten Stützen für den Reformprozeß in den früheren RGW-Staaten.

Handlungsbedarf gibt es auf verschiedenen Ebenen. Letztlich entscheiden das angebotene Produkt, das Marketing des *Unternehmens*, das Engagement seiner Spezialisten über den Absatzerfolg. Aber ob unternehmerische Initiative fruchten kann, wird angesichts der Devisenknappheit der Länder im Osten wesentlich von wirtschaftspolitischen Aktivitäten des *Staates* abhängen. Vieles kommt hier in Frage, nicht alles läßt das Herz des reinen Marktwirtschaftlers höher schlagen und ist dennoch in einer Übergangszeit unverzichtbar. Immerhin hängen viele Ost-, darunter Treuhandbetriebe bis zu 80 Prozent in ihrer Kapazitätsauslastung allein von Exporten in die GUS ab. Obenan stehen Hersteller von Investitionsgütern.

Da sich der Kurs zwischen Rubel und Dollar am Markt, also entsprechend Angebot und Nachfrage, bildet und im Sommer 1992 200:1 betrug, sind Importe extrem teuer geworden. Sie werden bisweilen deshalb auf das Nötigste konzentriert: Medikamente, Lebensmittel, Vorprodukte, Ersatzteile. Investitionsgüter haben in der Regel keine Priorität. Damit sind bei den ostdeutschen Herstellern weitere Arbeitsplätze bedroht, wenn nicht unkonventionelle Wege beschritten werden. Schlechthin den sogenannten Hermes-Kreditplafonds, also den Umfang durch die öffentliche Hand verbürgter Kredite, an ostdeutsche Exportunternehmen auszuweiten bringt – wie praktische Erfahrungen belegen – keinen Durchbruch.

Ich denke vielmehr an zinsgünstige Investitionskredite für die Erschließung und Verwertung von Bodenschätzen, den Bau von Kraftwerken, die Modernisierung der Infrastruktur, insbesondere der Telekommunikation, die Verbesserung der Nahrungsmittelversorgung usw. Auf diese Weise könnte der Absatz von Maschinen und Ausrüstungen in der GUS und anderen osteuropäischen Ländern dazu beitragen, dort besonders devisenträchtige Bereiche zu stärken. Wichtig wäre auch, daß der Bund sich mit den zuständigen Behörden in der GUS und anderen Reformstaaten über die Struktur der hermesgedeckten Warenlieferungen einigte.

Das Engagement deutscher Investoren in Mittel- und Osteuropa könnte ebenfalls durch Gewährung eines Bewertungsabschlages von den Anschaffungs- und Herstellungskosten der Investitionsobjekte stimuliert werden. Eine sofortige volle Abschreibung solcher Investitionen und die Einrichtung eines Investitionsgarantiefonds werden – das zeigen Gespräche mit Unternehmensvertretern – als hilfreich angesehen.

»Hoffähig« geworden sind inzwischen – bei der Bundesregierung, dem Bundesverband der deutschen Industrie, beim Deutschen Industrie- und Handelstag – die verschiedensten Formen des Tauschhandels. Viele, gerade auch Investitionsgüter herstellende Unternehmen sehen darin einen Ersatz für reguläre Devisengeschäfte. Getauscht werden Walzwerksausrüstungen gegen Stahl, Computer gegen Bienenhonig, Feldhäcksler gegen Sonnenblumenkerne usw. Die Erfahrungen sind gewiß nicht immer ermutigend, und dennoch gibt es zu solchen Koppelgeschäften in absehbarer Perspektive kaum Alternativen.

Schade, daß auch auf diesem Gebiet viel Zeit verstrichen ist durch sinnlose Polemik gegen solche marktwirtschaftlichen »Sündenfälle«. Nicht wenige ostdeutsche Betriebe verfügten über eine lange Praxis im Kompensationshandel mit westeuropäischen Ländern. Als sie dieses Know-how nach der Währungsunion auch in ihren Geschäften mit östlichen Partnern nutzten, sprachen Vertreter der Bundesregierung, der Industrieverbände und Anhänger der reinen Marktwirtschaftslehre von einem Relikt der Naturalwirtschaft. Ideen, Vorsorgemaßnahmen für den Tauschhandel zu treffen – z.B. Bundesliefergarantien einzuräumen oder sogenannte Clearingstellen für die professionelle Abwicklung der Koppelgeschäfte einzurichten –, wurden als abwegig, als Festhalten am Überkommenen abgetan.

Diese Vorschläge, die auch ich bereits seit der Währungsunion öffentlich unterbreitet habe, sind nach wie vor aktuell. Weitere müssen hinzukommen. So könnte es für Treuhandbetriebe eine Überlebenshilfe bedeuten, wenn die Anteilseignerin ihnen erlaubte, Warenlieferungen in die GUS oder andere Reformstaaten an Joint-ventures-Beteiligungen zu binden. Hilfreich wäre auch eine Bürgschaft der

Behörde für Kredite, die treuhandverwaltete Unternehmen ihren Kunden in der GUS gewährten.

Umstritten ist die Idee, in Treuhandunternehmen produzierte Güter zu verschenken bzw. sie in Rubel bezahlen zu lassen, die zweckgebunden – z. B. für Umweltschutzmaßnahmen – dem Partnerland zur Verfügung gestellt werden. Damit würde eher Phlegma begünstigt denn Aufbruchstimmung, heißt es. Ich könnte mir vorstellen, Schenkungen mit Patenschaften zu bestimmten Regionen oder Zentren zu verbinden und sie für den Wissenstransfer, für praktische Hilfe beim Ausbau der öffentlichen Verwaltung zu nutzen oder aber Treuhandkonten für Rubelerlöse einzurichten.

Ebenfalls lange strittig war der Vorschlag, die Treuhand möge ihren im Außenhandel tätigen Unternehmen zur Sicherheit der Kunden eine Bestandsgarantie geben und so Zweifel an der Liefertreue ausräumen. Es hieß, eine solche Form der Patronage verböte sich unter marktwirtschaftlichen Bedingungen. Nachdem manch Auftrag storniert, manch aussichtsreicher gar nicht mehr plaziert wurde, rang die Anstalt sich zu einem Kompromiß durch. Sie sperrt sich zwar bei Großunternehmen weiter gegen eine Zusage, sie würden innerhalb einer bestimmten Frist nicht privatisiert. Die bevorzugte Diktion lautet: Sie werden weiterexistieren. Eine solche Erklärung vor zwei Jahren abgegeben, hätte manchem Exportbetrieb unnötigen Kundenverlust erspart. Jetzt ist sie unersetzlich.

In die wirtschaftspolitische Kompetenz des Bundes gehört ebenfalls die Einflußnahme auf den Abbau von Handelshemmnissen für osteuropäische Länder beim Export nach Deutschland und in den EG-Raum. So kann den betreffenden Staaten geholfen werden, mit konkurrenzfähigen Landesprodukten Devisen für Importe zu erwirtschaften. Die Forderung nach Marktöffnung bezieht sich insbesondere darauf, noch bestehende Einfuhrbeschränkungen bei Agrargütern, Kohle, Stahlprodukten, Textil- und Bekleidungserzeugnissen aufzuheben. Parallel zur weiteren Importliberalisierung ist es zweckmäßig, besonders den Republiken der GUS zu helfen, ihre Erzeugnisse in Westeuropa zu vermarkten. Dazu kann das Angebot unentgeltlicher Qualifizierungskurse für Fach- und Führungskräfte gehören. Nach meinen Erfahrungen aus der Weiterbildung dieses Personenkreises gibt es einen großen Informationsbedarf in den Unternehmen genannter Länder zum Herangehen an die Erschließung des deutschen bzw. westeuropäischen Marktes.

Staatliche Fördermaßnahmen ersetzen – auch wenn sie noch so günstig sind – nicht das der entstandenen Lage angepaßte unternehmerische Engagement. Die Unterstützung des Kunden bei der Importfinanzierung wird zum alltäglichen Bestandteil des Ostgeschäfts. Langfristige Exportabsichten müssen mit Bezugs- und Kooperationsstrategien sowie adäquaten Finanzierungsmodellen gekoppelt werden. Lizenzvergaben, Plazierung von Lohnaufträgen werden immer wichtiger. Auch das Beschreiten unkonventioneller Wege ist unabdingbar. Es reicht von der Bereitschaft zum Tauschhandel über die devisensparende Lieferung von Gebrauchtmaschinen bis zur Fertigungskooperation, die dem Partner Deviseneinnahmequellen erschließen hilft. Mehr und mehr hängen erfolgreiche Vertragsverhandlungen von einem gezielten Marketing vor Ort ab. Das ist zugleich ein Bonus in dem Falle, daß – wie in den Republiken der GUS – Devisen für Importe noch aus staatlichen Fonds bereitgestellt werden.

Langfristig kann der Osthandel eine stabilisierende Rolle für die Wirtschaft der neuen Bundesländer natürlich nur spielen, wenn die Unternehmen Erzeugnisse und Leistungen anbieten, die hinsichtlich Qualität, Preis und Marketing den von westeuropäischen und Überseekonkurrenten offerierten nicht nachstehen.

Handicapausgleich

Einer der Kernsätze der Lehre von der sozialen Marktwirtschaft, die vielen DDR-Bürgern einleuchteten, schnell haftenblieben – womit sich bei ihnen allerdings auch Handlungsbedarf für Politiker verband –, lautete: Wettbewerb fordert Chancengleichheit. Daß die Treuhandunternehmen bei ungeschütztem heimischem Markt mit ihrem teilweise veralteten Produktionsapparat, weitgehendem Verlust ihrer Kunden im Osten sowie absehbarem Lohnanstieg gehandicapt sein, ohne Unterstützung im Wettbewerb nicht chancengleich sein würden, war nie ein Geheimnis. Das lag für den Realisten auf der Hand. Zugegebenermaßen hat die Treuhand in den ersten Wochen nach der Währungsunion viele in die roten Zahlen gekommene Betriebe vor dem Bankrott bewahrt. Sie reichte Liquiditätskredite in Milliardenhöhe aus. Der größte Teil davon diente jedoch der Aufrechterhaltung von Lohnzahlungen und zum Begleichen anderer laufender Ausgaben. Ein Abbau von Nachteilen ihrer Unternehmen gegenüber dem Standard der Konkurrenz – das hätte Investitionen in den Kapitalstock erfordert – wurde nicht bewirkt.

Lange, sträflich lange – immer auf die Selbstheilungskräfte des Marktes rechnend – hat die Politik sich um ein Konzept für den Handicapausgleich gedrückt. Ein Rezept gibt es freilich nicht, das allen Problemen der Industrieunternehmen in den neuen Bundesländern gerecht werden könnte. Wettbewerbsfähige, auf westlichen wie östlichen Märkten absetzbare Produkte und gefragte Leistungen muß jedes Unternehmen selbst entwickeln. Ein neues Absatzgebiet kann in der Marktwirtschaft nicht zugeteilt, Vertriebs-Know-how nicht verordnet, sondern nur eigenständig erworben werden. Aber es gäbe eine ganze Reihe von Maßnahmen, die Chancengerechtigkeit für die Treuhand- und inzwischen privatisierte ostgeführte mittelständische Unternehmen befördern könnten: Nach meinen Analysen und Umfragen kommen dafür folgende Vorschläge in Betracht:

- Einmalkosten des Strukturwandels, wie z.B. Aufwendungen für Sozialpläne, Betriebsstillegungen oder auch Abbau ökologischer Altlasten werden weiterhin in Einzelfallentscheidungen von der Treuhand übernommen. Hier ist die Lage so unterschiedlich von Betrieb zu Betrieb, daß auf die individuelle Prüfung nicht verzichtet werden kann. Das sind auch keine Eingriffe in die operative Geschäftsführung, sondern Sondervorgänge.
- Treuhand- und ostgeführte Privatunternehmen erhalten – sofern sie im internationalen Wettbewerb stehen – pro besetzten Vollarbeitsplatz und Monat einen Lohnkostenzuschuß. Er wird an Rationalisierungsmaßnahmen gekoppelt und innerhalb von vier bis fünf Jahren monatsweise schließlich auf Null abgebaut. Hiermit

würden die weit überhöhten Lohnstückkosten auf eine Höhe zurückgeführt, die die Wettbewerbsfähigkeit nicht durch den währungsunionsbedingten Aufwertungsschock oder erfolgte Lohnanhebungen unmöglich machen.

- Die Altschulden der noch nicht privatisierten Betriebe werden erlassen und in die Vermögensrechnung des Bundes eingestellt.
- Treuhandunternehmen wird die gleiche Investitionsförderung wie privatisierten Betrieben gewährt. Die Finanzierung der Investitionen stellen sie über private Banken sicher.
- Die Behörde selbst investiert verstärkt in ihre sanierungsfähigen Unternehmen.
- Für die reprivatisierten mittelständischen Betriebe wird eine volle Freistellung von Zinsbelastungen aus Altkrediten gewährleistet.
- Die Anstalt wirbt im In- und Ausland um öffentliche und private Aufträge sowie um Kooperationspartner für ihre Unternehmen.

Diese und ähnliche Ideen stoßen bei den Anhängern der reinen Marktwirtschaft auf wenig Gegenliebe. Insbesondere betrifft das die Lohnzuschüsse. Der Staat, so warnt beispielsweise der Kölner Wirtschaftsprofessor Juergen Donges, öffne dadurch ein nicht mehr zu schließendes Faß, der Wettbewerb würde verzerrt, die Eigeninitiative erlahme.

Man möchte Rohwedder zitieren: »Erst kommt das Leben und dann die Paragraphen«!

Sind befristete und degressiv gestaffelte Lohnzuschüsse nicht ökonomisch effizienter – von ethisch-moralischen Gesichtspunkten ganz zu schweigen – als die Finanzierung der Arbeitslosigkeit? Zweifel darf es allerdings nicht geben: Wenn ein Unternehmen auch nach einer »Galgenfrist« – also einer Zeitspanne, die notwendig ist, die Produktpalette zu erneuern, neue Märkte zu erschließen, entsprechende Vertriebsnetze aufzubauen – seine Lohnkosten nicht selbst erwirtschaftet, dann ist es falsch programmiert und hat sich endgültig ins Aus manövriert.

Distanz zur Idee der Lohnkostenzuschüsse halten auch einige Gewerkschaftsfunktionäre. Sie befürchten, daß in der Höhe der Personalaufwendungen die einzige Verlustquelle ostdeutscher Unternehmen gesehen wird. Auch erhielte der Staat über solche Subventionen den Zugriff auf die Tarifpolitik. Beide Einwände verdienen Aufmerksamkeit. Aber wenn ich alle Argumente für und wider den genannten Vorschlag abwäge, überwiegt für mich das Pro.

Immer kräftiger werden in der letzten Zeit die Stimmen, die für die ostdeutschen Löhne eine Stillhaltepolitik fordern. Die hiesigen Arbeitnehmer sollen zu den Löhnen arbeiten, die ihrer Produktivität entsprechen, und nicht nach Westlöhnen streben. Dann würden die Unternehmen sozusagen von allein gesunden, konkurrenzfähig werden. Dann brauchte es den wettbewerbsverzerrenden Lohnzuschuß nicht.

Ja, es ist richtig, eine Wirtschaft ruiniert sich, wenn über längere Zeit die Löhne nicht erarbeitet werden. Es trifft auch zu, daß sich durch die Lohnerhöhungen seit der Währungsunion die Produktivitätsschere zwischen dem östlichen und dem westlichen Teil Deutschlands kaum geschlossen hat.[90] Aber ändert man etwas, wenn die Löhne festgehalten werden? Wo keine zahlungsfähigen Kunden da sind, helfen auch mit Niedriglöhnen produzierte Waren nicht. Außerdem ist Ostdeutschland als Billiglohnland in Europa chancenlos. Südeuropäische EG-Länder, sogar osteuropäische Reformländer sind im Hinblick auf die Kosten für lebendige Arbeit nicht zu schlagen. Die neuen Bundesländer haben nur mit neuen Erzeugnissen und Qualitätsprodukten die Möglichkeit, Märkte zu erobern. Beides ist aber mit Billiglöhnen nicht zu haben. Die Gefahr der Abwanderung qualifizierter Facharbeiter, Techniker, Ingenieure und Manager ist kein Gespenst, sondern bereits bittere Realität und behindert den Aufschwung.

Meine Recherchen im Chemieanlagenbau haben ergeben, daß Spezialisten wie z.B. Schweißer für Hochdruckapparatebau zum einen wegen der ungewissen Perspektive ihrer Unternehmen, zum anderen wegen des bedeutend höheren Lohnniveaus in den alten Bundesländern inzwischen im Rhein-Main-Gebiet eine Tätigkeit aufgenommen haben. Ein solcher Schweißer hat einschließlich Facharbeiterausbildung nach sieben Jahren den Höhepunkt seiner Berufserfahrung erreicht. Angesichts der Schwierigkeit der Tätigkeit und ihrer gesundheitlichen Belastung kann er sie in der Regel nur bis zu seinem 40. Lebensjahr ausführen. Zu DDR-Zeiten wurden diese Spezialisten dann Meister, Arbeitsvorbereiter oder Materialversorger im Betrieb bzw. zu Ingenieuren und Technologen weiterqualifiziert. Jetzt verdienen sie in westdeutschen Unternehmen monatlich ca. 6000 DM und können sich dadurch ein finanzielles Polster für die Zeit erarbeiten, da sie nicht mehr in ihrem Betrieb tätig sein können.

Selbst wenn die Politiker sich entschlössen, niedrigere Löhne im Osten durch eingefrorene Mieten und Tarife teilweise zu kompensieren, wäre das – obwohl mehr recht als billig – keine Garantie für schnell steigende Konkurrenzfähigkeit ostdeutscher Unternehmen. Deren Problem ist nämlich der Kapitalmangel zur Erneuerung ihres Produktionsapparates. Nur durch Modernisierungsinvestitionen können Produkte hergestellt werden, die den Erfordernissen des heimischen und des Weltmarktes entsprechen. Nur so kann ein größeres Quantum lebendiger Arbeit als jetzt, darunter auch hochbezahlte, effektiv in Bewegung gesetzt werden. Der an anderer Stelle dieses Buches schon bezifferte Kapitalumfang kann nicht in wenigen Monaten mobilisiert werden. Dafür ist Zeit notwendig, die mit Lohnsubventionen überbrückbar ist.

Lohnstreckungen für ostdeutsche Arbeitnehmer sind also meiner Ansicht nach kein Ausweg. So wie man in einem Land nicht zwei Währungen haben kann, führt ein annähernd einheitliches Kostenniveau auf absehbare Zeit zwangsläufig zu vergleichbaren Lohnabschlüssen. Das Investivlohnkonzept ist schon eher eine Brücke, die Distanz zwischen Produktivitäts- und Lohnniveau zu überwinden. Für zeitweiligen Verzicht auf volle Auszahlung des vereinbarten Lohnes erwerben Arbeitnehmer Anteile am eigenen Unternehmen.

Den Lohnanstieg generell zu bremsen oder gar Löhne zu senken ist zwar ein schneller und billiger, aber kein brauchbarer Rat. Qualifizierte Facharbeiter, Spezialisten, die für den Aufschwung unverzichtbar sind, haben ihren Preis. Es kann also nur darum gehen, den Strukturwandel in den neuen Ländern hin zu technologie- und qualifikationsintensiven Produkten und Systemen mit hoher Wertschöpfung zu fördern. Die Produktivität muß einen Stand erreichen, der das Lohnniveau rechtfertigt. Dies verlangt Investitionen in Sach-

und ebenso in Humankapital. Die berufliche Qualifikation der Erwerbsbevölkerung ist der wichtigste Bestimmungsfaktor für die Wettbewerbsfähigkeit einer Volkswirtschaft. Daher geht es um höhere Investitionen, Ausbildung und Weiterbildung sowie um lebenslanges Um- und Dazulernen.

Psychotraining

Während ich die Arbeit an diesem Report beende, ist der zweite Jahrestag der deutschen Einheit nahe. Die offizielle Zeremonie findet in Schwerin statt, der Landeshauptstadt von Mecklenburg-Vorpommern. Turnusmäßig. Doch hätte es das Schicksal nicht besser fügen können.

Mecklenburg-Vorpommern ist eines der beiden neuen Bundesländer, die (noch) einheimisch regiert werden. Von dort kommen zufällig auch alle drei Minister, die Ostdeutschland im Bundeskabinett vertreten: Angela Merkel, Günther Krause, Rainer Ortleb. Zwei von ihnen jünger, als die DDR alt geworden ist, alle mit Hochschulbildung und akademischen Graden, in Lehre und Forschung tätig gewesen, nicht also eben ausgegrenzt. Auffällige Unannehmlichkeiten mit dem früheren Regime weist ihr Lebenslauf nicht aus.

Böten ihre und des Gastgebers ostdeutsche Herkunft sowie der Ort des Geschehens nicht besonderen Anlaß, am 3. Oktober Fehler der Politik, darunter eigene Irrtümer und Versäumnisse zuzugeben, als stets nur die Hinterlassenschaft der SED zu bemühen?

Mit Mecklenburg-Vorpommern ist auch ein Land Ausrichter der Gedenkfeier, auf dessen ererbte wirtschaftliche Monostrukturen der Markt mit seinen Selbstheilungskräften keine Rücksicht nimmt. Bekenntnis der Politiker ist gefragt. Das nordöstliche Bundesland verzeichnet die höchste Arbeitslosigkeit in ganz Deutschland, kein Thema, das sich zum Lamentieren über das verblichene System eignet.

Treffen werden die Politiker auf einen Menschenschlag, der von seinem Naturell weniger zu spektakulären Aktionen neigt, der die Einheit Deutschlands weder herbeidemonstrierte noch nicht einzuschätzen wüßte, was sie – mit Vernunft gestaltet – an Chancen in sich birgt.

Die Leute aus dem Norden lassen – bei all ihnen nachgesagter Ruhe, Gelassenheit und Nüchternheit – nicht wie Unmündige mit sich umspringen. Sie jagten den unfähigen Vorsteher des Kultur- und Bildungsressorts in der Landesregierung, Oswald Wutzke, den Pastor mit dem CDU-Parteibuch, aus dem Amt und legten sich hartnäckig mit Politikern und Treuhändern an, als die vorgesehene Privatisierung der Werften für viele die berufliche und soziale Perspektive ins Wanken brachte.

Für die in den neuen Bundesländern auftretenden Probleme des Umbruchs hat Mecklenburg-Vorpommern seine eigenen bitteren Beispiele. Profilierungssucht von Emporkömmlingen, Wendehalsigkeit früherer SED-Mitglieder, Anpassungsergebenheit um des Arbeitsplatzerhalts willen mögen Gründe dafür gewesen sein, daß die Universität Rostock im Sommer 1992 einem ihrer renommiertesten Ordinarien kündigte: Prof. Dr. Dr. h.c. mult. Horst Klinkmann. Früherer Staatsnähe wegen sollte der international geachtete Mediziner seinen Lehrstuhl räumen und vom Amt des Klinikdirektors entfernt werden. Sein Fall ist viel zu durchsichtig, als daß er nur unter »Elitewechsel« zu verbuchen wäre. Klinkmann, dem fachlich kaum jemand das Wasser reichen kann, beging den »Fehler«, öffentlich zu seiner Vergangenheit zu stehen. Die Mediziner unter denen, die ihn ausbooten wollten, mögen es mit ihrem Eid vereinbaren!

Schlagzeilen machte Mecklenburg-Vorpommern im Spätsommer 1992 mit brutalen Übergriffen Rechtsradikaler auf Asylantenheime. Bislang verhüllte Keime von Chauvinismus und Rassismus trafen in der sozialen Sackgasse, in der sich viele Jugendliche befanden, in der ideologischen Orientierungslosigkeit, im Vakuum sozialer Werte auf fruchtbaren Boden. Selbstwertkränkung und unsichere Zukunft machen Menschen leicht verführbar für einfache und schnelle Antworten auf komplizierte Probleme. Oft wird Gewalt zum Ventil von Frust. War nicht die höchste Warnstufe für die Politiker erreicht?

Mir wird der Tag der Einheit Gelegenheit sein, eine eigene Bilanz zu ziehen. Auf der Habenseite werde ich verbuchen, daß uns Ostdeutschen das Tor zu den westeuropäischen Demokratien, zur modernen industrialisierten Welt offensteht. Der östliche Teil der europäischen Behausung, in dem ich aufgewachsen bin und den ich nach meinen Kräften mithelfen wollte zu modernisieren, hat Feuer gefangen, zerbirst. Nicht einmal gegenseitige Hilfe der Nachbarn, der früheren Bündnispartner, ist beim Löschen erkennbar. Da ist es schon beruhigend, hinter die Brandmauer gelangt zu sein.

Aber auch dort gibt es keinen rundum sicheren Platz. Bedroht ist die Stabilität des ganzen Kontinents. In der ehemaligen Sowjetunion und im östlichen Teil Europas geht es schon nicht mehr nur um Entsozialisierung und den Übergang zu marktwirtschaftlichen Strukturen mit zu erwartender Massenarbeitslosigkeit, sozialer Misere und Entwurzelung. Vielmehr stehen dic Ergebnisse von Jalta und Potsdam zur Disposition, auch die Konstruktionen von Versailles. Die Gefahr einer Flut von Wirtschaftsflüchtlingen aus dem Osten und von Asylbewerbern bürgerkriegsähnlicher Zustände wegen wächst.

Vor dem Hintergrund solcher Szenarien verlieren die ökonomischen und sozialen Probleme Ostdeutschlands zwar an Schärfe. Aber kann das in einem vereinten Land der Maßstab sein?

Ein Grund zur Panik ist es für mich nicht, wenn zwei Jahre nach dem so unvorhergesehenen Ereignis der wirtschaftliche Abstand und die soziale Kluft zwischen beiden Teilen Deutschlands nur unwesentlich verringert sind. Die Politiker haben zu Recht Schelte bezogen für ihre Wahlkampflockreden und unverantwortlichen Versprechen. Aber gesellschaftliche Umbrüche, wie sie eine Bevölkerungsmehrheit der DDR wollte, gibt es nicht zum Nulltarif. Keine Seite zog fertige Konzepte für die Gestaltung des Zusammenwachsens aus der Schublade. Auch nicht die, die ständig das Einheitsgebot des Grundgesetzes im Munde führte.

Ich habe auch keine Zweifel: Bis Mitte der neunziger Jahre werden wirtschaftliche Belebungstendenzen einsetzen. Von einem niedrigen Ausgangsniveau aus lassen sich nun einmal leicht respektierliche Wachstumsraten erreichen. Das eigentliche Problem für mich ist, daß die Politik spürbar in eine Art Sprachlosigkeit verfallen ist, »Aussitzen« bevorzugt, woran die Ostdeutschen ungute Erinnerungen haben. Es mangelt an einer überzeugenden, attraktiven Vision von Richtung und Ziel der Reise. Was in der DDR war, wird gern rundum verteufelt – übrigens will die Vergangenheit ohnehin kaum ein Ostdeutscher wiederhaben –, das Lebensniveau in den alten Bundesländern aber soll für die neuen auf absehbare Zeit nicht gelten. Der sonst in seiner Partei als Querkopf geltende Biedenkopf stößt in der politischen Klasse auf keinen offiziellen Widerspruch, wenn er vorschlägt, das Grundgesetz zu ändern, das gleiche Lebensbedingungen für alle Deutschen vorschreibt. Vergleichbare Lebensverhältnisse anstreben heißt seine Formel, also auch nennenswerte Unterschiede bewußt akzeptieren und dafür den Ostdeutschen erlauben, ihre Identität zu pflegen.

Anstatt eine mobilisierende, glaubwürdige und finanzierbare Vision zu geben, sehen die politisch Verantwortlichen – assistiert und zum Teil animiert von einigen ostdeutschen Landsleuten – dabei zu, wenn die Ex-DDR wie eine Altlast entsorgt wird: Die auf den Schlußsprung nicht vorbereitete Wirtschaft verliert die Konkurrenz gegen einen volltrainierten Wettbewerber. Die früheren Eliten in Wissenschaft, Kultur und Kunst werden nicht nur ausgetauscht, sondern ausgegrenzt. Landauf, landab soll Vergangenheit getilgt werden durch Straßenumbenennungen. Führungspositionen werden allenthalben von Bürgern westdeutscher Provenienz eingenommen. Wo es formal gemischte Teams gibt – z.B. auch in manchem Vorstand von Treuhandunternehmen –, stimmen die Westmanager sich oft intern ab, bevor sie in die offizielle Beratung gehen.

Die Palette der Beispiele ließe sich fortsetzen, aber darum geht es nicht. Warum diese Begierde, mit allem, was an die DDR erinnert, tabula rasa zu machen? Wo sieht man die Gefahr? Befürchtet man, das eigene Wertesystem, mit dem man in der *Ewigkeit* angelangt schien, könne durch das Hinzukommen von selbstbewußten Menschen mit eigenen Positiv- und Negativerfahrungen nun *endlich* werden? Will man mit einer Sicht auf die DDR als ein von Anfang an und in jeder Beziehung verfehltes Unternehmen ihren Ex-Bürgern jegliche Selbstachtung nehmen? Ist man in Sorge, bei einem gleichberechtigten Mitwirken am Zusammenwachsen beider Teile Deutschlands und ihrer gemeinsamen Zukunft könnte es den Ostdeutschen zum Vorteil gereichen, die Vorzüge und Schwächen beider Gesellschaftssysteme aus eigenem Erleben zu kennen?

Würden sie eines Tages zu der Einsicht kommen, eine auf – wenn auch gezügeltem – Egoismus, oft rücksichtslosem Ellenbogengebrauch beruhende Gesellschaft sei langfristig ebenso lebensunfähig wie eine, in der verordnete Gemeinschaftsprinzipien galten? Bis jetzt ist jedenfalls nicht erkennbar, daß durch das Verschwinden des real existierenden Sozialismus auch nur ein einziges Problem des Kapitalismus gelöst worden sei.

Wird nicht das ganze Deutschland ärmer, wenn man von seinen Neubürgern, den Startern in eine erst noch zu erkundende Umwelt, gewissermaßen die Nullstellung des Tachometers erwartet? Wenn die ostdeutschen Landsleute veranlaßt werden, es lediglich den westdeutschen nachzutun, sie zu kopieren, dann werden sie zweitklassig bleiben. Den Vorsprung der einen können die anderen in Windeseile nicht aufholen. Sie sollen sich besser ihrer Stärken und Potenzen besinnen, Schwächen und Defizite aber schnell abbauen. Wer sich nicht zu seiner Vergangenheit bekennt, hat – Lernbereitschaft vorausgesetzt – kaum noch etwas, woraus er schöpfen könnte.

Facharbeitern, die in der DDR ihre Ausbildung erhielten, wird von den neuen Firmeneignern solide Qualifikation und höchste Motivation bescheinigt. Den Umgang mit ihnen bislang nicht vertrauten Techniken lernen sie rasch. Ostdeutsche Manager verfügen über Fachkompetenz, sind praxiserfahren und gut informiert, hebt eine Studie des Kölner Instituts der deutschen Wirtschaft hervor, die Mitte 1992 gemeinsam mit der Treuhandanstalt erarbeitet wurde. Engpässe sind betriebswirtschaftliches Know-how und der Umgang mit Marktsignalen. Im Zusammenwirken mit West-Kollegen lassen sich diese Mängel bald überwinden. Von einer »Managerwüste« in den neuen Bundesländern also keine Spur! Meine früheren Studenten, auch die, die ihre Ausbildung an Universitäten in den alten Ländern fortsetzen, schreiben, sie brauchten sich mit ihrem Wissen und Können unter ihren Kommilitonen nicht zu verstecken. Nachholebedarf spüren sie in Betriebswirtschaft und Recht. Manchem Personalchef westdeutscher Herkunft fallen bei Führungskräften und Mitarbeitern aus der Ex-DDR Sensibilität und Bescheidenheit angenehm auf.

Ich bin in den vergangenen zwei Jahren nicht wenigen Altbundesbürgern begegnet, die nach längerem Aufenthalt oder auch beruflichem Einsatz in den neuen Ländern etwas entdeckten, was sie so nicht kannten, auch gar nicht vermißt hatten, wovon sie sich aber angezogen fühlten, was zumindest Respekt erheischte. Sie meinen, das Leben hier bei uns sei nicht so glatt, sei emotional reicher, für die Persönlichkeitsentfaltung herausfordernder gewesen. Man habe sich noch über kleine Dinge freuen können, das Aufeinanderangewiesensein gelernt, Überlebensstrategien trainiert. Gut beobachtet, wie ich finde.

Unsere Mentalitäten und Verhaltensmuster waren unter ganz anderen Verhältnissen geprägt. Nicht, daß uns die »Lust am Eigentum« abhanden gekommen wäre. Aber alltagausfüllend ist sie nicht geworden. Raum für soziale Kommunikation und Wärme ist geblieben. Diese Erinnerungen an das Gemeinwesen DDR sind bei mir ebenso wach wie die an Informations- und Reiseschranken, an Praktiken der Entmündigung und Bespitzelung der Bevölkerung. Eines läßt sich mit dem anderen nicht aufwiegen. Aber das andere läßt das eine auch nicht vergessen machen.

Mein Urteil über Menschen richtete und richtet sich nicht nach deren Parteimitgliedschaft. Ich sortiere niemand nur wegen seines »O« oder »W« vor der Postleitzahl in einen ganz bestimmten Kasten. Warum nur stempelt man Ostdeutsche als Fürsprecher der alten Ordnung, als »systemtreu« ab, nur wenn sie einen eigenen Standpunkt bewahren? Wem könnte ihre Flucht in eine »geborgte Identität« auf Dauer dienlich sein?

Die Akzeptanz der neuen Ordnung, die viele Ex-DDR-Bürger für sich mental und professionell noch weiter erschließen müssen, wächst nicht durch das Verdammen der Vergangenheit, sondern nur durch das überzeugende Vorbild. So wird denn das Zusammenwachsen beider Teile Deutschlands noch viel Lernen und Aufeinanderzu-und-eingehen fordern. Von beiden Seiten. Die neuen Bundesbürger sind gut beraten, in die marktwirtschaftliche Logik einzudringen, die Chancen zu erkennen, die die Wiedervereinigung trotz aller vermeidbaren Schmerzen gebracht hat. Die Altbundesbürger, zumal die, die in den neuen Ländern eine Tätigkeit aufnehmen, werden sich mit der Geschichte der DDR, dem Leben und Handeln ihrer Bevölkerung, den Ursachen für Tun und Lassen vertraut machen müssen. Warum eigentlich werden für solche Zwecke keine Weiterbildungskurse angeboten?

Der Beitritt der DDR zur BRD war kein historisches Experiment. Er ist endgültig. Was am Zusammenwachsen opferreich und doch erfolglos verläuft, kann nicht so oft wiederholt werden, bis sich das gewünschte Resultat einstellt. Die Gefahr, daß Gräben offenbleiben, ist latent, sie zu bannen eine große Herausforderung. Die Treuhandanstalt hat dabei eine Schlüsselrolle. Sie wird Rechenschaft geben müssen, ob sie die Landschaft hier im Osten nur von Überbleibseln des alten Systems entsorgt, sie für Konkurrenten geformt hat oder ob sie für zukunftsträchtige wettbewerbsfähige Strukturen, für die Erwerbstätigkeit von Millionen Menschen und deren ermutigende Lebensperspektive den Boden bereitete, die Landschaft also rekultivierte. Der Frage nach ihrer Hinterlassenschaft kann auch sie nicht ausweichen.

A N H A N G

Anmerkungen

1 Gesprächsprotokolle, Zentrales Parteiarchiv, IV 2/1/414, Blatt 43
2 K. Marx, Das Kapital, Band 1, in: Marx-Engels-Werke, Band 23, Berlin 1969, S. 791
3 P. Christ/R. Neubauer, Kolonie im eigenen Land, Berlin 1991, S. 116
4 Statistisches Jahrbuch der DDR 1990, Berlin 1990, S. 105
5 GBL DDR Teil I, Nr. 14 vom 8. 3. 1990
6 »Berliner Zeitung« vom 8. 3. 1990, S. 6
7 ebenda
8 H. Suhr, Der Treuhandskandal, Frankfurt/Main 1991
9 M. Flug, Treuhand-Poker Berlin 1992, S. 18
10 Der Kaufhofchef, Jens Odewald, inzwischen Verwaltungsratsvorsitzender der Treuhand, erinnert sich an ein Treffen, zu dem ich namens der Regierung Repräsentanten der BRD-Wirtschaft sowie Kombinatsdirektoren der DDR eingeladen hatte, mit den Worten: »Frau Luft, die damalige DDR-Wirtschaftsministerin, stellte uns Joint-ventures in Aussicht. Das war, ich werde es nicht vergessen, am 13. Januar 1990. Da trat eine Frau mit großem Anspruch auf, die tief im marxistischen Gedankengut verwurzelt war. Sie sprach engagiert von Leistungsbereitschaft und allen Begriffen, die selbst den rechten Flügel von bürgerlichen Parteien entzückt hätten. Dann aber schloß sie mit der Bemerkung, daß alles Eigentum an Produktionsmitteln natürlich weiterhin dem Volke gehören soll«, in: R. Berger/P. Gillies, Schubkräfte, München 1992, S. 175
11 GBL DDR Teil I, Nr. 33 vom 17. 6. 1990
12 W. Schäuble, Der Vertrag, Stuttgart 1991, S. 141
13 GBL DDR Teil I, Nr. 34 vom 25. 6. 1990
14 GBL DDR Teil I, Nr. 33 vom 17. 6. 1990
15 GBL DDR Teil I, Nr. 34 a.a.O. Die Absätze 1 und 2 beziehen sich auf die Schaffung der Rahmenbedingungen für die Entfaltung der Marktkräfte und der Privatinitiative
16 H. H. Härtel/R. Krüger/J. Seeler, Friktionen bei der Entwicklung funktionsfähiger Märkte in den neuen Bundesländern, HWWA-Report Nr. 94, 1991, S. 9/10
17 E. Reuter, in: R. Berger/P. Gillies, Schubkräfte, a.a.O., S. 211
18 GBL DDR Teil I, Nr. 33, a.a.O., § 2 (6)
19 a.a.O. 41
20 H. Willgerodt Probleme der deutsch-deutschen Wirtschafts- und Währungsunion, »Zeitschrift für Wirtschaftspolitik«, Universität Köln, Nr. 3/1990, S. 320
21 Der Vertrag über die Schaffung einer Währungs-, Wirtschafts- und Sozialunion zwischen der Bundesrepublik Deutschland und der Deutschen Demokratischen Republik, Erklärungen und Dokumente; Herausgeber: Presse- und Informationsdienst der Bundesregierung, Bonn 1990, S. 36
22 a.a.O., S. 17
23 P. Christ/R. Neubauer, a.a.O., S. 127
24 ebenda, S. 127

25 vgl. auch J. Priewe/R. Hickel, Der Preis der Einheit, Frankfurt/Main, 1991, S. 164–186
26 BGBl 1991 I, S. 766
27 BGBl 1991 I, S. 854
28 Stenographische Niederschrift der Volkskammer, S. 1679 ff, Erst kommt das Leben und dann die Paragraphen
29 ebenda
30 H. Schmidt, Kohl bringt's nicht, in: »Stern« Nr. 23/1992, S. 24
31 Allzu üppige Versorgung der Führungskräfte gerügt, in: »Handelsblatt« vom 4. 5. 1992, S. 4
32 G. Kusch/R. Montag/G. Specht/K. Wetzker: Schlußbilanz – DDR: Fazit einer verfehlten Wirtschafts- und Sozialpolitik, Berlin 1991
33 Im Interesse der Vergleichbarkeit waren der Berechnung für alle Länder die Altersgruppen 15–55 Jahre bei Frauen und 15–60 Jahre bei Männern zugrunde gelegt worden
34 Stabilisierung der Volkswirtschaft und nächste Schritte der Wirtschaftsreform, Berlin 1989
35 Zur Arbeitsgruppe gehörten von der BRD-Seite Ministerialdirektor Dr. Molitor vom Bundeswirtschaftsministerium, die Ministerialräte Dr. Homann und Schnurr aus dem gleichen Haus und Ministerialdirektor Rademacher vom Bundesfinanzministerium
36 Beispiele dafür sind im Juni 1990 dem Bundesministerium für Arbeit und Soziales zum Thema »Möglichkeiten einer breiten Streuung des volkseigenen Vermögens in der DDR im Zusammenhang mit seiner Privatisierung« vorgelegte Gutachten des Instituts der Deutschen Wirtschaft (IW) Köln, des IFO-Instituts für Wirtschaftsforschung München, des Wirtschafts- und Sozialwissenschaftlichen Instituts des Deutschen Gewerkschaftsbundes GmbH (WSI) Düsseldorf, des Deutschen Instituts für Wirtschaftsforschung Berlin
37 W. Engels, Mezzogiorno-Politik, »WirtschaftsWoche« Nr. 45/1991, S. 106
38 Zitiert in: Nikolaus Piper: Wenn der Staat die Lohntüte füllt, »Die Zeit« vom 24. 5. 1991, S. 23
39 Hans Knop, Staatliche Hilfen und Kapitalimporte im Angleichungsprozeß der DDR, in: »Zeitschrift für Wirtschaftspolitik«, Nr. 3/1990, S. 341
40 ebenda
41 vgl. dazu: Stabilisierung der Volkswirtschaft und nächste Schritte der Wirtschaftsreform, a.a.O., S. 10/11
42 P. Christ/R. Neubauer, a.a.O., S. 117
43 Statistisches Jahrbuch der DDR 1990, Berlin 1990, S. 120/121. Rund 30 Prozent aller Anlagen und Ausrüstungen waren höchstens 5 Jahre alt und 45 Prozent älter als 10 Jahre. 20 Prozent hingegen waren bereits länger als 20 Jahre in Betrieb. Die Aussonderungs- und Erneuerungsrate war insgesamt extrem niedrig. Am stärksten betraf das aber die Bauwirtschaft, die Landwirtschaft sowie das Verkehrs-, Post- und Fernmeldewesen. Setzt man die Aufwendungen für die Grundfondsreproduktion gleich 100, so war der Anteil der Investitionen in allen produzierenden Bereichen 1975 gleich 73 und der der Reparaturkosten 27 Prozent. Bis 1987 stieg der Reparaturkostenanteil auf 45 Prozent. Im Bauwesen betrug er 1987 sogar 73, in der Land- und Forstwirtschaft 56 und im Verkehrs-, Post- und Fernmeldewesen 63 Prozent.

44 Als Faktoren zur Erhöhung der Abschreibungssätze waren vorgesehen:

Bereich	Bau	Ausrüstungen
Schwerindustrie	1,9	1,2
Maschinenbau	2,7	1,3
Leichtindustrie	2,2	1,3
Bauwesen	2,0	1,4
Verkehrswesen	2,0	1,2
Post- und Fernmeldewesen	1,8	1,6

45 Nicht unerwähnt bleiben soll das Spektakel, mit dem der auch ansonsten für seine Deals bekannte Bäckermeister Horst Schiesser im Mai 1990 Aufsehen erregte: Er bot der Treuhand an, die volkseigene Wirtschaft der DDR für 713 Milliarden Mark zu kaufen, um sie anschließend wieder der Bevölkerung zu verkaufen. Er offerierte den ostdeutschen Bürgern in großen Anzeigen eine lukrative Anlage ihrer Sparguthaben: à 300 Mark sollten sie sogenannte Kaufscheine für Aktien erwerben, um damit das Volksvermögen zurückzukaufen.

46 Mitteilung des damaligen Treuhand-Vorstandsvorsitzenden D. K. Rohwedder vor der Bundeskammer in Wien, Meldung der Nachrichtenagentur ADN vom 19. Oktober 1990

47 Zitiert in: P. Christ/R. Neubauer, a.a.O. S. 117

48 Meldung der Nachrichtenagentur AP vom 22. März 1991

49 D. Cornelsen: Privatization – The Example of East Germany, Unveröffentlichtes Manuskript, vorgetragen bei der WEFA Group: International Economic Outlook Conference on Eastern Europe and the Soviet Union, vom 22. bis 26. April 1991 in Berlin

50 H. Maier, Integrieren statt zerstören. Für eine gemischtwirtschaftliche Strategie in den neuen Bundesländern, in: »Aus Politik und Zeitgeschichte«, Beilage zur Wochenzeitung »Das Parlament«, B. 29/91 vom 12. Juli 1991, S. 6

51 G. Sinn/H. W. Sinn, Kaltstart, Tübingen 1992, S. 132

52 ebenda, S. 113

53 G. Heimpold/H. Kroll/M. Wilhelm: Privatisierung in den neuen Bundesländern – Bestandsaufnahme und Perspektiven – Berlin, 1991, S. 14

54 M. Wegner, Mezzogiorno im Osten, in: »WirtschaftsWoche« Nr. 15 vom 5. 4. 1991, S. 23

55 E. Altvater, Ist das Wirtschaftswunder wiederholbar? Ein Leistungsvergleich zwischen Währungsreform 1948 und Währungsunion 1990, in: »Blätter für deutsche und internationale Politik« 6/1991, S. 703

56 Biedenkopf: Wir müssen mehr Ungleichheit akzeptieren, in: Wochenpost vom 26. 3. 1992, S. 20

57 B. Riedmüller: Berlin-Krimi, Berlin 1992

58 H.-H. Härtel/R. Krüger/J. Seeler/M. Weinhold, Institutionelle Ursachen von Wettbewerbsverzerrungen in den neuen Bundesländern, HWWA-Report Nr. 92, S. 12/13

59 Ifo-Konjunkturtest in den neuen Bundesländern, Ifo-Schnelldienst Nr. 16/17 vom 10. 6. 1991, S. 11

60 Industrieforschung in der Krise, »Berliner Zeitung« vom13./14. 6. 1992, S. 29

61 H. J. Lupp, W. Sienel: Beinharte Spekulation, in: »WirtschaftsWoche« Nr. 27 vom 26. 6. 1992, S. 109

62 vgl. § 20 der Abgabenordnung vom 16. 3. 1976, BGBl 1976 I

63 »Neues Deutschland« vom 25./26. 1. 1992

64 D. Petersen, Gewinn mit der Trennung von Land und Management, in: »Handelsblatt« vom 3. 8. 1992, S. 12

65 H. Mundorf, Investitions-, keine Verteilungsreserve, in: »Handelsblatt« vom 1. 6. 1992, S. 2

66 Die Erwerbsquote bezeichnet das Verhältnis der Erwerbspersonen (einschließlich der Arbeitslosen) zur Wohnbevölkerung

67 Odewald, Privatisierung Ende 1993 abgeschlossen, in: »Handelsblatt« vom 19./20. 6. 1992, S. 16

68 H. Kopper, »Neue Zeit« vom 17. 7. 1992

69 Das Bruttosozialprodukt ergibt sich aus dem Bruttoinlandsprodukt (Wert aller im Laufe eines Jahres produzierten und nicht im Produktionsprozeß wieder eingesetzten Güter und Leistungen, der sogenannten Vorleistungen, zuzüglich der bei der Einfuhr von Gütern an den Staat abzuführenden Abgaben, der sogenannten Einfuhrabgaben) plus der aus dem Ausland netto empfangenen Erwerbs- und Vermögenseinkommen

70 Talfahrt der Ostwirtschaften, in: »Neue Zürcher Zeitung« vom 11. 7. 1992, S. 12

71 Für Kinder unter 15 Jahren durften 2000 Mark der DDR, für Erwachsene unter 60 Jahren 4000 und für die über 60jährigen 6000 Mark der DDR zum Kurs von 1:1 umgewechselt werden. Die anderen Geldbestände wurden zum Kurs 2:1, im Vereinigungsjahr spekulativ erworbene Gelder zum Kurs 3:1 umgetauscht.

72 G. und H.W. Sinn haben eine tiefgründige Analyse der bisher zu diesem Problem geführten Diskussion und vorliegender statistischer Erhebungen vorgenommen. Sie favorisieren als Kaufkraftparität das vom Statistischen Bundesamt Wiesbaden errechnete geometrische Mittel von 100 Mark der DDR = 108 DM. Dem liegt auf Basis des Warenkorbs eines durchschnittlichen Arbeitnehmerhaushalts der DDR ein Verhältnis von 100 Ostmark = 132 DM und auf Basis eines entsprechenden westdeutschen Warenkorbs eine Parität von 100 Ostmark = 88 DM zugrunde. Hierbei sind Unterschiede in den Warenqualitäten und ihrer Verfügbarkeit unberücksichtigt.

73 In den alten Bundesländern stammt ein wachsender Teil der Haushaltseinkommen aus Vermögenserträgen: Ende der siebziger Jahre gut 5 Prozent, 1991 bereits 9,4 Prozent. Das ist mehr als ein 13. Monatsgehalt (vgl. »Handelsblatt« vom 27./28. 12. 1991, S. 5)

74 Insofern ist es auch zu pauschal, wenn G. Sinn und H.W. Sinn schreiben: »Der Ausverkauf (der ostdeutschen Wirtschaft-C. L.) würde die Trennung der deutschen Bevölkerung in vermögende Kapitalbesitzer im Westen und mittellose Lohnbezieher im Osten vervollkommnen . . .« (Kaltstart, a.a.O. S. 90)

75 K. Schäfer, Investivlohn: Vermögensbildende Aufbauhilfe für den Osten oder Vermögenseinbildung? in: »Umbruch-Beiträge zur sozialen Transformation«, Nr. 1/1992, Herausgeber: Sozialwissenschaftliches Forschungszentrum Berlin-Brandenburg e.V., S. 101

76 a.a.O., S. 102

77 H. Willgerodt, Wirtschaftsordnung für ein anderes Deutschland – Wege aus der Krise der DDR, in: »Zeitschrift für Wirtschaftspolitik«, Nr. 1/1990, S. 161

78 D. Student, Lukratives Sterben, in: »WirtschaftsWoche« Nr. 29 vom 10. 7. 1992, S. 119

79 Treuhand-Modell kann nicht nach Osteuropa exportiert werden, in: »Handelsblatt« vom 3. 2. 1992, S. 4

80 München - ein Gipfel der Belanglosigkeiten, »Neue Zürcher Zeitung« vom 12./13. 7. 1992, S. 9

81 Arbeitslosigkeit nimmt zu, in: »Der Tagesspiegel« vom 9. 6. 1992, S. 21

82 G. Fels, Nichts ersetzt das Eigentum, in: »Frankfurter Allgemeine Zeitung« vom 30. 11. 1991, S. 13

83 G. Jawlinskij/Stanislaw Schatalin 500 Tage zur Marktwirtschaft, »Wirtschafts-Woche«, Düsseldorf 1991

84 B. Behrens, Wissmann: Verfassungsänderung historische Chance, in: »Wirtschafts-Woche« Nr. 8 vom 14. 2. 1992, S. 12

85 P. Wiles, Die kapitalistische Siegessicherheit in Osteuropa, in: »Europäische Rundschau«, Wien, Nr. 3/1991, S. 93

86 C. Leggewie, Verletzt, aber aufgewacht, in: »Wochenpost« vom 20. 8. 1992, S. 6

87 H. Henzler, Klare Konzepte, in: »WirtschaftsWoche« Nr. 49 vom 29. 11. 1991, S. 20/21

88 K. Biedenkopf, Soviel Markt wie möglich, soviel Staat wie nötig, »Leipziger Volkszeitung« vom 15. 8. 1992

89 Das westdeutsche Wirtschaftswunder von 1948 läßt sich im Osten nicht wiederholen, in: »Handelsblatt« vom 2. 6. 1992, S. 5

90 Dabei gebietet es die Redlichkeit, auf ein statistisches Problem hinzuweisen: Die Produktivität wird gemessen, indem das erwirtschaftete Inlandsprodukt durch die Zahl der geleisteten Beschäftigtenstunden dividiert wird. Damit hat diese Zahl für Ostdeutschland zwei gravierende Haken, die es eigentlich verbieten, sie unter dem Begriff »Produktivität« zu verwenden:
- Zu den Beschäftigten werden alle gerechnet, die in Arbeitsbeschaffungsmaßnahmen stecken. Ihr Anteil an den Beschäftigten ist sehr groß, ihr Anteil am erwirtschafteten Inlandsprodukt ist verschwindend gering. Hierdurch wird die ostdeutsche »Produktivitäts«-Meßziffer stark nach unten verzerrt.
- Die »Produktivität« wird in Umsatz je Arbeitsstunde oder je Erwerbstätigen gemessen, also nicht in hergestellten, sondern in abgesetzten Produkten. Damit geht sie über das zentrale Problem vieler ostdeutscher Unternehmen hinweg, nämlich den fehlenden Markt, auf dem sie ihre Produkte absetzen könnten. (vgl. dazu D. Gürtler, Die Perfidie der »Produktivität«, in: »Wochenpost« vom 20. 8. 1992, S. 2

Personenregister

Afheldt, Heik 94
Aganbegjan, Abel 239
Allende, Salvatore 82
Altvater, Elmar 169
Amerongen, Wolf von 205
Andreff, Vladimir 229
Apel, Hans 123
Aquino, Thomas von 23
Aristoteles 20 21 22 23
Artzt, Mathias 47

Bartels, Klaus 20 21
Bergmann-Pohl, Sabine 99
Biedenkopf, Kurt 170 246 268
Brabant, Joseph von 229
Brahms, Hero 130 224
Breitling, Gunter 47
Breuel, Birgit 96 113 122 123 124 125 144 189 190 210 224
Brzezinski, Zbigniew 48

Campanella, Tommaso 23
Carter, Jimmy 30
Child, Josiah 23
Christ, Peter 28 56 94 158
Cornelsen, Doris 160

Darwin, Charles 174
De Maizière, Lothar 9 18 55 56 61 65 66 67 75 76 90 94 151 159 168 184 206
Donges, Juergen 262
Döring, Karl 94

Ehlers, Hermann 207
Erhard, Ludwig 82 240

Faude, Eugen 147 160
Fazakas, Szaboles 48
Fels, Gerhard 228
Flug, Marin 59
Ford, Gerald 147
Fourier, Charles 23
Franzen, Dieter 174
Freund, Erich 93

Gauck, Joachim 7
Gay, Daryl 47
Gebhardt, Gerd 47
Gerlach, Manfred 56
Gohlke, Reiner Maria 93
Gorbatschow, Michail 15 17 31 239
Grünheid, Karl 150

Halm, Gunter 94
Haussmann, Helmut 188
Henzler, Herbert 246
Herakleios 47
Heym, Stefan 7
Hildebrandt, Regine 67

Honecker, Erich 15 16 21 30 33 58 141 147
Höppner, Reinhard 99
Hume, David 23

Jawlinskij, Grigorij 230

Kaser, Michael 229
Klein, Fritz Michael 191
Klinkmann, Horst 266
Klinz, Wolf 174
Klose, Jürgen 147
Knirsch, Peter 230
Knop, Hans 153, 2O7
Kohl, Helmut 45
Kopper, Hilmar 213
Krause, Günther 67 68 107 265
Krause, Wolfram 18 19 28 38 43 52 59 60 65 95 96 159
Krenz, Egon 16 17 18 56
Kvint, Vladimir 48

Lavigne, Marie 230
Leggewie, Claus 245
Lezius, Hans-Michael 174

Marx, Karl 21 22
Matuschka, Albrecht, Graf 48 49
Merkel, Angela 265
Meyer-Bodemann, Werner 100
Mischnick, Wolfgang 92
Mittag, Günter 7 25 58 59 95 96 111 149 223
Modrow, Hans 9 18 26 27 30 36 42 44 46 52 53 54 55 56 57 59 62 63 64 65 66 67 90 92 94 110 150 159 223
Möllemann, Jürgen 182
Moltke, Heinrich von 187
Moreth, Peter 18 59 60 65 93
Morus, Thomas 23
Müntzer, Thomas 23
Mütig, Ulrich 194

Necker, Tyll 153 176 177
Neubauer, Ralf 28 56 94 158
Neuendorff, Jörg 192
Neuling, Christian 127
Nickel, Ute 57
Nooke, Günter 99, 100
Nuti, Mario 230

Odewald, Jens 210
Ortleb, Rainer 265
Owen, Robert 23

Pareto, Vilfredo 24
Pieroth, Elmar 184 185 186
Plaschna, Horst 133
Platon 20 21 22 23
Platzek, Matthias 58
Pohl, Gerhard 61 77 94 185
Priewe, Jan 103
Puschkin, Alexander 230 231 232

Quesnay, Francois 23

Reagan, Ronald 15
Reuter, Edzard 77
Riedmüller-Seel, Barbara 171
Ringstorff, Harald 54
Roemer, J. E. 74 75
Rohr, Hans-Jürgen 203
Rohwedder, Detlev Karsten 93 94 98 109 112 128 262
Romberg, Walter 44 58 68
Roth, Wolfgang 189
Rousseau, Jean-Jacques 23

Saint-Simon, Claude Henri 23
Samson, Ivan 229
Samuelson, Paul A. 71
Schabowski, Günter 16 18 19
Schalck-Golodkowski, Alexander 56
Schatalin, Stanislaw 230
Schäuble, Wolfgang 67 107
Schiller, Karl 27
Schmidt, Helmut 123 124 147 232
Schneider, Horst 45
Schnur, Wolfgang 94
Schöde, Wolf 95 96 223
Schumpeter, Joseph Alois 168
Seel, Peter 171
Shakespeare, William 101
Siegert, Walter 57
Sinn, Gerlinde 163 166
Sinn, Hans-Werner 163 166
Smith, Adam 23
Spethmann, Dieter 93
Steinecke, Jochen 89 99
Stoph, Willi 15 18 94 150
Störtebecker, Klaus 23
Suhr, Heinz 52 55 56 57

Thatcher, Margret 82
Tisch, Harry 189
Turgot, Anne Robert 23

Ulbricht, Walter 141
Ullmann, Wolfgang 31 38 43 44 46 47 48 51 54 58
Urban, Christoph 164
Urban, Horst W. 130

Wahl, Stephanie 170
Waigel, Theo 68 91 223
Walter, Norbert 48
Weitling, Wilhelm 23
Wiles, Peter 229 245
Willgerodt, Hans 87 219
Winter, Rudolf 94
Wissmann, Matthias 237 238 239
Wutzke, Oswald 266

Zapp, Herbert 93

Inhaltsverzeichnis

Erwartung 7

Genesis

Sturzgeburt 15
- Wer A sagt ... 15
- Die Lust am Eigentum 20
- Mein, dein, unser? 32
- Zu treuen Händen 38
- Legende vom Verrat 46
- Animositäten 55
- Fazit 62

Mutation 66
- Privat geht vor Katastrophe 66
- Mammut, Zwitter und Chamäleon 78
- Spendierlaune 89
- Karussell 92
- »Demokratie« im Dreierhopp 98
- Vertane Chance 101
- Fazit 104

Genetische Eingriffe 107
- Enthemmung 107
- Filetierung 109
- Unterlassung 112

Künstliche Beatmung oder Existus? 117

Testament 117
Schilt den Spiegel nicht ... 123
Rette sich, wer kann 128

Befunde

Erbmasse 139
Imponiergehabe 139
Mein Name ist Hase 148
Die Schrotthypothese 155

Totaloperation oder »Schöpferische Zerstörung«? 168

Das Mezzogiorno-Gespenst 168
Darwin ist immer dabei 174
Gesundschrumpfung oder Auszehrung? 179
Warum treibt die Hefe nicht? 184
Herberge der Töchter 193
Freie Scholle 196

Transfusion oder Aderlaß? 205

Investieren statt alimentieren 205
Ost-West-Vermögenswanderung 216

Infektionsgefahr? 223

Kein Testfall für Osteuropa 223
Marktwirtschaft auf dem Prüfstand 237

Therapie

Unfall oder Vergewaltigung? 245
Stabilisatoren 248
Schrittmacher 253
Handicapausgleich 260
Psychotraining 265

Anhang

Anmerkungen 275
Personenregister 281